中小企業のための

サスティナブル
ファイナンス

青木　剛 著
Tsuyoshi Aoki

サスティナブル診断と
　建設的対話手法

本書に掲載している参考様式は、
商工総合研究所のホームページからダウンロードいただけます。

収録場所：刊行物／発行図書／新刊情報
https://www.shokosoken.or.jp/publications/2022/202212.html

はじめに

　サスティナブルファイナンスは「持続可能な社会を実現するための金融」です。言うまでもなく「金融」は社会を支える重要なインフラであり、その機能を発揮することで「持続可能な社会の実現」に貢献することが期待されています。具体的には、サスティナブルファイナンスを確立するため、「制度や仕組み」「行動規範」「評価手法」など、様々な課題に積極的に関与することが求められています。

　現在議論されている「サスティナブルファイナンス」には、2つの特徴があります。ひとつは、喫緊の課題とされる「気候変動問題」への対応です。温暖化に対する世界的な危機感、それを背景とするルールメイキング、企業の取り組みを踏まえれば、優先的課題とすることは当然です。

　特徴の2つめが「資本市場（大企業）」を中心に、規制や枠組みについて検討されている点です。ESGの誕生経緯、プレイヤーとしてのインパクト、資本市場におけるESGの本流化に鑑みればそれも頷けます。サスティナブルファイナンスは新しい概念であり、今後「基礎固め」をする必要があります。受託者責任、インパクト評価、タクソノミー（分類基準）、トランジション戦略、情報開示、調達手法等々、諸課題について整理し、確固たる枠組みを作る必要があります。

　一方で「中小企業セクター」におけるサスティナブルファイナンスをどう考えればよいのでしょうか。中小企業も経済を支える重要なプレイヤーです。国内の事業所数や雇用者数、地方経済における役割を考えれば、その存在を無視することはできません。「中小企業セクター」に対しても着実にサスティナブルファイナンスを推進すべきです。そうした取り組みは「持続可能な社会の実現」に寄与するだけでなく、日本経済に欠くことのできない中小企業の持続性と価値を高めることにつながるのです。

　多くの金融機関にとって「中小企業セクター」は重要な営業基盤です。地域金融機関は、地元中小企業と運命を共にしています。そうした観点からも「中小企業の持続性」を高める取り組みを推進する必要があります。また、推進するうえで「良い条件」が整っています。ここ数年、多くの金融機関が「事業性評価」と「本業支援」に力を入れています。これらは、リレバンの切り札として期待されるものです。中小企業の事業性を様々な角度から分析し、強みをさらに強化し、弱みを克服するための本業支援はもちろん、景気循環に影響され

ない融資姿勢を確立するために「事業性評価」が大きなテーマになっています。本業支援は、中小企業のビジネスモデルの変革や経営改善に役立つ取り組みですし、貸出収入以外の道を切り拓く可能性を秘めています。

　事業性評価と本業支援の取り組み強化は、サスティナブルファイナンスの実現の大きな武器になるものです。経営資源の制約がある中小企業の持続的成長を実現するためには金融機関のサポートが不可欠です。気候変動や人権等の社会的課題への対応に関しても、金融機関の啓蒙や情報提供、あるいは建設的対話を通じた助言や指導が大きな力を発揮することでしょう。金融機関は、資本市場（大企業）だけでなく、中小企業セクターに対してもサスティナブルファイナンスの恩恵を施すべきだと思います。

　中小企業セクターに関するサスティナブルファイナンスについて、もうひとつ課題が存在します。それは、気候変動問題だけに特化できない点です。もちろん気候変動問題が「タイムリミット」や「対応の重さ」を考えれば、最重要課題であることに違いはありません。しかし、中小企業の「持続性を阻む多様な課題」を考えたときに、それを優先課題として押し付けることが最適な方法なのかを考える必要があります。中小企業は、大企業に比べて経営資源に関する制約があり、体力面でも大きな違いがあります。中小企業の立場に立って「持続性」を考えれば、まずは「自社の経営課題」をひとつずつ解決して「経営基盤を強化する」ことが優先されるのではないでしょうか。中小企業にとって「持続性を向上」するための経営課題は「気候変動問題」だけではないのです。それは大企業も同じではないか、と考える読者もいらっしゃるかもしれません。しかし、中小企業と大企業を同列に考えることは無理がありますし、産業育成や振興の観点からも適切ではありません（図表「SDGs／ESGに関する相違点」）。中小企業の置かれた立場、その特質を踏まえれば「経営基盤の強化」を図りつつ、気候変動などの喫緊の課題に対しても「身の丈にあった形」で取り組むことが良い結果を生むと考えます。

　大企業と中小企業では、SDGsやESGに対する認知・理解度が違います。中小企業ではSDGsを認知し、実際に取り組みを開始している企業は数％に過ぎません。一方、ESGが投資や企業価値評価の基準になっている大企業では、SDGsはもちろん「TCFD（気候関連財務情報開示タスクフォース）」等の各種イニシアティブに参加し、「統合報告書」による情報開示に注力することが当たり前の状況です。両者には大きな差があるのです。こうした状況にある中小企業に対して「温暖化対応が最優先課題です」と言ったところで「腹落ち」することはないでしょう。中小企業は生き残ることに必死です。経営は自己責任であり、危機時に誰かが助けてくれるとは限りません。そうした中小企業の

図表　SDGs／ESG に関する相違点

テーマ	中小企業	大企業
認知・理解	5割程度は認知せず。認知・理解ともに企業間の格差が大きい。	十分な理解あり。
取り組み全般	意識した取り組みは少数。大層がこれからの状態。	ESG が本流化。
監視	金融機関を含めてこれからの状態。	投資家、株主、市場。
ガバナンス	これからの状態。	取締役会。
情報開示	ほぼない状態。	TCFD などに準拠。統合報告書など。
資金調達	地域金融機関が制度融資やローンを設計、徐々に実行されている段階。	グリーンボンド、ソーシャルボンド、サスティナブルリンクローンなど各種。
脱炭素	一部の企業が独自に進める。GHG 排出量の把握などこれからの状況。	カーボンニュートラル宣言を独自に実施、各社で目標設定。一部はサプライチェーンに展開。
脱資源	省エネ、軽包装、リサイクルなどに取り組み。	各社が目標を設定し、取り組み状況。
人権	適切な労働管理など社内を中心に対応中。	人権 DD への取り組みが徐々に増加。サプライチェーン全体への展開もこれから。

　経営者に対してサスティナブルファイナンスを推進するためには、一歩一歩理解を得ながら進めることが大事です。

　まずは「経営基盤の強化」に関する諸課題に取り組むことです。そして、気候変動問題に代表される「地球や社会の持続可能性に関する問題がある」ことを理解してもらうことから始め、自社に与える影響やビジネスルールの変化について考えてもらうのです。そういったことを一つ一つ積み上げることが、中小企業セクターにサスティナブルファイナンスを浸透させるカギといえましょう。

　本書は「中小企業セクター」に「サスティナブルファイナンス」を浸透させたいとの想いから書き始めました。サスティナブルファイナンスやSDGs／ESG に関する多くの書籍は「大企業（資本市場）」に向けられたもので、中小企業を対象とする書籍はほとんどない状況です。多くの金融機関が「中小企業向けのサスティナブルファイナンス」に取り組むうえで、参考となる情報が少ないと感じています。

また、SDGs や ESG に関する知識が十分でない金融機関の職員であっても、基本知識を習得できるように、第1章でサスティナブルな社会とは何か、SDGs／ESG とは何かを解説しています。そのうえで、各機関が力を入れている「事業性評価」と「SDGs／ESG」の関係性を、第2章で説明します。事業性評価は、サスティナブルファイナンスに不可欠である「建設的対話」を行ううえで、極めて有効なツールです。ESG 診断、SDGs 診断といったツールを導入する金融機関が増えつつありますが、事業性評価に SDGs や ESG の視点を組み込めば十分機能するはずです。

　第3～6章では、4つのサスティナブル診断と診断項目の解説をしています。前述の通り、事業性評価でも十分機能しますが、金融機関の事業性評価の成熟度を考えると、事業性評価に SDGs／ESG 的視点をビルトインすることに時間を要すると思います。そこで、本書が代わってサスティナブル診断を提供することで、サスティナブルファイナンスの取り組みを促進したいと考えました。診断は「基本型」「応用型」「小規模企業」「協同組合」の4種類を用意していますが、ES（環境・社会）にのみ焦点を当てた内容ではなく、中小企業が本当の意味で「持続性を高める」観点で作成しています。

　第7章はサスティナブルファイナンスのポイントになる「建設的対話」について、詳細に解説しています。中小企業向けのサスティナブルファイナンスにとって「建設的対話」が極めて重要であり、このコミュニケーションを通じて将来の方向性やサスティナブル経営の在り方、戦術・施策について話し合うことになります。近時、顧客とのコミュニケーションに悩む職員も多いと側聞しています。本章を参考に有益な対話が展開できることを祈念しています。

　第8章は、サスティナブルファイナンスを支えるための「情報開示の推進」をテーマにしています。中小企業の情報開示は相当程度遅れており、「中小企業が身の丈に合った情報開示」を進めることがサスティナブルファイナンス実現の条件になります。ここでは、誰でも入手できる開示様式や、本書オリジナルの様式について説明します。

　第9章は、金融機関のみなさんが、中小企業から「SDGs にどう取り組んだらよいか」相談を受けた場合に、正しいアドバイスできるように「SDGs 活動の基本的な進め方」を説明しています。中小企業の場合、肩肘張らずに「まずはやってみる」式の対応も重要です。しかし、経営に SDGs をビルトインするうえでは「作法」を学ぶことが必要です。

　第10章は、中小企業のためのサスティナブルファイナンスを推進するうえでの課題について付言しています。本書の姉妹書『事業性評価を起点とする企業価値向上マニュアル』（同友館）で、提起した「スマートファイナンス」と

の関係にも触れています。

そして、各章毎に「コラム」を挿入しました。「箸休め」効果だけでなく、サスティナビリティについて考えていただく契機になることを期待しています。

以上が本書の構成です。

本書を通じて、より多くの金融機関の職員や関係者が、中小企業のサスティナビリティ向上、企業価値向上に取り組んでいただくことを願っています。それこそが地域を強くし、産業界を強くすることにつながります。サスティナブルファイナンスの究極の目的は、この取り組みを通じて日本を付加価値の高い国にすることだと信じています。それこそが持続可能な社会の実現なのです。

【コラム 1】井上陽水「最後のニュース」

この楽曲の歌詞の一部を紹介します。

> 暑い国の象や広い海の鯨　滅びゆくかどうか誰が調べるの
> 原子力と水と石油達の為に　私達は何をしてあげられるの
> 薬漬けにされて治るあてをなくし　痩せた体合わせどんな恋をしているの
> 地球上のサンソ、チッソ、フロンガスは　森の花の園にどんな風を送っているの

1989 年に発表されたシングル曲で、ニュース番組のエンディングとして書き下ろされたものだそうです。井上陽水の天才性は誰もが認めるところですが、彼のセンスは「突き抜けている」としか言いようがありません。いまから 30 年以上前に、この歌詞を、独特のメロディーに乗せて歌う感性。歌詞は詩的でイメージが膨らみます。曲は静かに、飄々と流れていきます。

まだ聴いたことのない方には、ぜひ聴いてほしい楽曲です。うまく言えませんが、地球の負荷や社会的問題が静かに心に沁み込む感じです。声高に叫ぶ主張の仕方もあれば、静かに感性に働きかけるやり方も大事なのかなと、この曲を聴くと感じます。

とりあえず「最後のニュース」だけは聞かないように地球人が頑張らないといけませんね。

目　次

第1章
サスティナブルな社会とは何か、SDGs／ESGとは何か

　サスティナブル（Sustainable）という言葉は、元来「環境用語」として使われていました。

　あまり知られていませんが、日本の提言が発端となって1984年に通称「ブルントラント委員会（環境と開発に関する世界委員会）」が国連に設置されました。これは21世紀における理想の地球環境とは何か、それをどう戦略的に作り上げるか、を議論するための"賢人会議"でした。この委員会は「地球の未来を守るために（Our Common Future）」という報告書を作成し、「環境原則の基礎」を作り上げたことで知られています。その中に「持続可能な開発」＝サスティナブル・デベロップメントという概念も含まれていたのです。

　この報告書のなかで、環境酷使やエネルギーの過剰消費を背景に、地球規模で環境破壊・汚染が進捗していると、その脅威と背景について説明しています。そして、こうした悪循環から脱するために「環境基盤と資源を保全」しつつ、開発を進める「サスティナブル・デベロップメント」のプロセスに移行すべく、環境と経済の統合を図る必要があると訴えています。

　現役世代のニーズを満たしつつ、将来世代のニーズを損なわないようにする。そういった基本理念を前提に、地球の環境保全のための取り組みをどう進めるか。こうした考え方は、その後1992年の「地球サミット（国連環境開発会議）」や、2002年の「持続可能な開発に関する世界首脳会議（ヨハネスブルグ・サミット）」へ展開され、今日の「SDGsの基礎」になっています。

　地球にこれ以上の環境負荷をかけて、限界を超えてはならない。そして、先進国や開発途上国、どこに住んでいても一人一人の人権が尊重され、機会が平等に与えられる。こんな社会こそが将来にわたって「持続性のある社会」である。そういった共通認識の下で「SDGs（持続可能な開発目標）」が合意され、加盟国共通のアジェンダになったのです。そういった意味で「サスティナブル」は地球環境だけでなく、あらゆる観点で「持続性のある社会」の建設に必要なキーワードになっています。

今日を生きる私たちにとって、サスティナブルな課題に取り組むことは極めて重要です。そして、地域を牽引する役割、経済の血液を供給する役割を担う金融機関においては、この課題に関する特別の使命を担っています。本章では「SDGs や ESG に関する正しい理解」を得ることを目標にします。サスティナブルな社会を実現するために、地域社会や産業界の課題に貢献するために、金融機関の力が必要不可欠です。そして、その前提として「SDGs／ESG に関する正しい理解」、とりわけ「中小企業にとってどういった意味をもつか」を理解する必要があります。

1-1. SDGs とは何か

1-1-1. SDGs の基礎知識

SDGs の起源については、それぞれの見方があると思います。「目標」という観点で言えば、2000 年に国連で採択された「ミレニアム開発目標」が前身になります。2000 年といえば、グローバル化が加速する中で、先進国と開発途上国の様々な不均衡が生じ、不利益に悩む数十億人の開発途上国の人々の問題解決がクローズアップされたときです。極度の貧困や飢餓解消、初等教育の完全普及、ジェンダー平等や女性の地位向上、乳幼児の死亡率削減、妊産婦の健康改善、HIV／エイズ・マラリア等の疾病蔓延の防止、環境の持続性確保、そしてこれらを実現するためのパートナーシップの推進といった 8 つの目標が掲げられ、2015 年を達成期限とされました。これがミレニアム開発目標です。

そして、2015 年にその後継として、開発途上国だけでなく先進国を含めて「誰一人取り残さない」ための世界共通の目標として国連で採択されたものが「SDGs（Sustainable Development Goals）」です。この目標は「持続可能な開発目標」と訳され、15 年後の 2030 年を達成期限とされました。余談ではありますが、「持続可能な開発目標」という言葉が日本人の理解を妨げている印象があります。筆者が超訳するのであれば「人類と地球がいつまでも幸せでいるために取り組むべきこと」です。価値観や知識、理解に差のある社会全体に「SDGs」を拡げるためには、こうした超訳も実は大事なことだと思っています。

SDGs は、持続性のある社会や環境を作るために、「環境・社会・経済」といった観点から 17 の目標（Goal）と、その達成水準を示す 169 のターゲットで構成されています。この目標は、国連に加盟している 193 国の「政治的合意」であり、罰則を伴うようなハードローではありません。しかし、採択した国々は、SDGs 実現のための政策を展開し、パートナーシップを形成して目標達成のために最大限の努力を行う必要があります。

　SDGsの基本理念は「誰一人として取り残さない」という「人間の尊厳」にあります。つまり、開発途上国・先進国を問わず、恵まれぬ人々の最低水準の底上げを図ることが重要なテーマになっているのです。加えて、地球にこれ以上の負荷を与え、その限界を超えることのないように環境・資源・生態系を保全し持続性を高めることも重要なテーマになります。

　SDGsでは、環境・社会・経済の3つのバランス、現役世代と将来世代の利益・不利益のバランスを重視しながら、持続性のある社会や環境を作ることが期待されています。SDGsの17の目標は「5つのP」、すなわち、People（人）、Prosperity（繁栄）、Planet（地球）、Peace（平和）、Partnership（連携）の「5つの観点」から分類できます。ゴール1〜6が「人」、ゴール7〜11が「繁栄」、ゴール12〜15が「地球」、ゴール16が「平和」、そしてゴール17が「連携」になります（資料1-1）。

資料1-1

　また、日本政府は「SDGs実施方針」を定めていますが、主要原則として「普遍性・包摂性・参画性・統合性・透明性」の5つをあげています。これはSDGsに取り組むうえでの基本的な考え方です。具体的には、「普遍性」⇒日本国内の問題はもちろんのこと、海外の問題解決にも連携して協力する。「包摂性」⇒誰一人取り残さないために、すべての人々の生活に光をあてる。「参画性」⇒あらゆるステークホルダーや当事者の参加を重視し、全員参加型で行う。「統合性」⇒環境・社会・経済を相互に関連付け、統合的かつ相乗効果が出るように解決する。「透明性」⇒透明性のある取り組みとともに、説明責任・情報開示を果たす。この5原則は、外務省等が主催する「ジャパンSDGsアワード」という表彰事業の「審査基準」にもなっています。

　なお、本章はSDGsをコンパクトに理解してもらうことが目的なので、知識や理解をさらに深めたい方は、「持続可能な開発目標（SDGs）実施方針」（SDGs推進本部）、「すべての企業が持続的に発展するために」（環境省）、「SDGs

Compass」(国連グローバル・コンパクト)、「SDGs 経営ガイド」(経済産業省)などを参考にすると良いでしょう。

1-1-2. SDGs に関する動向

　SDGs に関する一種の相場観をおさえるために、世の中の動きを簡単に説明します。

　まず日本政府では、官邸に SDGs 推進本部を設置し「SDGs 実施方針」を定め、各種政策への反映・展開を行っています。「2050 年カーボンニュートラル宣言」を踏まえ、2030 年には、2013 年対比で温室効果ガスを 46％削減する目標を示しています。また、経産省が中心となって「2050 年カーボンニュートラルに伴うグリーン成長戦略」が策定され、各種政策ツールが示されています。さらに、環境省では環境基本計画において「地域循環共生圏」(いわゆるローカル SDGs)という、SDGs の視点から地域の特性に応じた「自立・分散型社会に関する構想」を提唱しています。

　経済活動に大きな影響を与える大企業では「ESG」への取り組みが本流化しています。詳細は次項に譲りますが、ESG は SDGs の企業版評価基準とでもいうべきものです。投資家が集まる資本市場においては「持続的企業価値向上」が投資の大きな視点になっています。気候変動や人権への対応など、ESG は「長期的な視点」からみた「企業の価値向上や持続性を高める」うえでの課題として認識されています。多くの評価機関の「格付け」や、大口の投資家の「パッシブ運用の基準」に活用されているので、大企業はカーボンニュートラル宣言を行い、SDGs への取り組みを積極的に開示するなどして取り組みを活発化しています。大企業にとって ESG（SDGs）は、経営戦略に組み込むべき課題であり、それは「どんなに厳しい環境変化のなかでも、当社が持続し成長するためのシナリオ」を構築・説明するための視点でもあります。

　中小企業の活動は「幅が広い状況」です。SDGs をまったく理解していない、当然活動もしていないという企業が数多く存在する一方で、トップランナーは大企業に負けないような活動や成果をあげています。国内における SDGs の推進を図るためには、中小企業の参加をどう促すかが大きな課題であり、金融が担うサスティナブルファイナンスの役割は大きいといわざるをえません。

　また、SDGs 推進に関わる非営利法人やコンサルティングファーム、経済団体の動きも活発化しています。特に「気候変動」に関する活動が多いと感じます。また、金融機関においても SDGs の推進が積極化しつつあります。SDGs 診断や独自の制度融資の創設、本業支援、グリーンボンドなどによる資金調達、等の取り組みが着実に進められています。

　一方、個人・消費者セクターでは「個人差が大きい」といえましょう。Z 世代といわれる SDGs に深い関心を持ち「エシカル消費（倫理的消費）」といった行動をとる層もあれば、まったく無関心な層も少なからず存在する状況です。

1-2. ESG とは何か

1-2-1. ESG と大企業の関係

　ESG は、「Environment（環境）」「Social（社会）」「Governance（企業統治）」の 3 つを略したものです。その「発祥」は国連で、地球規模のサスティナビリティの課題を解決するために、企業の行動変革を促すための手段として、企業活動に絶大な影響をもつ機関投資家の「投資決定のプロセス」に ESG の観点を組み込もうと企図したものです。具体的には、2006 年に「責任投資原則（PRI＝Principle for Responsible Investment）」を制定し、多くの機関投資家が署名を行っています。

　責任投資原則は、企業が長期的な視点に立って利益の最大化を図る取り組みの過程に「ESG の視点を組み込む」ことを求め、機関投資家はそうした観点で企業の活動や成果に関して「分析・意思決定・開示・協働・報告」等を求める内容となっています。上場企業は、資金調達の主戦場が資本市場であり、企業価値評価が「資金コスト」や「調達そのもの」に多くの影響を受けるため、積極的に取り組みを行うことになります。まさに金融（投資・資金調達）という強大な武器を活用して、ESG の推進を図ろうというものです。

　大企業が ESG に取り組む理由は、ファイナンスの問題だけではありません。いくつかの理由から「取り組むメリット」があると判断しています。

　そのひとつが「持続的な企業価値向上の戦略を描く」ことです。ESG に取り組むことは、SDGs を含む多面的かつ長期的な経営課題に取り組むことを意味します。こうした取り組みにおいて確実な成果を上げるためには「ガバナンス強化」が不可欠であり、これは「経営の質を高める」ことにつながります。つまり、自社の企業価値を長期的に高めるために、あるいは成長戦略を描くために「ESG の観点を活用する」のです。

　また「ビジネス・ルールの転換への対応」という視点もあります。「新しい資本主義」という言葉がフォーカスされ、政府だけでなく、経済界や学会でも研究や議論が行われています。難しい議論はさて置き、資本主義の限界として環境破壊や資源の使い尽くしなど「将来へのツケ」問題に注目が集まり、「社会的リターン（例：自然環境・労働環境等の改善）」への希求が強まっています。いわゆる「社会善」「共通善」あるいは「共通価値創造」といった考え方を、

ビジネスのプロセスに組み込む流れが「ルール化」されようとしています。つまり、利益という「結果」も大事だが、利益を生む「プロセス」が問われるという考え方です。新しい資本主義の枠組みはさらに研究が深められていくものと思いますが、いずれにしても、ビジネスの世界で「社会善と利益の両立」「外部不経済のコスト化」といった様々な形で「ルールの書き換え」が行われることは必至です。そういった意味で、競争の土俵にしっかり立つための体制整備を進める必要があります。

また「気候変動への対応は喫緊の課題である」という認識も大きな影響を与えています。実際に気候変動対応は「COP（締約国会議）」に象徴されるように、国際共通の課題です。サプライチェーンや販売網をワールドワイドに展開している大企業は、各国の施策やルールに対応せざるをえません。また、毎年の台風や水害など温暖化影響の兆しを目の当たりにすれば、現在を含めた「物理的リスク」に対処する必要があります。気候変動に伴う変化に対処するための「移行投資」、それに必要な移行資金の確保など、長期的かつ計画的に戦略を練らなければ対応できない問題なので、ESGに取り組むことは「リスクマネジメントと直結」するのです。

さらに近年「人権問題」がクローズアップされています。国連人権指導原則は、企業にとって重要な意味を持ちます。どんなに良い成果を上げて「社会貢献」をしても、人権問題の理解と対応を誤れば致命傷になる可能性があります。日本人が考える以上に、欧米では人権問題を重視しており、ビジネスの前提・基礎条件として「サプライチェーン内における人権問題の負の影響を回避する」ことを求めています。「埋め合わせの出来ない問題」として人権の重要性は高まっており、ESGの重要な領域と位置付けられているのです。加えて「ウェルビーイング（安寧・幸福）」という価値観は、社員の幸福度を高め、それを通じて会社に対するコミットメントを強化する問題としても語られるようになっています。生産労働人口が減少する国内にあって、労働生産性を高める見地からも「働きやすい環境」「ディーセントワーク（働き甲斐）」の実現が必要であるとの認識もこれを後押ししていると考えられます。

最後の理由は「ガバナンス強化がESGを実現するカギとなる」という認識です。金融庁・証券取引所が共同してコーポレートガバナンス・コードの策定を行っています。こうしたルールや基準を設ける理由は、上場企業の「持続的な成長と中長期的な企業価値向上」を図るためです。困難な環境にあっても、競争力を失うことなく持続的な成長を遂げるためには、投資家・株主・金融機関と会社が「建設的対話」を通じて共通の理解や方向性をもつことが大事です。また、非常に複雑かつコンフリクトがあるような状況において、経営者が正し

い経営判断を行える体制を作ることが統治の基本になります。そういった意味で、ESGの「G」に取り組むことは「経営力の強化」に直結し、持続的成長や企業価値向上の「大きな推進力」になると考えられるのです。

　これらが、大企業がESGに取り組む理由です。いずれの理由にも合理性があり、また、簡単には解決・達成できないテーマでもあることから、本腰を入れて取り組まざるを得ないということでしょう。あらためて整理すると、ESGは「投資を行ううえで考慮すべき評価基準」です。したがって、明確な定義があるのではく、責任投資原則や国際的なイニシアティブが示す基準や領域を参考に企業自身が判断し、経営に反映させるべきものということができます。それが、企業評価、自社の持続的成長や企業価値の向上という「成果」として創出されるのです。

1-2-2. ESGとSDGsの関係性

　ESGは前項で説明した通り「投資を行ううえで考慮すべき評価基準」です。SDGsは、国連で加盟国が政治的に合意した「地球・社会・人類が持続性を保つために取り組むべき目標」です。ESGは「企業」「経営」を対象とした評価基準ですが、SDGsは「地球に住むすべての国・個人・法人」を対象として、合意を行った「国・政府」が中心になって推進すべき目標です。そして、SDGsは「生き方・生活様式・仕事の仕方の基準」にもなると考えられます。

　こうした違いはありますが、基本的に「地球に存在する環境・社会的な課題」を解決するという方向性は同じです。ESGは、その要素に「環境」「社会」が含まれており、これは「SDGsのゴール」と重なります。SDGsでは、環境・社会・経済のバランスを取りつつ、統合的に問題解決にあたります。それを企業セクターにあてはめると、経営戦略や戦術・施策を決定するうえで「善良なる企業統治」が必要になります。つまり、ESGとSDGsはある意味「表裏一体」の関係であり、同じ方向を向いた取り組みであることが分かります。SDGsが「地球の限界を超えることなく、一人一人の尊厳が守られる持続性のある社会・環境作り」を目指すもの、ESGは「企業が持続的に企業価値を高めるための視点」として、より良い環境や社会作りへの貢献とCF・利益の創出が高い次元で実現されることを目指したもので、それはSDGsのパートナーシップ（連携）とも合目的であるといえましょう。

1-2-3. 中小企業にとってのESG

　中小企業といえども立派な「企業」です。ESGが中長期的な視点で企業価値を高めることを目的とした基準である以上、「中小企業には意味がない」「適

用する必要はない」ということはないはずです。

　読者のなかで違和感を持つ場合があるとすれば「G（企業統治）」の部分かもしれません。そもそも「株主と経営が一体」であるオーナーシップ構造、経営者のワンマン型トップダウンの指揮命令系統、そうした意思決定や統治の実態を見るときに「中小企業にガバナンスを求めるのは中小企業の実態を分かっていないヒトが言うこと」と思われても仕方ないかもしれません。

　しかし、実態がそうだから「中小企業にガバナンス改革は必要ない」というのも少し乱暴な見方に思えます。そうした経営実態が「継続的な強みを発揮できる」のであれば、指摘の通り、ガバナンスを論じる必要はないでしょう。しかし、時代は確実に変わっています。VUCA という言葉に象徴されるように、不確実性や曖昧性が高まり、経営の舵取りが極めて難しい状況になっています。そして、この趨勢は強まることがあっても弱まることはないはずです。

　つまり、オーナーシップによるワンマン型トップダウンのガバナンスがいつまで有効に機能するとは限らない、ということです。もちろん極めて優秀な経営者の下では、こうした機能が引続き良い結果をもたらすことはあるでしょう。しかし、大半の中小企業においては「従来と同じ論理で経営を行う」ことが、「持続的な成長」「生き残り」につながるとはいえないと思います。現実問題として、中小企業数は年々減少の一途をたどっています。労働生産性も容易に改善しません。多くの中小企業は「長期停滞」の状況にあるといっていいのではないでしょうか。

　また、人権問題・働き方改革など昔であれば「中小企業だから仕方ない」といって許されていたことが、許されない時代になっています。ハラスメント、過重労働、最低賃金など中小企業でも環境整備をする必要があります。また、生産労働人口の減少は、雇用をさらに難しい問題にしており、社員の幸せ・ウェルビーイングを真剣に考えないと人材確保もできなくなるでしょう。

　このように、中小企業だから「経営の在り方・会社の運営の仕方」を考えなくても良いという時代ではなくなっていることに留意する必要があります。これこそ「中小企業のガバナンス改革」の必要性を示すものだと思います。

　ESG は「企業の持続的企業価値向上を図るうえでの視点」であり、中小企業にも適用しうるものです。そして、ガバナンスについても見直しの必要があることは縷々申し上げた通りです。ESG の観点を活かしながら中小企業の経営の質を上げ、その持続性を高めることが必要不可欠です。今後「事業性評価」や「ESG 診断」による実態把握をベースに建設的対話を行い、経営課題についてひとつずつ解決することが、中小企業の持続性を高めるカギになることは間違いなく、金融機関に課せられた大きな役割といえるでしょう。

1-3.　中小企業にとっての SDGs の意味

　SDGs に関する中小企業向けの調査を見ると、「よく知っている」「ある程度知っている」と回答した企業割合は 5 割弱であることが多いようです。同様に理解度という点でも「十分に理解」「やや理解」が 4 割弱という水準にあります。

　筆者は SDGs に関する中小企業向けの講演を行っていますが、そこで聞かれる「受講者の声」には、「SDGs って当たり前のことを言っているだけ。省エネルックのときのような流行で終わる可能性が高い」「英語ばかり多くて訳が分からない。東京へ行くと虹色の丸い穴あきバッジをしたサラリーマンを見かけるが、格好をつけているようにしか見えない」「若い経営者が考える課題であって、ベテラン経営者には関係ない」「地元銀行から SDGs 診断をしろと言われてやってみたが、意味があるとは思えない」といった否定的な意見が多い印象です。稀に「SDGs 推進にあたって当社は CSV、つまり経済価値も重視している」といった声もありますが、少数派といっていいでしょう。

　つまり、中小企業にとって SDGs は身近なテーマとは言えず、認知・理解とも十分でなく、結果として経営課題と SDGs を結び付けて考える経営者は少ないといえましょう。そういった意味で、金融機関にとって、SDGs をいかに正しく理解してもらうか、そして中小企業にとってどういう関係性や影響があるかを的確に説明することが、極めて重要な課題であることがわかります。

　本項では、金融機関のみなさんが、中小企業に対して「SDGs の本質的な意味」を理解してもらうための「説明材料」を 6 つの観点で提供します。

1-3-1.　SDGs 推進上の重要なパートナーである

　SDGs のゴール 17 に「パートナーシップ」があります。これは SDGs の達成のために、推進体制をどう構築するかというテーマです。当然、政府は重要かつ主体的な役割を担いますが、企業・組合・非営利法人・自治体・個人など、様々なステークホルダーが参加することが望まれます。そのなかでも、技術力・資金力・ネットワークなど様々な経営資源を持ち、課題解決に大きな力を発揮すると期待されているのが「企業」です。

　実際に経済活動の中心には常に「企業」があり、その時代の様々な課題やニーズをビジネス化して「商品やサービスの提供」という形で課題解決に貢献してきました。個人では到底できないような技術開発、商品やサービスの開発、低コストでの商品提供、そして様々な投資による社会建設、CSR（企業の社会的責任）に基づくボランティア的貢献など、社会の発展に多くの力を発揮しています。そういった意味で、企業の技術力、アイディア、資金力や実装力をな

くして「SDGsの達成」はありえないといっても過言ではありません。

　国内においては、企業数の9割強が「中小企業」で、そこで働く労働者は全体の7割を占めると言われています。つまり、中小企業は重要なポジションを占めているということです。言い換えれば、SDGsの達成は「大企業に任せればよい」という姿勢ではなく、経済界の一大勢力である中小企業の参加が不可欠であるという主体性が期待されるのです。中小企業の意図や思惑は別にして、国や世間からは「大きな期待」をもって見られていることを感じ取る必要があります。

1-3-2. 企業も「責任ある市民」の一人である

　世界では「責任ある市民」という考え方がクローズアップされています。

　もともとは1999年の世界経済フォーラムで、国連事務総長であるアナン氏が企業に対して「善良なる市民」としての立ち振る舞いや責任に対する考え方を提唱したことがはじまりです。翌年には国連で「グローバル・コンパクト（「地球規模での協定」の意）」として、企業に対して「人権・労働・環境」に対する姿勢・取り組み方を求めるイニシアチブ（枠組み）として位置づけられました。現在は、「腐敗防止」を加えた4分野10原則（資料1-3-2）をもって、その価値観の実現を企業に求める内容になっており、全世界で数多くの企業や団体が署名・参加しています。

資料1-3-2　国連グローバルコンパクトの4分野10原則

人権	原則1	企業は、国際的に宣言されている人権の保護を支持、尊重し、
	原則2	自らが人権侵害に加担しないよう確保すべきである
労働	原則3	企業は、結社の自由と団体交渉の実効的な承認を支持し、
	原則4	あらゆる形態の強制労働の撤廃を支持し、
	原則5	児童労働の実効的な廃止を支持し、
	原則6	雇用と職業における差別の撤廃を支持すべきである
環境	原則7	企業は、環境上の課題に対する予防原則的アプローチを支持し、
	原則8	環境に関するより大きい責任を率先して引き受け、
	原則9	環境にやさしい技術の開発と普及を奨励すべきである
腐敗防止	原則10	企業は強要と贈収賄を含むあらゆる形態の腐敗防止に取り組むべきである

　この10原則のなかで、環境分野に関して「企業は、環境に関するより大き

な責任を率先して引き受けるべきである」という考え方が示されています。この原則を「カーボンニュートラル」を例に考えてみましょう。企業はモノ作りの過程において多量の「温室効果ガス（GHG）」を排出してきました。これは決して悪意を持って行ったということではなく、法や規制の範囲内で生産活動を行っているものの、結果として「地球に負荷をかけ温暖化に関する負の影響を与えている」ことを意味します。言い換えれば、GHGを排出することで温暖化を促進する原因を作っており、その企業とは関係のない国や人々に対して"迷惑をかけている"のです。

　グローバル・コンパクトにある「企業はより大きな責任を率先して」という背景には、上記のような「結果としての事実」、経済学で言う「外部不経済」の問題があります。企業は「従来と同じビジネスの論理」ではなく、「社会性」「公益性」といった観点を組み込んだ考え方に転換する必要があるのです。短期的な利益を追求するだけでなく、社会的課題解決を踏まえた長期的な視点での利益を考える。あるいは「経済価値」「社会価値」の両方を満足させるようなビジネスの在り方、経営モデルを考えてみる。こうした発想の転換が求められています。「善良なる市民」が示す意味は、ビジネス・ルールの転換、競争ルールの転換を企業に求めるものです。そして、その期待や趨勢は年々強まっていることを企業は理解する必要があります。「善良なる市民」であるためには、企業の「ガバナンス強化」が不可欠であり、経営の姿勢、判断、統制が問われるのです。

1-3-3. 労働者・消費者の価値観が変わる

　Z世代という言葉を聞くようになりました。米国起源といわれますが、1990年代後半から2000年代に生まれた世代で、2022年現在では10代前半から20代中頃の年齢をさします。彼らは、生まれたときからスマホなどデジタルに慣れ親しむと同時に、国内ではデフレ・低成長を背景として育った世代です。さらには「ESD（持続可能な開発のための教育）」を中学高校で学んできた世代でもあります。したがって、X・Y世代などとは少し価値観が異なり、環境・人権に関する意識も高く、それが消費や生活様式、さらには就業・働き方にまで反映されるといいます。大事なことは、Z世代は言うに及ばず、こうした価値観を持った若者が増加する社会になることを認識することです。

　こうした事実は、企業にも大きな影響を与えます。例えば、B to C企業においては「エシカル消費（倫理的な消費）」といった性向に着眼する必要があります。環境負荷をかけない商品、人権に配慮した企業の商品など、価格以外の社会的要素が重視されるようになります。また、生活様式も変わる可能性が

あります。バブル世代は豪華な内装やインテリアを好むかもしれませんが、Z世代は遮熱性が高く省エネ型の住宅を好む可能性があります。生活様式の変化は、消費に大きな変化をもたらすことでしょう。

　また、就業面でも、大学生の6割以上が「SDGsへの企業の取り組み」に高い関心をもっています。言い換えれば、SDGsに関心のない企業は「お眼鏡に適わなくなる」可能性があるのです。それでなくても、生産労働人口は減少の一途です。中小企業の雇用環境は厳しくなることが予想されます。人材確保という観点でも、SDGsへの取り組みが必要になるのです。

1-3-4. リスク管理上重要な視点になる

　SDGsは、世界や人類が抱える共通の課題です。それは「地球環境への脅威」「人類の尊厳が損なわれる脅威」、結果として「持続可能な社会が構築できない脅威」が世界にあることを意味します。言い換えれば、SDGsで掲げられているテーマは、企業経営にとっても「大きなリスク」となる問題なのです。

　例えば、カーボンニュートラルの問題は、事実上の「ハードロー（強制力のある規則）」となりつつあります。日本政府のカーボンニュートラル宣言は、ある意味で国際的な公約です。国として、カーボンニュートラル実現に向けた様々な政策（法制化、税制強化、補助金など支援策）を展開することが想定されます。また、大企業は次々に独自のカーボンニュートラル宣言を始めています。それは、企業価値を毀損しないためであり、それを機会に新たな技術開発やイノベーションにつなげるための戦略でもあります。大企業のサプライチェーンに組み込まれている中小企業にとって、カーボンニュートラル問題は他人事でありません。なぜなら、カーボンニュートラルは「サプライチェーン全体での達成」が求められているからです。現時点では、自社の取り組みを優先させている大企業ですが、自社の体制が整えば順次「サプライチェーンにある協力業者」に同様の対応を求めることが想定されます。聞いていない、できない、では済まされない問題です。最悪のケースでは、サプライチェーンから外されることになりかねません。

　また、人権問題も重要な課題です。改善はされているとはいえ、まだまだ中小企業の人権意識や対応には課題があります。人権が重視される理由は、「ビジネスすべての前提・基礎」と看做されるからです。例えば、EUの環境に関する「タクソノミーフレームワーク規制」では、環境と人権問題が抱き合わせで構成されています。つまり、人権原則を充足していることが「最低限の前提（ミニマムセーフガード）」になる、それが出来ていない企業が「環境問題に貢献した」と主張しても、それは実質貢献とは認めないという考え方が打ち出さ

れています。また、中国の新疆ウイグル自治区で綿花問題が起きたことは記憶
に新しいところです。同地区は世界有数の綿花生産で知られ、世界中のアパレ
ル企業が使用しています。しかし、ここで中国政府による人権侵害（強制労働・
女性迫害・監視体制）が問題になって、米国では不買運動に発展し、日本の有
名なアパレル企業も影響を受けました。あるいは、東南アジアにおけるパーム
油生産についても、児童労働・債務労働といった問題が浮上し、原料購入企業
が人権問題の監視を行うなどの対策を講じたことが報じられています。

　このようにSDGsに関する17のゴールには、企業にとって大きなリスクが
あることを認識する必要があります。中小企業のリスク管理手法として「BCP
（事業継続計画）」の策定があります。しかし、BCPでは「地震・水害」といっ
たテーマを中心にシナリオ造成することが多く、他のリスクに関して眼が向け
られていなかった面があります。SDGsを参考に視野を拡げれば、他にも多く
のリスクがあることに気づくはずです。そして、そうしたリスクが自社に与え
る影響を考え、優先順序をつけて対策作りをすることで、企業のリスクマネジ
メント力は確実に向上するはずです。

1-3-5. 市場創造や製品開発などチャンスメイクの機会になりうる

　大企業だけでなく中小企業も「長期停滞」に苦しんでいます。長期的なデフ
レ傾向にあって、プライシングマネジメント（価格管理）は機能せず、力強い
成長軌道を描くことができない。あるいは、新市場の創造やイノベーションに
挑戦しているが、なかなか成果があがらない。中小企業の労働生産性は長期に
わたって厳しい状況が続いています。

　こうしたなかで、SDGsは新市場の創造、イノベーション機会、他社との連
携による経営資源の補完による経営強化など、中小企業にとってブレークス
ルーを生む契機となりえます。前項でも書きましたが、SDGsは全世界・全人
類にとって共通の課題であり、持続性の高い社会や環境を構築するうえで不可
欠のテーマです。

　ビジネスは常に「社会の課題解決やニーズを満足する」ことで発展しました。
ビジネスを構築するうえで、社会的課題は重要なヒント・着眼点になります。
SDGsは広い領域のテーマで構成されています。つまり、多くの企業にとって
自社の事業領域と重なる部分があるはずです。同時に、いまは気付いていなく
ても、自社の持つ技術や経営資源がSDGsの問題解決に役立つ可能性がありま
す。

　あらためて自社の「事業領域」「バリューチェーン」と「SDGs」を重ね合わ
せてみることで、新たなビジネス創造のヒントが得られるかもしれません。

SDGs に無関心でいれば、こうしたチャンスを作る機会も得られません。SDGs を「第二創業」「新市場創造」「新技術・製品開発」などの機会と捉えて、上手に経営やビジネスに組み込むべきです。

1-3-6. 企業評価の新たなモノサシになり、資金調達に影響がでる

　大企業では ESG が企業価値評価の重要なポジションを占め、それが格付けや資金調達に少なからぬ影響を与えていることは前述の通りです。それでは、中小企業にとって SDGs や ESG への取り組みは、企業評価に影響を与えないのでしょうか。

　ここで質問をします。現在、多くの金融機関で「事業性評価」「本業支援」が本流化しつつあります。それでは、なぜ金融機関は「事業性評価」に力を入れ始めたのでしょうか。

　皮肉を申し上げると、この意義を理解しないままに事業性評価に取り組んでいる金融マンが少なくありません。事業性評価という言葉の起源は、金融庁の提唱した「リレーションシップバンキング（通称リレバン）」を基礎とし、2014 年の金融モニタリング方針のなかで登場したものです。事業性評価は、地域活性化や構造改革の実現のために、中小企業のビジネスモデル等の革新を促進するためのツールです。中小企業の事業内容や取り巻く経営環境を、対話を通じて深く知り、課題や特長を適切に評価することで、必要以上に担保や保証に依拠することなく融資を行い、課題解決に向けた助言を行うことで企業の健全な事業発展を支援していくことがリレバンであり、その基礎資料となるものが事業性評価です。

　長期デフレと低成長経済が趨勢となるなかで、地域に基盤を有する金融機関にとって「企業の革新」は重要な命題です。毎年 6 ～ 7 万社の中小企業がなくなっています。このままでは、地域活性化はもちろんのこと、地域経済の持続性を担保できなくなります。事ここに至って、各金融機関は「事業性評価起点の本業支援」によって、取引先中小企業の経営改善や再生、さらには成長を促進しようとしています。これが、みなさんが「事業性評価」に取り組むべき背景です。

　同様に、企業側の意識やニーズの変化も大きく影響しています。中小企業といえども意識の高い企業は、成長戦略を描きたい、現状を打破したいと努力しています。そうなると経営課題の中心は、新たな販路開拓、海外進出、新製品開発、人材育成、経営の高度化など「資金調達以外のテーマ」に移ります。したがって、こうしたテーマに対応できる金融機関は、他の金融機関に比べて一歩優位なポジションを築くことができます。つまり、競争の土俵が金融だけで

なく、本業支援という領域に拡大したのです。こうなると、いかに企業のニーズを的確に把握し、その経営資源を活かしつつ、課題解決案を策定し実装するかが重要になります。小手先の対応では、付加価値を生むことができません。

そこで事業性評価が登場したのです。財務的な面に限らず、経営環境や非財務的な事項を多面的に分析することで、企業の「ケイパビリティ（能力）」を適切に評価します。そのプロセスを通じて「本質的な経営課題」を浮き彫りにすることで、成長や経営改善に役立つ「ソリューションの提供」を行います。この一連のサポートが、金融機関の競争力のカギになるのです。

前置きが長くなりましたが、事業性評価は金融機関にとって極めて重要な位置づけにあることがわかります。そこで事業性評価と SDGs の関係性を考えてみれば将来の方向性を占うことができるでしょう。

SDGs は地球や社会の持続性を高めるために取り組む必要のある課題です。ある意味で、現状・将来を含めた環境変化対応をテーマとしています。これらは中小企業の持続性とも相当程度重なっています。中小企業が持続するためには、経営環境の変化のなかで弱みを克服しつつ、競争力を失うことなく、むしろ強化することが必要です。中小企業の「ダイナミック・ケイパビリティ（変革力）」が問われていますが、事業性評価の重要な着眼点のひとつといえるでしょう。

中小企業がサスティナブルであるために、SDGs にどう取り組み、環境変化による「脅威に対処」し、「機会を創造」するか。まさに「事業性」の評価そのものです。現時点では、事業性評価のなかに明確に SDGs を組み込んで、「評価手法の高度化」を図っている金融機関はほとんどないと思います。その一方で、報道によると国内金融大手が「石炭採掘事業」に対して融資を行わない方針を決めたとあります。つまり、温室効果ガスという環境問題を起点とする「ダイベストメント（融資撤退）」が現実に起きているのです。これは、金融機関が「SDGs を融資判断に組み入れた」証左であり、企業評価に SDGs の視点が影響を与えているという事実です。

いずれ遠くない将来に、SDGs は事業性評価の重要な「評価軸」に加わるでしょう。中小企業は、そうした将来を未だ共有していません。だからこそ、金融機関は中小企業に対して SDGs の重要性、企業の事業性評価や融資判断に影響を与える問題だということを啓蒙する必要があるのです。

1-4. 中小企業は SDGs／ESG をどう取り扱うべきか

1-4-1. SDGs は中小企業のためになるか

ここまで読んでいただいた読者であれば、SDGs が「企業のためになる」「役

に立つ」ということに異論はないでしょう。

　中小企業が長く繁栄するために、自社のビジネスモデルの競争優位を失うことなく、環境変化に適合した成長戦略を描くことが必要です。それらを阻害する最大の脅威は、自社の優位性をもたらす有形無形の経営資源が、外部の経営環境の変化や内部の状況変化によって毀損してしまうことです。中長期的な視点に立てば、「地球の環境を壊さない」「社会と良い関係を維持する」「内部の経営規律をより良いものにする」ことが、これらの脅威を排除する最大のポイントになります。つまり、SDGs／ESGの視点は、こうした脅威に対応するうえで必要不可欠なものということができるのです。

　あらためて「SDGsは中小企業のためになるか？」と問われれば「YES」と答えます。しかし、表面をなでるような対応は好ましくありません。取り組むからには「経営者が真に納得して経営に組み込む」ことが成功のポイントです。経営に組み込むうえで、SDGsの活用方法を３つ示したいと思います。

　第一が「リスクマネジメント」の観点です。SDGsは世界の共通目標・課題として、今後様々な形で「各国の政策・法律」「ビジネスルール」に反映されるはずです。気候変動の領域で「移行リスク」という言葉があります。SDGsの課題解決のプロセスで「法律や社会慣行が変化する」可能性があり、その変化に対応できないことで「被る不利益」があります。それを移行リスクといいます。中小企業は、環境変化のなかで起こる移行リスクを的確にマネジメントする必要があるのです。例えば、カーボンニュートラル対応で、自社の温室効果ガス排出量を一定期間内に何％削減しなければならないという「サプライチェーンの要請」があった場合に、これに適切に対応できなければ売り上げを失うリスクに晒されます。こういった予見可能なリスクに対して、適切にマネジメントを行うことは、中小企業の持続性保持に不可欠な要素です。

　第二が「チャンスメイク」の観点です。SDGsは難しい課題が数多くを抱えており、その解決のためには多くの投資や技術開発、連携が必要です。新しいビジネスや市場は、常に社会の課題解決やニーズの充足によって創造されます。SDGsは領域が広いだけに、必ず自社のビジネスと重なる部分があるはずです。自社の経営資源を活かしつつ、他社の経営資源を補完・活用することで新たな市場創造を行うことができるかもしれません。長期停滞が続き、労働生産性も低水準にある中小企業にとって「大きな突破口（ブレークスルー）」になる可能性を秘めている領域がSDGsです。SDGsに取り組むことで、イノベーション、ブランド力強化、新たなパートナーとの連携、成長戦略の策定といった機会創造が期待できるのです。

　第三が「組織強化」です。具体的には「社員の働き甲斐・満足度を高める」

「自社の経営理念を実現する」ことで、社員のコミットメントを高め、組織風土をレジリアントなものにすることです。前述の通り、今後 Z 世代のように「SDGs の価値観をもつ人々」が社会に増殖します。また、社会の SDGs に対する関心も深まっていくでしょう。そうした社会環境のなかで、自らが勤務する企業が SDGs に熱心に取り組む姿勢は、社員の誇りや満足度を高める要因になります。当然社内の働き方や風土改革も SDGs に関連したテーマです。そして、SDGs に取り組むうえで「自社の経営理念との方向性を合わせる」ことが増えるので、結果として自社の「パーパスや存在意義を高める」ことにつながるでしょう。これらは社員満足度や組織風土を高め、その結果「組織強化」を図る効果があります。

1-4-2. 中小企業の事業に組み入れるための着眼点

　SDGs に取り組むことを決めた場合に、自社の事業にどう SDGs を組み入れれば良いのでしょうか。ここでは 4 つの着眼点をお示ししたいと思います。

　第一が「大義」としての活用です。SDGs の基本理念は「誰一人取り残さない」という人間の尊厳を守ること。そして、地球にこれ以上の負荷をかけることで環境面・資源面で「持続性を失わない」ことです。こうした理念は、自社の経営理念や社是と方向性を同じくすることが多いはずです。そういった意味で、SDGs を「大義」として自社の理念や経営戦略の実現に活用する視点です。言い換えれば、自社の取り組みが「地球や社会の持続性に貢献している」というメッセージを、従業員をはじめとするステークホルダーに与える活用方法です。例えば「自社製品を通じて社会に貢献する」といった経営理念があるとします。この場合に、自社製品を通じた社会貢献の方法について、SDGs の「環境分野」「気候変動」「脱資源」といった取り組みと重ねるのです。漠然と社会貢献を行うという示し方ではなく、自社製品の提供を通じて「社会や地球の環境改善に貢献する」といった示し方をすることで、社員やステークホルダーの理解や共感が深まると思います。

　第二が「社内改革・事業改革」のバックボーンとしての活用です。例えば、今後労働生産人口が減少するなかで、有能な人材を確保するために「働き方改革」を推し進める必要があります。人事制度・育児制度・研修制度、在宅勤務体制など様々な改革を進める場合に、自社の必要性という「内向きの視点」だけでなく、こうした取り組みをすることが SDGs の「People（ヒト）」「Prosperity（繁栄）」といった領域への貢献につながる「社会的な意味をもつ改革」であることを示すのです。会社の取り組みは「社員を想う改革」であると同時に、社会的な課題の解決に貢献する意味があることを社員に理解しても

らうのです。

　また、ISO14001 やエコマークを取得し、環境問題への体制強化を図る場合に「変化への負担から反対する意識」が生まれることがあります。「こういった体制を作らなければ仕事が取れない、仕方ないんだ」という説得方法ではなく、SDGs に適う取り組みが「当社のレベルを一段上げる」ことになる、そして「取引先・社会から認知・理解されることで仕事が増える」といったストーリーで取り組むことで、社員の行動を変えやすくする利点があります。

　第三は「リスクマネジメントの高度化」として取り組む視点です。SDGs の課題は世界共通の課題であり、当社にとってもリスクとなりうるものです。自社のリスクマネジメント水準を一段階高めるために、SDGs 診断やリスクマップの作成を行って「自社を取り巻くリスクを見える化」します。見える化したうえで、自社の持続性にとって脅威となる問題の影響を評価し、優先順序をつけます。そして、優先度の高いテーマから順次対応策を打つことで「リスクの見える化」と「対策実行」という 2 つを手に入れることができます。これは明らかに当社のリスクマネジメントが高度化することを意味します。例えば、自社の使用する原材料のひとつが、将来的に量的にも価格的に調達が困難になりそうな場合に、代替材料への転換、あるいは製造のイノベーションにつなげることができれば、これは大きな将来へのお土産になるでしょう。リスクをマネジメントすることは「機会の創造」や「付加価値の増加」につながる場合が多いのです。

　第四は「人権」「ウェルビーイング」の強化です。これは、中小企業にとって特に重要な課題であり、SDGs を経営に組み込む意味を感じることのできる取り組みです。ご承知の通り、中小企業は、家族経営から数百名の従業員を抱えるグループ会社まで幅があります。しかし、共通して言えることが、オーナーシップ経営の在り方、ガバナンスに改善の余地がある点です。昔であれば「中小企業だから仕方ない」といった問題が「それをやったらお終い」になってしまうケースが増えています。人権はその典型です。社内のいじめ問題・ハラスメント、過重労働や賃金不払い、不平等な人事・給与などキリがありません。また、働き手の意識が多様化し、また人材確保が年々難しくなる中で「社員の幸福・満足度」を高めることは、中小企業だからこそ大きな意味を持ちます。社員の幸福度・満足度を高めることで、コミットメントが強化されて労働生産性が上がり、人材確保にも好影響を与えることが期待できます。そのためにも、SDGs の「誰一人取り残さない」という考え方、人間の尊厳の立場に立って、社員ひとりひとりの幸福や安寧を実現することが、会社の発展につながるのです。

　このように、SDGsを上手に活用することで、自社の様々な「改革」「体制整備」「イノベーション」につなげることができるのです。こうした取り組みを通じて自社の利益だけでなく、社会の問題解決にも貢献できることに「大きな意味を見出す」ことができるはずです。

1-4-3. ERMとの関係性

　ERM（Enterprise Risk Management）をご存じでしょうか。「企業の統合的リスク管理」などと表現しますが、要は企業を取り巻くあらゆるリスクを「縦割り（部門毎）」でみるのではなく、会社全体の視点、「全体最適の視点」から一元的に把握して、管理する手法をさします。

　こうした考え方が強まっている背景には「リスクの多様化」と「法制の整備」があります。企業を取り巻くリスクは、地震・水害など天災だけではありません。経済状況、政治動向、技術変化、社会変化など多様なリスクが起こり得るのです。従来のように、営業は「取引先の信用リスク」を、財務は「金利リスク」「流動性リスク」を、総務は「自然災害リスク」「法制リスク」「人権リスク」「風評リスク」を、などとバラバラにリストアップし、評価し、マネジメントしても、会社全体で見たときに最適な管理になっているか確証がもてない状況です。こうした状況も踏まえて、会社法では「損失の危険の管理」を重要な取締役会の責任として明記しています。リスクマネジメントは経営の役割そのものであり、その体制構築を進めることが法の要請なのです。

　難しい議論は置いておくにしても、中小企業が「致命傷を負わないためのリスク管理」を考えることは、企業の持続性を維持するうえで必要な要素です。そういった意味で、SDGsやESGの観点で「リスクの洗い出し」を行うことは、「視野を拡げる」観点で有益です。そして、洗い出したリスクを、「発生頻度」や発生した場合に当社に与える「負の影響」を軸にして「リスク評価」をすることは、リスク管理の優先度を決めるうえで重要なプロセスということができます。リスクの優先度に応じて適切な「予防策」や「発生時の対応策」を準備することで、当社のリスク管理は一歩も二歩も高度化されることになります。

　中小企業は、SDGs／ESGの観点も踏まえて「ERM」を経営に導入することで、リスクマネジメントを高度化できるのです。いままでは「BCP（Business Continuity Plan）＝事業継続計画」という形式で、1つか2つのシナリオ、しかも基本的には地震・水害といった天災への対応を念頭に、中核事業を止めないためのリスクマネジメントを中心にしていました。そうしたベースを活かしながら、より広い視野、より一元的な観点で、リスクの洗い出しや評価、優先順序付け、そして対応の立案といったプロセスを構築することで、リスク管理

を高度化することができるのです。

1-5. 中小企業のSDGs有効事例

　中小企業のなかには大企業にも負けないレベルでSDGsに取り組んでいる企業があります。また、中小企業らしく「身の丈に合った」、しかし「内容はしっかり考え抜かれた」取り組みをしている企業もあります。

　ここからは、中小企業の具体的な取り組みを例示することで、中小企業がSDGsに取り組む意味や意義を検証したいと思います。

1-5-1. ㈱岩田商会

【会社概要】
　代表取締役社長　岩田卓也
　1. 創業　　1902年
　2. 所在地　愛知県名古屋市中区錦1-2-11
　3. 業種　　化学品・建築材料・先端材料の販売
　4. 資本金　9720万円　　　　　売上高　308億円（2021年度）
　5. 従業員　約140名（単独）　グループ関連会社　9社（海外2）

　当社は1902年（明治35年）に、岩田弥七商店として名古屋で創業しました。繊維産業が盛んだった名古屋で、染料に使う草木灰を販売したことが原点です。現在は、化学品・建築材料・先端材料を扱う化学商社であり、グループには化学製品の製造企業も含まれています。

　当社がSDGsの取り組みを開始したのは、2020年1月です。動機は、経団連への加入を機にそうしたポジションに恥じない企業にしようと岩田社長が考えたことにあります。コロナ禍の4月には専担部署である「SDGs推進室」を設置し、取り組みを明確化するために全社員に「SDGsバッジ」を配布しました。これは「全員参加」を伝える社長のメッセージでもあり、推進室任せにしないという意味合いもありました。

　初代推進室長に就いた社員は入社7年目の女性社員でした。SDGsの取り組み経験はなく、中途入社の社員でしたが、リーダーシップを買われての登用となりました。この室長を中心に当社のSDGsの取り組みが開始され、試行錯誤を通じた「手作りのSDGs活動」が進められました。推進室長は国連等の資料や他社事例などを集めて独学でSDGsを研究し、まずは会社全体に「SDGsの

何のテーマに取り組むか」を募集し、優秀なアイディアには社長賞を用意するなどして、会社全体の取り組みにすることに腐心しました。グループ企業（工場）や事業部への啓蒙活動も進めました。

その後は、化学品事業部など各部で何を取り組むか「テーマ」を明確にして、日常の業務に反映するようにしています。そうした自社の取り組みは「サスティナ・マガジン」という社内SDGs誌を毎月発行し、共有できるようにしています。

また、社会に対して岩田商会の商品がどう関わり貢献しているかを「見える化」する観点から「こんなところに岩田商会①②」というイラスト地図を作成しています（資料1-5-1-①）。こうした分かりやすいイラストはマルチステークホルダーに岩田商会の仕事や貢献を伝える良いツールになっています。また、岩田商会では、水資源・温暖化・プラスチック問題・3R・土壌汚染・VOC削減など環境に関するさまざまなテーマに取り組むだけではなく、女性の活躍を応援するための人事制度やD&I、さらには外国人人材の活用による人材戦略などのディーセントワークや働き方改革・人材活用にも挑戦しています。

資料1-5-1-①　「こんなところに岩田商会①」

そして、取り組み開始の1年後には「2021SDGsレポート」という電子冊子を作成し、ホームページで公開するまでに至っています（資料1-5-1-②2022年版）。中小企業においてSDGsレポートといった社会とのコミュニケーションシートを作成している企業は、まだまだ少数であり、SDGsコミュニケーションという面でも中小企業のよい見本となっています。

資料1-5-1-②　「2022 サステナビリティレポート」

岩田商会の取り組みを評価するとすれば、①経営トップである岩田社長のSDGsに対する理解の深さと決意、②専担部署を設置して本気度を見える化、③未経験の推進担当者が試行錯誤しながらも多くを学び、さまざまな成果を出している、④「サステナビリティレポート」といった透明性と責任感のあるコミュニケーションに挑戦している、⑤SDGsが経営にビルトインされ全社的に展開されている、の5点がすばらしいところです。岩田商会のSDGsの取り組みが、当社自身の発展と社会貢献の両面でさらに進化する姿にこれからも注目していきたいと思います。

1-5-2. ㈱深松組

【会社概要】
代表取締役社長　深松　努
1．創業　　大正14年3月（1925年3月）
2．所在地　仙台市青葉区荒巻本沢2-18-1
3．業種　　総合建設業・不動産賃貸業・同取引業
4．資本金　9,347万円　　売上高　88億円
5．従業員　134名　　　　関係会社　8社

　深松社長の信念は「仙台、宮城、日本を良くすることで、全ての人たちが元気になる活動をしていきたい」です。そして、「街を元気にするお手伝いをするなかで、その地域の人たちが新たな投資を考えたときに弊社を思い出してくれればいい」、それこそが当社の社是である「信用を重んじ、建設業を通じ、地域社会の繁栄に奉仕する」に沿った行動であり、考え方でもあるのです。

　当社のホームページを開くと社長挨拶の冒頭に「東日本大震災にあたって」があります。百年近い当社のヒストリーのなかで、様々なドラマがあったことは想像に難くありませんが、東日本大震災は、現社長である深松努氏を大きく変える出来事だったと思います。仙台建設業協会の瓦礫処理作業責任者として先頭に立って、津波被害を受けた仙台市沿岸部の調査・道路啓開・復旧作業に取り組みました。以降、多くの復旧・復興作業に携わり、そこで様々な経験を積み重ね、また、多くの人々との出会いが深松社長の人材・情報ネットワークを重厚なものとしたと考えています。

　SDGsの中にはクリーンエネルギーに関するゴールがありますが、「水力発電」関連の土木工事が会社の基礎を作った事業であることを考えると、ある意味で当社がSDGsに取り組むことは歴史の必然だったのかもしれません。当社はホームページ上で、7つのSDGsプロジェクトを紹介しています。具体的には「限界集落における小水力発電」「自然災害対策への講演啓蒙」「震災移転跡地の利活用」「広瀬川1万人プロジェクト」「遊休地を活用した再エネ事業」「太陽光パネル廃棄ゼロをめざす研究開発」「ミャンマー海外事業」です。紙面の関係もありますので、すべての事業は紹介できませんが、興味のある読者は当社のホームページをご覧ください。ここでは5つのSDGsプロジェクトを紹介します。

　第一が、広瀬川1万人清掃プロジェクト（資料1-5-2-①）です。これを第

一に紹介する理由は、深松社長の SDGs の原点となった、若き日から継続している清掃プロジェクトだからです。広瀬川は杜の都仙台のシンボルです。広瀬川恋歌でも美しい情景が描かれていますが、2002 年にこの活動が始まった当時は、広瀬川には多くのペットボトルやゴミが散乱していたといいます。しかし、仙台市の人口の 1%である 1 万人の参加を目指した春夏 2 回の活動が開始されると年々美化が進み、いまではサケが遡上産卵するまでになったそうです。当初副実行委員長として参加した深松社長にとって「仙台を良くする」ためのこの清掃活動は原点そのものです。いまでは澱橋会場を深松組が担当しています。また、より多くの市民に広瀬川に関心を持ってもらうため、事務局にてさまざまなイベントを企画し、清掃以外の活動にも取り組んでいます。年々、参加者は増加傾向にあります。清掃後もさまざまなイベント企画を実行することで、参加者の交流や参加促進に役立っています。

資料 1-5-2-①　広瀬川 1 万人清掃プロジェクト

　第二が、富山県の限界集落における小水力発電事業（資料 1-5-2-②）です。富山県朝日町笹川地区では、簡易水道が老朽化しているものの、再投資するための 3 億円の費用が捻出できず、放置されれば約 240 名の住民にとって必要不可欠である水道設備が利用できなくなるという問題を抱えていました。当社は、当地の水量豊かな「笹川」に「小水力発電」を設置して、水道設備更新と発電所の建設費用、メンテナンスに必要な資金を捻出するプロジェクトを企画

しました。小水力発電による売電（FIT活用）によって、水道設備の資金を確保するだけでなく、安定した水道供給を担保するために信託方式を導入しました。さらに、地元振興会を主体に水道事業を管理する一般社団法人笹川水道組合を新設することで、水道事業に対する地域の自覚と新たな雇用創出を実現することができたのです。

資料1-5-2-②　小水力発電（富山県朝日町笹川地区）

　第三が、仙台市の震災集団移転跡地に建設した温浴複合施設による利活用事業（資料1-5-2-③）です。かつては田園や運河に囲まれた自然豊かな藤塚地区が津波の大きな被害を受け、防災の観点から住民の皆さんは集団移転を余儀なくされました。放置したままでは街は復興できません。持続性のある街づくり、経済への貢献、そして住民をはじめ人々を呼び込む新たなランドマークとして、温泉・食・農の複合施設「アクアイグニス仙台」を企画し、2022年4月に開業に至りました。この施設は200名を超える雇用を創出し、また、地産地消の食材活用、温泉施設内で発生するすべての排熱を利用するシステム、農業ハウスによる脱炭素への貢献など、SDGsの様々なゴールへの答えを生み出しています。震災から10年、新たな復興のシンボルとしてこの施設は輝きを増すことでしょう。

　第四が、太陽光パネル廃棄ゼロのための「フィルムタイプPSC（ペロブスカイト太陽電池）」の開発（資料1-5-2-④）です。再生エネルギーの中心となっている太陽光発電ですが、太陽光パネルの寿命は25～30年と言われ、寿命到来時の「廃棄問題」が内在しています。この問題を放置すれば10数年後に大量の太陽光パネルの廃棄問題が起きかねません。その救世主と目されてい

資料 1-5-2-③　アクアイグニス仙台

資料 1-5-2-④　フィルムタイプ PSC

るのが、リチウムイオン内包フラーレンという技術を用いた「フィルムタイプ PSC」です。当社はこの研究を行っている研究所をグループの傘下に納め、世界の研究者に対してリチウムイオン内包フラーレンの提供を行い、その研究を推進しています。フィルムタイプ PSC が完成すれば、寿命を迎えた太陽光パネルに貼付することで土台として再利用でき、廃棄問題を解決することができます。こうした息の長い基礎的な研究に当社は参加しています。この事業には、地元の東北大学という「学」との連携があったこともパートナーシップの観点で意義の大きいことです。

　第五が、ミャンマーにおける日本人ビジネスマン向け賃貸マンション事業です。この事業は、まさに深松社長の人材ネットワークが生んだといっても過言ではないでしょう。ミャンマーは発展途上にあり、しかし将来の成長が期待される国で、多くの日本企業が進出しています。その一方で、日本人のニーズを

満たすクオリティを備えた住まいはまだ少なく、そうしたことが日本企業の進出の足かせとなる要素にもなります。日本企業の進出はミャンマーの経済発展に不可欠であり、また日本の建設技術を活かした街づくりも重要な一歩です。当社は、現地の人たちに「建設技術」を学んでもらうことも目的のひとつとして、賃貸マンションの建設を行いました。現地の建設職人の技術が向上することは、ミャンマーの都市開発に大いに役立つことでしょう。さらに、当社では日本で再び災害が発生した場合に、ミャンマーで育てた職人が日本で復旧に力を貸してもらえるように現地建設大臣とも話をしているそうです。

さて、当社の SDGs の取り組みを評価すれば、6 つのポイントを上げることができます。

① 社長の SDGs に関する視野の広さと時間軸の長さ、そして情熱・行動力の強さです。

② 企業理念（社是）と SDGs の諸活動が一本の線でシンクロしていることです。SDGs では企業理念を SDGs の解決を通じて実現することがエンジンになると考えられています。

③ 自社の経営資源・強みを、社会の課題やニーズにぶつけて問題解決をしている点です。当たり前のようですが、実は自社の競争力・強みと社会の課題を結びつけ、付加価値の高い解決策を取ることは簡単ではありません。

④ 大学発ベンチャー企業の研究活用や、アクアイグニス仙台での外部の専門家との連携など、ネットワークの活用による「共特化」はイノベーションを生む力になっています。

⑤ ミャンマー事業は SDGs 実施方針にある「普遍性」を体現したものです。国内にとどまらず自社の事業を通じて海外の人材育成や街づくりについても貢献をしています。

⑥ CSR（社会的な責任）やボランティアの精神を基本におきながら、CSV（共通価値創造）を体現するように、結果として自社の収益基盤への貢献があることも SDGs を推進するうえで重要な要素だと思います。

深松組の取り組みを見ると、大企業に負けない発想や成果（アウトカム）を感じることができます。その原点には「社是」を基礎に置きながら、社会的な課題解決や貢献をその流れに組み込んでいることが大きいと思います。中小企業といえども、自社の強みを活かし、熱いハートと知見を活かすことで SDGs の様々なゴールに貢献できることを深松組は示してくれているのです。

1-5-3. 三芳合金工業㈱

【会社概況】
代表取締役社長　萩野　源次郎
1. 創業　1963 年 8 月（昭和 38 年）
2. 所在地　埼玉県入間郡三芳町上富 508 番地
3. 業種　特殊銅合金の鋳造・鍛造
4. 資本金　5,250 万円　　グループ売上高　74 億円
5. 従業員　116 名　　関係会社　2 社

　当社は、第 9 回「日本でいちばん大切にしたい会社」大賞の中小企業庁長官賞の栄誉に輝いた大和合金㈱のグループ会社で、社長は同じ萩野源次郎氏です。萩野社長の基本的な考え方は「流行や言葉に引っ張られるだけで中身のないようなことに陥らない」という骨太のものです。SDGs で最も気をつけなければいけない「SDGs ウォッシュ」は、当社グループから起こるはずもありません。SDGs という言葉が巷間に流行する以前から様々な「ゴール」に関連する取り組みをしています。だからこそ「いまさら SDGs バッジをつける必要もない」という、形よりは実を追求するという職人らしい発想で SDGs の取り組みを進めています。

　当社グループは、特殊銅合金の開発・製造だけでなく、溶解・鋳造・鍛造・引抜・熱処理・機械加工など幅広いニーズに対応できる一貫体制をもったメーカーです。また、航空機部品や核融合実験炉のダイバータなど難しい仕事に挑戦することを楽しむアニマルスピリットをもった企業でもあります。一見「職人肌」の気難しいメーカーに見えますが、働き方や人材育成に関する創意工夫、経営デザインシートを創設当時から利用するなど経営の高度化にも取り組んでいます。

　当社の SDGs の取り組みは主に 4 つで、「女性・高齢者の働きやすい職場環境作り」「CO_2 排出の積極的削減」「新エネルギー分野の実用化支援」「副産物のリサイクル率向上」です。

　第一の「女性・高齢者の働きやすい環境作り」について象徴的な事例をあげると、当社には 70 〜 80 歳代の社員が何人もいます（資料 1-5-3-①）。その理由は「多様な人材がいるから課題解決に多様なアプローチができる。雇用を継続するのは世代の多様性を失うデメリットを理解しているから」です。現在女性社員の割合が 7%、65 歳以上社員の割合が 5%、これを 2036 年までに倍増する目標をもって、環境整備を進めています。生産労働人口が確実に減少す

資料 1-5-3-①　高齢者の活用

るなかで、高齢者・女性の活用は重要な課題ですが、「多様性のある解決アプローチ」という視点で雇用を考える取り組みは地に足のついたディーセントワークを作ると思います。さらに当社では外国人の採用も積極的に進め、現在 10 人程度が在籍しています（資料 1-5-3-②）。単純労働という視点ではなく、当社の主要業務リーダーや海外営業網も視野に橋渡しのできる人材、リーダーになれる人材としてダイバーシティを推進しています。

　第二の「CO_2 排出の積極的削減」は、「炉」をもつ銅合金メーカーとして大きな課題です。当社では 2025 年までに累計約 3000 トンの CO_2 排出削減を実現するために、工場で使用する都市ガスの約 2 割を、CNL（カーボンニュートラル都市ガス）に切り替えました。さらに、電力についても年間使用料の約 3 分の 1 を CO_2 フリー電気（彩の国ふるさとでんき）＝埼玉県内の再生可能エネルギー＝に切り替えました。これにより 2 円／kW のコスト上昇になりますが、年間 440 トンの CO_2 削減を実現することができます。この取り組みは長期的な視野に立ったときに、環境負荷への貢献というだけでなく、当社製品を使用するサプライチェーンにおける GHG マネジメントに大きく貢献できることで「競争力」を強化する取り組みでもあります。

　第三の「新エネルギー分野の実用化支援」は、冒頭にも記載した「国際核融合実験炉」プロジェクトへの参加です。実験炉の冷却に不可欠な不純物を取り出すダイバータという部品（資料 1-5-3-③）の製造を当社グループで担いま

資料1-5-3-② 外国人社員

資料1-5-3-③ ダイバータ

す。誤解を恐れずにいえば「人工太陽」を作り出すような国際的協力PJに当社のような中小企業が参加する意義は大きく、SDGsに不可欠なイノベーションの創出につながると思います。目標期限は2051年と息の長い取り組みですが、これこそがSDGsの醍醐味であり、時間軸だともいえるでしょう。

　第四が「副産物（切粉等）のリサイクル率向上」です。当社製品を生産するプロセスにおいて加工による切粉等が発生します。こうした副産物を当社では5割程度リサイクルしていますが、2031年までに1.5倍の75％にリサイクル率を高める目標を掲げています。銅合金の成分構成比は数多く、単純なリサイクルはできません。システムやマネジメント、イノベーションが必要な取り組みです。

当社の取り組みを評価すると、以下の点をあげることができるでしょう。

① とにかく「地に足のついた取り組み」である

　　当社は地元三芳町の「みよし SDGs 宣言」企業に登録はしていますが、SDGs を大々的に謳っているわけではありません。すべては自社の業務とつなげて SDGs を推進しています。

② 挑戦心にあふれ、それが「イノベーション」につながっている

　　核融合実験炉など難しいけれど挑戦価値が大きく、しかし完成すれば大きな社会貢献となるプロジェクトに取り組んでいます。怯むことなく、自社の強みを最大限活かしながら挑戦を継続することで「新機軸」「新技術」を創出しています。

③ DNA を大事に「働き甲斐」と「人材活用」を両立している

　　当社グループは、2019 年に前社長である萩野茂雄氏の「誠実一路」という語録を制作しています。これは当社の DNA や企業理念・価値観を社員に引き継ぐための取り組みです。その語録は、飾らない言葉のなかに経営や働くことの本質や姿勢を明確に示しています。当社の SDGs におけるディーセントワークや高齢者・女性・外国人活用は、社員側に立った働き甲斐という視点と、会社側における人材活用という視点を両立するものです。

④ ビジネスと社会貢献を無理なく両立させている

　　当社の CO_2 削減や副産物のリサイクル率向上は、SDGs の環境負荷や脱資源という取り組みと極めて整合的です。しかし、その取り組みは肩に力が入っているようには見えません。自社の競争力強化も視野に入れながら、その基本を外すことなく社会貢献を視野に入れている点がポイントです。

　中小企業は百社百様です。「SDGs」を前面に立てることなく、しかし、経営に SDGs を自然体でビルトインしている当社の姿勢は、ある意味で「中小企業らしい」といえるのではないでしょうか。中小企業の SDGs への取り組み方のひとつとして、当社グループが語り掛けているような気がします。ちなみに萩野社長の自社評価は「まだまだ」です。

1-5-4. 3つの事例を踏まえた中小企業の SDGs 取り組みのヒント

　SDGs を学んだ中小企業がたどりつく最初の悩みが「それで何をすればいいのだろう？」です。この言葉を数多く耳にします。巷間 SDGs が話題になって

いる、所属する経済団体・地元行政体・金融機関からもSDGsの話を聞く、結果としてSDGsが重要であることは分かった。しかし、自社として「実際に何をやったらいいか」がわからない。その結果「ボランティア活動」から始めてみよう、というパターンが多いようです。中小企業の社是や経営理念には「自社の事業を通じて社会へ奉仕・貢献する」といった内容が多いので、CSR（社会的責任）的な色彩の濃いボランティア活動に向かうのは自然なことかもしれません。

事例の2つめに紹介した㈱深松組の事例では、儲け以前に「仙台・宮城・日本を元気にする」ために活動するという、社長の考え方が全面に出ています。東日本大震災から大きな学びを得た深松社長のなかでは、「報恩」と「社是」がぴったりと重なり合っているのでしょう。さらに、純粋に社会貢献や地域活性化を考え行動した先には「結果としてビジネスにつながる出会いが待っていた」という成功体験が、深松社長を「社会貢献最優先」の考え方に導いているのかもしれません。

一方で、㈱岩田商会の事例も示唆に富んでいます。「社会に認知される企業」にふさわしい活動をしたいという動機です。年商300億円を超える地場中堅の企業ですから認知度が低いとは思えません。しかし、岩田社長が目指したことは「企業の品格」というか、SDGsでいう「善良なる市民」としての振る舞いであったと思います。当社は、基本に則って「自社のビジネスとSDGsのマッピング」から入りました。これが「こんなところに岩田商会」という絵コンテに結実します。さらには、当社の事業とマルチステークホルダーの関係もしっかり整理して、どんなところにどんな貢献ができるかを丹念に検討しています。ある意味で教科書の基本に沿って、マッピングや取り組みの優先順序をつけています。加えて「誰一人取り残さない」を、自社の各事業部に展開していますので、それぞれの事業部がそのビジネスに沿う形でSDGsの推進を図る構造になっています。

この事例から学ぶことは「何をやればいいか」悩んだときに、SDGs推進の基本手順を踏んでみるということです。自社の事業とSDGsの紐づけ（マッピング）、そのなかで自社の経営資源や強みを活かしながら優先順序をつけて取り組む活動を決めるのです。岩田商会では、活動状況については「サスティナ・マガジン」を媒体にして各部が共有します。そして年1回の「サステナビリティレポート」発行という形で「社会とのコミュニケーション」をとっています。まさに経営としてPDCAを廻す仕組みができているといえましょう。

三芳合金工業㈱の事例は、職人肌で「派手さ」を嫌う製造業のみなさんに「共感が得られる取り組み」です。当社は「SDGsをやる」と声高に主張しません。

ある意味では、自社の経営理念に沿って、粛々と自社の事業強化を推し進めます。ただ、その推進方法に「SDGs」の視点がふんだんに盛り込まれているのです。「CSV（共通価値創造）」でいうところの「経済価値」と「社会価値」の両方を追求していますが、「自然体」でやっている印象です。それは萩野社長の「内容のないことはやらない」という言葉に尽きていると思います。彼の中では、自社の事業改革や経営改善にしても、社会貢献にしても「意味のないこと」「実益のないこと」はやらないという考え方なのだと思います。実にメーカーらしい質実剛健さだと思います。

　メーカーの経営者がSDGsに取り組むとき、三芳合金工業㈱の事例は勇気をもらえると思います。それは「事業のこと」「会社が良くなること」をしっかりと考えるところから始めなさい。そのうえで、改善行動や技術革新が「SDGsにどう貢献できるか」「社会にとっても意味があるか」を考えればいいのです。当社が、電力調達において再生可能エネルギーを導入したことは、長期的な視点に立てば「サプライチェーンにおける GHG 管理が始まり、それについていけない企業は除外される」というビジネス的視点の表れだと思います。同時に、日本の 2030 年の 46% GHG 削減という社会的目標への貢献という視点があるからこそ、SDGs の取り組みとして輝きを増しているのだと思います。

　SDGs を「余所行きの服にするな」ということを三芳合金工業㈱は教えてくれます。製造業の経営者にとって、これほど心強く、実のある SDGs 推進のヒントはないのではないかと思います。

　最後に事例から与えられるヒント整理をすると「何から始めたらわからない」という経営者は、

① まずは純粋に自社が社会に貢献できることから考え、行動してみる
② SDGs 推進の基本を学び、基本プロセスに沿って推進する
③ 自社の事業を強くするための挑戦に、SDGs との紐づけをしてみる

といったことを参考に、自社の取り組みを考えてみるといいのではないでしょうか。

1-6. 金融機関と SDGs／ESG（サスティナブルファイナンス）

　サスティナブルファイナンスを考えるうえで、SDGs／ESG をめぐる国際的な動きを見る必要があります。具体的には「SDGs（持続可能な開発目標）」「PRI（責任投資原則）」「パリ協定（COP21）」「FSB（金融安定理事会）の気候変動対応提言」「TCFD（気候関連財務情報開示タスクフォース）」「PRB（責任銀

行原則)」「欧州タクソノミーフレームワーク規制」等の枠組みです。

特に、ESG をワールドワイドかつ金融の活用という視点でクローズアップさせた「PRI（責任投資原則）」は大きな意味があります。ESG という観点で、環境や社会の諸問題を企業の経営テーマと重ね合わせ、しかも金融（投資）という武器を推進ツールとして活用する「仕掛け」は、なかなかのものです。機関投資家だけでなく、金融界全体に「サスティナブル問題」を考えさせる契機になったといえましょう。さらに「COP21（気候変動枠組条約締結国会議第21回）」で採択された「2℃より十分低く、1.5℃に抑える努力」という合意は、一気に気候変動問題をメインストリーム化させたといえるでしょう。

そして、FSB（金融安定理事会）のカーニー議長が 2015 年に行った講演で、気候変動は「物理的リスク」「賠償責任リスク」「移行リスク」の３つのルートを通じて金融システムの安定を損なう懸念がある、と具体的なリスクに触れたことも大きな意味があります。この提言が影響を与え、気候変動の問題を「経営問題（戦略問題）」や「事業リスク」として、財務的に反映させる「情報開示の方向性」が明確になったのです。「TCFD（気候関連財務情報開示タスクフォース）」の影響は大きく、世界有数の投資機関であるブラックロックが「TCFD に準じた情報開示」を推奨する文書を投資先企業に送ったことが、TCFD が投資判断の「ディファクトスタンダード」であることを印象付けたといえましょう。

2019 年に「PRB（責任銀行原則）」が発効しました。これは PRI の銀行版といえる内容で、社会の持続可能な繁栄が銀行業の発展につながることから、銀行が SDGs や COP21 等の社会的課題に対応する方向で事業戦略を策定し、その金融仲介機能を活用して主導的な役割や責任を果たすことを求める「6 つの原則」を示すものです。サスティナブルファイナンスが一層明確に示されたといってもいいでしょう。

少し長くなりましたが、以上のように「サスティナブル問題」は金融の本流に位置づけられつつあります。日本の金融機関も体制整備を始めていますが、そのスピードは世界の潮流からみると速いとはいえません。また、取引先である中小企業のサスティナブル問題に関する認知度・理解度も低いといわざるを得ません。金融機関の啓蒙、実態把握、そして建設的対話を中心とする取り組みが強く求められているのです。

1-6-1. サスティナブルファイナンスにおける金融機関の役割

サスティナブルファイナンスは「経済・産業・社会が望ましいあり方に向けて発展していくことを支えていく金融メカニズムの全体像」（金融庁）と位置

付けられています。サスティナブルファイナンスを推進することは、社会の持続性が高まるという意味で金融機関の経済活動の基盤を保持・強化するメリットがあります。同時に、融資先・投資先の環境・社会・ガバナンス改善の支援を行うことで、経営の安定性が増し信用リスクの低減につながるメリットもあります。金融機関にとって取り組む意義は大きいといえましょう。

　それでは、サスティナブルファイナンスの枠組みのなかで、金融機関はどのような役割を期待されているのでしょうか。筆者は6つの「期待」があると考えています。

　具体的には「サスティナブルファイナンスの啓蒙」「環境・社会の持続性向上に役立つ取り組みへ資金供給を積極的に行う」「環境・社会の持続性向上に役立つ取り組みに対する資金を集め預金者・投資家の健全な資産形成を支援する」「取引先の環境・社会の持続性向上と自社の持続性や企業価値向上に資する取り組みを支援する」「環境・社会・ガバナンスの視点からリスク管理と収益機会の発掘を行う」「取引先の関連する情報開示を促進する」です。

　第一が「啓蒙」です。サスティナブルファイナンスは、経済・産業・社会が望ましいあり方に向けて発展することを支える金融メカニズムです。したがって、その中心にいる「企業」の考え方や活動の在り方が非常に重要です。しかし、中小企業のSDGsやESGに関する平均的な認知度や理解は高くありません。また、理解している企業であっても受け止め方は肯定的なものばかりではありません。そういった意味で、サスティナブルファイナンス実現の一丁目一番地が「中小企業の啓蒙」になります。中小企業にとってSDGsやESGの取り組みを行う意義やメリット、あるいはリスク管理の観点など、粘り強く丁寧に説明する必要があります。

　第二が「資金供給」です。環境や社会の持続性に役立ち、企業価値の向上につながる企業の「投資やプロジェクト」に対して、融資やボンドを引き受ける形で「資金供給」を積極的に行うことです。現在、制度融資、インパクトファイナンス、サスティナブルリンクローン、グリーンボンド、ソーシャルボンドなど様々な形態で資金供給が始まっていますが、こうした動きをさらに活性化することです。戦後、日本の経済成長を支えるために「鉄鋼」などへ「傾斜融資」が行われたことがありますが、正のインパクトを与えるような事業やプロジェクトに優先的に資金提供をすることが求められる時代になっています。

　第三が「資産形成支援」です。金融機関には、融資を通じて日本の経済成長を支えるだけでなく、国民の健全な資産形成を支援する役割を担っています。そういった意味でサステナビリティの貢献に役立つ預金商品やESG投資信託など、多様な運用商品を整備して預金者・投資家の期待に応える必要がありま

す。

第四が「取引先の活動支援」です。特に中小企業セクターにおいては、経営資源等の問題もあって、SDGs／ESGの取り組みが十分進まないことが懸念されます。金融機関は、中小企業の啓蒙から始まり、事業性評価による実態把握、それに関する建設的対話や活動支援を行うことで、社会全体にサステナビリティを高める活動が浸透することに貢献する必要があります。

第五が「リスク管理と収益機会の発掘」です。環境や社会の諸課題が放置された状態では、社会全体の持続性が低減します。また個々の企業においても、自社の業界における環境変化や社会的要請に適切に応えることができなければ、財務内容の悪化など事業リスクが高まることが想定されます。これは当然金融機関にとっても「取引先の格付け」が下方遷移するといった「信用リスクに影響」します。一方で、取引先が資源の効率活用、エネルギーの切替、新製品の開発などにトライすることで、新たな投資など収益機会の発掘につながります。広く社会や産業とつながっている金融機関だからこそ、こうしたリスク管理の必要性や収益機会の発掘などのチャンスに恵まれているということです。

第六が「情報開示の促進」です。サスティナブルファイナンスにおいて「建設的対話」の重要性は論を待ちませんが、その有効性を高めるうえでも取引先の情報開示が不可欠です。とりわけ非財務情報の開示が重要です。中小企業の場合には、非財務情報の認識、蓄積、整理などを含めて十分でない状況です。また、開示に対する「心理的な抵抗」が大きい企業もあるでしょう。そういった意味で、企業のSDGs／ESG情報をしっかりと開示してもらうこと、その推進も大きな役割ということができます。

1-6-2. 事業性評価の重要性

サスティナブルファイナンスにおける「事業性評価」の重要性をあらためて確認しましょう。金融機関にとって事業性評価は、リレーションシップバンキングの基本ツールとして位置づけられています。過度に担保や保証に依拠しない、中小企業のビジネスモデルの革新を促す、いろいろな意味で事業性評価が基礎資料となり、それに基づいて対話が行われ、本業支援や融資につながる流れです。

大企業のように「統合報告書」といった形で自ら「事業性評価」を実施し開示するといった枠組みがあれば別ですが、中小企業においては金融機関が主体的にその役割を担い、中小企業と共創する必要があります。とりわけ非財務分析のなかに「SDGs／ESG」の要素を組み込んで評価することで、サスティナブルファイナンスの推進に結び付ける必要があります。詳細は次章で説明しま

すが、中小企業セクターにおけるサスティナブルファイナンスの基礎資料は「事業性評価」であり、それを共通語として「建設的対話」を進める仕組みを構築する必要があります。

1-6-3. 建設的対話の重要性

　中小企業セクターにおけるサスティナブルファイナンス実現のカギは「建設的対話」が握っているといっても過言ではありません。本書のサブタイトルに「建設的対話手法」という文言を入れた理由もそこにあります。

　経営資源に制約がある中小企業にとって、SDGsやESGを通じたサスティナブル経営を進めることは簡単ではありません。例えば気候変動の問題に対応するために「物理的リスク」「移行リスク」の洗い出しを行い、その対策を検討し優先順序をつける。対策を実施する場合には、資金や専門家の支援、あるいは外部からの資源補完が必要になる場合も多いでしょう。こうした課題を放置すれば、中小企業セクターの取り組みは停滞します。そこで金融機関の出番です。最も身近にいて、情報力や支援ツールを持ち、建設的対話や変革・改革を実現するための資金提供や本業支援をなし得る存在は金融機関しかないでしょう。とりわけ「事業性評価」によって多くの企業情報を有しているのも金融機関です。中小企業を支援する材料がそろっています。

　問題は「建設的対話」の重要性を認識しているかです。第7章で建設的対話について詳細に説明しますが、方針や姿勢・対話ツール・対話技術を整備する必要があります。また、人材育成も必須の課題です。そういった意味で、サスティナブルファイナンスにおける建設的対話の重要性を金融機関は認識し、早急に体制整備を進める必要があります。

【コラム 2】 ダイナミック・ケイパビリティって中小企業に伝わる?!

　2020年の「ものづくり白書（製造基盤白書）」（経済産業省）において、「ダイナミック・ケイパビリティ」という考え方が提起されました。長期停滞かつ不確実性が高い時代にあって、イノベーションの創出や製造業の活性化を促すために、国としても知恵を絞って、この「経営戦略論」を提起したのだと思います。

　ダイナミック・ケイパビリティは「企業変革力」を意味し、「センサー（感知）」「シージング（捕捉）」「トランスフォーミング（変容）」の3つの能力で構成される考え方です。もう少し詳しく説明すると、環境変化における「脅威・

機会を感知」し、「既存の経営資源を再構成」することで競争力を生み出し、その競争力を継続するため「組織的な変容」を行う能力だとされています。そのなかでも、自社の「経営資源を再構成（オーケストレーション）」することが重要だといいます。そして、日本の企業はダイナミック・ケイパビリティを十分備え、その能力を発揮しやすい柔軟な組織風土を築いているという指摘がなされています。みなさんは、いかがお考えでしょうか。

　役所の問題提起やダイナミック・ケイパビリティの考え方は良く理解できます。その一方で、「英語」「直訳」が多すぎて、中小企業に「正しく理解されるか」「共感を得られるか」が心配です。新規性を打ち出すために「ダイナミック・ケイパビリティ」といった洋語を用いて、一定のインパクトを与える意図かもしれませんが、「伝わる」ことにこだわってほしいと思います。アイディアが良くても伝わらなければ意味がありません。そこで、筆者は「中小企業のための青木式診断」を作成してみました。中小企業にダイナミック・ケイパビリティを「肌感覚」で感じてもらうためです。この診断を通じて、中小企業に「うちは何が足りない」「何を発揮できていない」という点に気づいてもらえれば、ダイナミック・ケイパビリティの考え方も伝わりやすくなるはずです。

【青木式ダイナミック・ケイパビリティ診断】

大項目	診断項目	回答 ○	回答 ×
感知	新聞記事、メディア情報、情報交流などに関心が高く、積極的に情報収集している。		
感知	自社にとっての脅威に敏感。新分野や新技術・新サービスに関心が高い。		
感知	業界や地域の将来の変化について日頃考えている。		
捕捉	自社の経営資源が明確になっている（人材・技術・知識・ノウハウなど）。		
捕捉	自社の強みに「絶対的信用」を置いていない。その陳腐化を恐れている。		
捕捉	経営者は事業意欲が旺盛。挑戦心は燃え盛っている。リスク志向はある。		
捕捉	いまがチャンスだとか、好機であるとか、事業化のタイミングをうまく捉えられる。		
捕捉	社内の人材や設備やノウハウを活かして、新しい事業や危機時対応をしている。		
変容	社員は新しいことに消極的・保守的ではないので、何かやろうとすると時間を要せずできる。		
変容	社員は外向きで、社長と情報や考え方・価値観を共有できている。		
変容	社内だけで対処できないとき、資源補完できるネットワークや取引先は多い。		
変容	創業からの自社の歴史を通じて築いてきた「他社には負けない風土・文化・行動」はある。		
合計点			

○1点　×0点　　9点以上「S」、7点以上「A」、5点以上「B」、4点以下「C」

　一例をあげましょう。自動車部品業の強みは何かといえば「取引先からの無理筋のコスト削減要請と、高い品質・規格に応えるために、試行錯誤して完成させた製造プロセス」にあると思っています。ダイナミック・ケイパビリティでいう「捕捉」に該当します。「まずは品質・規格をクリア」することを優先し、製造過程の創意工夫で「コスト吸収する方法」を考えるという経営者もいました。何が言いたいかといえば、そのプロセスにおける失敗や過去の経験や、別の技術など様々なものを「持ち寄って」新しい部品製造にあたっているということです。それをダイナミック・ケイパビリティ的にいえば「捕捉」になるのかもしれませんが、「捕捉」という理論先行では「伝わらない」ということです。

　役所は役所で、白書において「新しい提案」という政策義務を課されて苦悶しているのかもしれませんが、本当に伝えたいのであれば「中小企業に伝わる言葉」に変換する必要があると思います。感知は、世の流れ、業界の流れ、未来の変化にもっともっと関心を持ち、情報源を増やしながら自社自身でも考える機会を増やすべきだという意味です。捕捉は「もっともっと難しい仕事を受注する」「自社ブランド製品を作る」といった挑戦を通じて、ノウハウや技量を磨くことです。変容は、使命のために「変わり続けることができる経営者と従業員」を作り、パートナーシップに積極的に取り組むことだと思います。残念ですが、筆者は中小製造業の人たちから「ダイナミック・ケイパビリティ」という言葉を聞いたことがありません。役所のアイディアが活かされていない証左ではないでしょうか。

　金融機関でも注意すべきことは、専門官と言われる本部職員ほど「洋語」「カタカナ」を使い「俺ってすごいでしょう」オーラを出すことです。本当のプロは「自然なくらいに簡単な言葉、伝わる言葉で、相手の正しい理解を得られるヒト」です。コケ脅しで中小企業に対峙するのではなく、分かりやすい言葉で中小企業に寄り添う専門家になりたいものです。

第2章
事業性評価に SDGs／ESG の視点を組み込む

　中小企業セクターを対象とするサスティナブルファイナンスにおいて「事業性評価」が果たす役割の重要性について前章で説明しました。すなわち「事業性の理解」「実態把握」を踏まえたうえで「建設的対話」⇒「戦略・戦術の共創」⇒「ファイナンスと本業支援（ソリューション提供）」、といったフローで展開される枠組みが「サスティナブルファイナンス」の実現に役立つということです。プロセスの起点となる「事業性評価」は、各金融機関が熱心に取り組んでおり、日常の業務として浸透しつつあります。

　各行が熱心に取り組んでいる「事業性評価」だからこそ、サスティナブルファイナンスに役立てたいものです。しかし、サスティナブルファイナンスで活用するためには、現在の評価軸だけでは少し足りません。SDGs／ESG の視点を評価軸に組み込むことが必要です。「持続可能な社会を実現する」というサスティナブルファイナンスの趣旨に鑑みれば、環境問題や社会的課題に関するファクターを「評価軸に組み込む」ことは当然です。

　本章では、あらためて「事業性評価」の意味や役割を確認したうえで、事業性評価に「SDGs や ESG をどう組み込むか」について説明します。そのうえでサスティナブル診断の活用についても言及します。

2-1. 復習：事業性評価の役割

　最初に、事業性評価の役割ついて「復習」します。その目的は、事業性評価がサスティナブルファイナンスで果たす「役割」を認識するためです。

　事業性評価は、お客様である中小企業の未来が「現在以上に良くなる」ことを企図して、改善すべき課題や後押しすべき長所を的確に把握し、お客様との深い信頼関係を基礎に、課題や長所を共有したうえで、金融機関が持つノウハウやネットワークを活用して、企業価値向上に向けた具体的な支援を行うための基礎資料です。これが事業性評価の定義です。

それでは、金融機関が事業性評価を行うべき理由はなんでしょうか。それは3つあります。

第一が「本業支援の質と的確性を高める」ためです。改善すべき課題や後押しする長所を多面的かつ深く理解するからこそ「有効性の高い本業支援」につなげることができます。高度医療において多面的な検査を行いますが、その理由は「病気の真因」を特定しない限り有効な治療方法を選択できないからです。企業の弱みを克服するにせよ、強みを強化するにせよ、的確な処方箋を書くための診断資料が「事業性評価」です。

第二の理由は「事業性評価の着眼点やスキルを習得し、日常的に活用する」ことです。事業性評価は、手間暇を要し、メリハリをつけた運用をしないと日常業務として浸透しません。多面的かつ深い事業性評価をすべての取引先に実施したいのはヤマヤマですが、その経営資源を確保することは簡単ではありません。優先順序をつけて、メリハリある事業性評価を行うことが、事業性評価を日常業務に落とし込む秘訣です。その場合、簡易な評価であっても「ポイントを外さない」ことが必要です。事業性評価に必要なスキルや知識を十分持って対峙すれば、簡易評価であってもツボを外すことなく、効率的な評価が実施できます。高いレベルで身につけた事業性評価スキルをもってすれば、簡易評価であってもポイントを押さえ、融資や本業支援に活用できるのです。

第三の理由は「景気変動等に揺らぐことのない融資姿勢をもつ」ためです。中小企業にとって「真にお金が欲しい」のはどんな場合でしょうか。今次のコロナ禍のような急激な景気悪化による資金繰りの悪化や赤字補填、あるいは社運をかけた設備投資などがこれに該当するでしょう。こういったケースで「中小企業に寄り添う」ためには、傷んだ事業に対する「復元力」、あるいは社運を賭けた投資プロジェクトの「遂行力」を見極める力が必要です。「寄り添う」と格好の良い言葉を並べても、融資期待に応えることはできなければ「掛け声倒れ」で終わってしまいます。リスクの大きい融資をするためには、その企業が持つ「ケイパビリティ（企業の能力）」を見極める必要があります。言い換えれば「未来を作る力」です。当該企業のケイパビリティが理解できれば、景気変動によって一時的に赤字に陥ったケースでも、適切なリスクテイクができるはずです。あるいは社運を賭けた投資をやり抜くだけの推進力が見極められるのではないでしょうか。こうしたリスクテイクの積み重ねが「逃げない金融機関」「事業性を理解してくれる金融機関」として、中小企業から厚い信頼を得ることにつながるのです。

少し説明が長くなりましたが、このように「有効性の高い本業支援」や「適切なリスクテイク」を行ううえで、事業性評価が大きな役割を果たします。サ

スティナブルファイナンスにおいて有効性の高い「取引先支援」を行うためにも、事業性を正しく把握し、行くべき方向（戦略）と現状のギャップを認識することが必要です。そうした前提なくして、リスクの高い「移行資金」や「物理的リスク回避のための設備投資」に対応することは難しいでしょう。同様に、本業支援を行ううえでも、適切な事業性理解なしには「表面的な支援」「全体観のない場当たり的な支援」に陥る可能性があります。サスティナブルファイナンスを有効に機能させるための前提として、適切な事業性理解、ケイパビリティの把握が不可欠であり、その中心的な役割を果たすツールが「事業性評価」であることを再認識したいと思います。

　なお、事業性評価に関して理解を深めたい読者は、拙著「事業性評価と課題解決型営業のスキル」（商工総合研究所）、「事業性評価を起点とする企業価値向上マニュアル」（同友館）を参照してください。

2-2. 事業性評価に SDGs や ESG をどう組み込むか

　それでは事業性評価に「SDGs や ESG の視点」をどう組み込めばよいのでしょうか。

　それを知るためには「事業性評価の体系」を確認する必要があります。体系が分かれば、SDGs や ESG の要素を、どう「評価軸」に組み込むかについてイメージが湧くと思います。

　事業性評価は、後添（資料2-2）の通り、「経営環境分析」と「事業者特性分析」で構成します。事業者特性分析は、「財務分析」と「非財務分析」に分かれます。それでは、簡単に各分析について説明します。

　「経営環境分析」は、大きく言えば「PEST 分析（政治・経済・社会・技術の変化）」です。当社を取り巻く経営環境がどう変化するかをマクロ的に分析します。政治的な変化でいえば、SDGs といった「持続可能性」をテーマとする政治的合意が生まれたことが時代の変化を示しています。グローバル化の進展によるサプライチェーンの変化や、西側と中露の軍事的緊張による安全保障意識の高まりを背景とした貿易取引の変化は、「経済の分断」という変化を生んでいます。社会的変化でいえば、人権意識の高まりや価値観の多様化が様々な課題やニーズを生んでいます。そして、デジタルや宇宙・軍事・バイオ・ドローンなど様々な技術革新は、企業にダイレクトな影響を与えています。つまり「PEST」の変化は、企業を取り巻く経営環境の変化と直結しているのです。

　経営環境分析の参考事例として、環境省が作成した「TCFD を活用した経営戦略立案のススメ」のなかに、「○○の世界観」として5 Forces（ファイブ

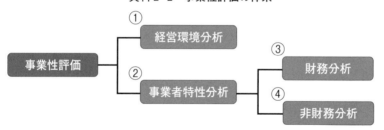

資料 2-2　事業性評価の体系

①経営環境分析　：事業者を取り巻く経営環境（経済動向、業界動向、規制慣行等）
②事業者特性分析：事業者の事業内容・強み弱み・成長点改善点などを分析
③財務分析　　　：財務諸表を活用して財務面から事業内容等を分析
④非財務分析　　：財務諸表以外の資料、対話、調査を通じて事業内容等を分析

フォース）を活用した分析（シナリオ）が掲載されています（第8章　8-2-4参照）。この冊子は、サスティナブルファイナンスの中心的なテーマである「気候変動問題」に関して、経営環境分析（シナリオ分析）に関する課題を指南するものです。この冊子の事例では、「ファイブフォース（売り手・買い手・業界・新規参入・代替商品）」を活用して、「経営環境の変化や業界の世界観」をシナリオ化しています。売り手がどう変わるか、どんな新規参入者や代替商品が生まれるか、それらを通じて業界はどう変わるのか、といった内容です。

　企業の持続性を高めるための「経営戦略」を検討するうえで、「未来がどう変わるか」「当社にとってどんなインパクトを与えるか」は前提となる重要情報です。経営環境分析を行うことなく、コーポレート（個社）の分析だけ実施しても、環境変化に適合するための必要十分な情報を得ることはできないのです。船が航海するに際して、天候や海域の状況を調べずに出航することがないのと同じことです。航海に際しての台風などのリスクや、燃料を効率的に使う潮流や風向きというチャンスを逃すことになるからです。

　経営環境分析では、PEST分析のように大きな視点から入り、順次「自社が属する業界」が将来にわたってどう変化するかを、ファイブフォースのような視点を活用して多面的に分析します。できることであれば、メインシナリオ、最良シナリオ、最悪シナリオといった複数のシナリオ分析が造成されると、環境適合をどう行うかの「戦略作り」のうえでも、「ステークホルダーの理解」を得るうえでも効果が大きいと思います。結局「経営環境の変化に適合した企業」が生き残るのです。企業の持続性のカギは「環境変化への適合」であり、それを考えるうえで「経営環境分析」が重要な意味をもつことを理解してほし

いと思います。

　「事業者特性分析」は、個社（コーポレート）に焦点をあてた分析です。具体的には「財務分析」と「非財務分析」で構成されます。財務分析は、財務諸表を活用して「成長性・安全性・効率性・収益性」などの着眼点で数字的に企業の強み弱みや特徴を表現します。金融機関が最も得意とする分析であり、コンピュータによるアルゴリズム分析が一般化しています。非財務分析は、財務諸表以外の情報やデータを活用して、企業のケイパビリティ（能力）や経営資源を分析します。経営コンサルタントや M ＆ A のブティックなどにおいては「事業デューデリ」の一部として従来から重視されている分析で、近年、付加価値を生む源である「インタンジブル（無形資産）」に注目が集まっています。一方、金融機関では「融資審査」を財務分析中心に行うことが一般的だったので、非財務分析に関しては「情報収集・蓄積・整理」もまだまだ不十分な状態です。非財務分析の「対象領域も広範に及ぶ」ことから情報収集はもちろん、分析手法も確立されていないため、経営資源やケイパビリティを的確に描く十分なレベルまで達していないと考えられます。

　以上が、事業性評価の体系です。以降は、各分析において SDGs や ESG をどう組み込むかを説明します。

2-2-1. 経営環境分析

　経営環境分析は、当社がビジネスをするうえで、その環境が将来にわたってどのように変化するかを見るものです。広くは世界、あるいは国内、さらには所在する地域や商圏、あるいは自社の業界が分析対象になります。そうした「世界観」のなかで「自社に与える脅威や機会」を考えます。

　したがって、まずは「世界観の醸成」という意味で、「分析範囲」を設定します。通常は、自社の「商圏」「業界」が対象になります。分析範囲が決まれば、前述の「5 Forces（ファイブフォース）」の観点を活用して、将来変化をシナリオといった形で考えることになります。将来を考える（予測する）ことは簡単ではありませんが、行政や業界団体・シンクタンクなどが発表しているデータや諸資料を活用しながら行います。通常はシナリオ A・B・C といった形で、メインシナリオ、最良シナリオ、最悪シナリオといった複数種類を作成します。

　シナリオを設定する場合、どの程度の「時間軸」で予測するかが難しいところです。あまり遠い未来では有効性を問われますし、近すぎる未来では脅威・機会とも今とあまり変わらないという結果になりかねず意味が薄らぎます。そこで、10 年程度を基準に「自社の分析力」「データ内容」「変化の振れ幅」な

どを踏まえて設定します。

　そして、このシナリオ造成において「SDGsやESGの観点」を入れることがポイントです。例えば、SDGsでは「Planet（地球）」「Prosperity（繁栄）」「Peace（平和）」といった観点があります。地球の代表的なテーマとしては「脱炭素」「脱資源」「自然保護」等があり、繁栄では「エネルギー」「働き方」「インフラ」等があり、平和では「人権」「司法」といった観点になります。

　要すれば、これらの観点で将来を見た場合に「どんなリスクやチャンスがあるか」を洗い出すところから始めるのです。とりわけ「自社に影響が大きいリスク・チャンス」については、念入りに考えます。洗い出しを実施した後は、「自社への影響度」「発生確率」等を軸に優先順序をつけます。つまり、SDGs／ESGという「着眼点」を使って、将来のリスク・チャンスを洗い出し、影響度の重さや発生頻度を考えながら「世界観を醸成」するのです。

　もう少し具体的に言うと、当社がポジションを築いている「販売市場」がどう変わるか、あるいは「原材料」「エネルギー」の確保、「デリバリー」のための物流等々の環境や条件がどう変わるか。SDGsへの取り組みが活発化すれば、新たな市場が生まれる一方で、縮小する市場も生まれます。原材料の受給バランスも変わりますし、脱資源・脱炭素といった傾向が強まります。こうした種々の変化が、当社自身、販売先・仕入先、業界全体、新規参入者、代替商品などの変化に影響を与えることになります。あるいは、「法制やビジネス慣習（ルール）」の変化も想定されます。カーボンニュートラル実現のために、GHG（温室効果ガス）の排出量の把握と削減策の策定、あるいはカーボンプライシング（炭素税や排出量取引）などのコスト増加要因への対応が求められます。こういった「当社を取り巻く環境変化」に関して、SDGsやESGの視点を活用して「分析対象」を環境や社会まで拡大することが「事業性評価にSDGs／ESGの視点を組み込む」ことです。前述の「TCFD（気候関連財務情報開示タスクフォース）」においても、こうした環境分析やシナリオ造成を求めており、上場企業では「将来の世界観」として経営環境変化を具体的に示しているケースが増えています。

　余談ですが、不確実性が高い世の中にあって「将来シナリオを造成する意味があるのか？」といった疑問を持つ経営者や関係者が少なくありません。「将来を予測しても変数が多く、外れるのがオチだ」という理屈です。その言い分も理解できますが、シナリオ造成をする意味は大きいと考えてください。なぜならば、複数の将来シナリオを検討することは「環境変化への対応力を強化する」ことにつながるからです。予想が的中することはないにしても、一定の範囲内で実現する可能性はあります。また、仮に大きく予測を外れた場合には、

PEST（政治・経済・社会・技術）のいずれかに、正負の変革が起きている可能性が高いので、それを踏まえてシナリオを適宜「修正」すればよいのです。「準備があるから修正できる」のです。この準備があるから修正できるという意味を軽く見てはいけないのです。不確実性が高い時代だから「場当たり的で良い」という理屈は「科学的」とは言えず、「経営の質」を上げることはできません。事業性評価は、中小企業の未来をいま以上に良くすることを目的に作成するので、未来を予測・検討することには大きな意味があるのです。また、そうした将来変化の予測能力、シナリオ造成力が「持続性」を高めるうえで、企業の「ケイパビリティ」になるのです。これは金融機関にも言えることです。

　企業の「サステナビリティ（持続性）」は、「経営環境の変化にどう適合するか」と表裏一体です。したがって、前提となる「経営環境分析」の重要性は極めて高いのです。金融機関において、経営環境分析は「営業店の担当者・ラインが一体」となって行う作業ではありますが、こうした問題を専門に扱う「産業調査部」を強化する必要があります。個（個別企業のコーポレート部分）だけを評価するだけでは、その企業の将来を占うことはできないからです。個にどんなに力があっても、環境変化に適合できなければ生き残ることはできません。経営環境の変化を予測することは「経営戦略」の基礎を作る一番の方法なのです。だからこそ金融機関は「産業調査」の意義を認め、強化しなければなりません。残念ながら多くの金融機関は「コーポレート（個々の企業）分析」に特化しており、産業調査といっても名ばかりか、事実上そういう部署を持たない金融機関が少なくありません。サスティナブルファイナンスを実現するうえで、経営環境分析は重要な位置を占めます。そして、経営環境変化に対する「情報収集力・分析力・シナリオ造成力」が、経営環境分析の良し悪しを決めるのです。この点に気づいていない金融トップが多いことは残念です。いち早く産業調査の体制整備を行うことが金融機関の差別化につながるとだけ申し上げておきましょう。

2-2-2. 財務分析

　財務分析においても、SDGsやESGの観点を組み込むことが必要です。具体的には、SDGs／ESGの観点における「リスク評価」において「インパクトが大きい」とされた項目を「損益計算書・貸借対照表に反映する」ことです。言い換えるとSDGs／ESG的な面から「リスクを定量化」して「財務諸表へ反映」させる方法です。

　読者のみなさんは「プロジェクション」という言葉を聞いたことがあるで

しょうか。直訳すれば「投影」ですが、M&Aでは「予想財務諸表」といった意味で使われています。M&Aにおいて会社を売り買いする場合に、買い手の眼は「未来」を向いています。被買収企業が創出する「将来キャッシュフロー」です。将来キャッシュフローを単体でどれだけ生み出せるか、あるいは、買収企業との相乗効果において、どれだけの積み上げが期待できるか。将来キャッシュフローを予測するうえで、プロジェクション（予想財務諸表）が作成され、DCF法などによって現在価値が導き出されます。

　プロジェクションは2～3年程度の近未来予測であれば、過去数年分の財務データの「延長線上で予測する」ことができるでしょう。しかし、経営者が変わり、経営が強化され、買収会社との経営資源の補完による相乗効果などによってケイパビリティ（企業能力）が強化される可能性があります。こうした場合に、過去のデータから導き出した予測値より多くのキャッシュフローを生み出す可能性があります。当然、逆の事態も想定されます。M&Aの統合効果が出ないうえに、むしろ経営者が変わったために単体でもキャッシュフローを落とすといった事態です。

　ここで申し上げたいことは、過去のデータに基づく推計に止まらず、「将来変化を数字に反映する」ことで、より適切な未来像を描くことが可能になることです。経営環境の変化やケイパビリティの強化などを通じて財務諸表にどういった影響を与えるか、数字に反映されるか。まさに「SDGsやESGに関する当社の取り組みで変化しうる財務的な変化」を「将来の財務諸表」に反映する考え方です。

　SDGsやESGに関する課題に前向きに取り組むことで、チャンス（正の影響）を生み出すことができます。例えば、将来的に枯渇ないしは減少する見通しのある原材料に見切りをつけ、新たな代替原材料を開発し確保することで、他社との差別化に成功し、成長戦略を描くことができるかもしれません。そうなった場合、売上・利益といった財務面での好影響が期待できます。こうした正の影響もあれば、取り組みをしない、放置したままのケースにおいて、競争力を失うことで売上減少やコスト増加といった財務的な悪影響を引き起こすことも想定されます。

　もうひとつの着眼点として「リスクやチャンスの計量」があります。「SDGsやESGの観点からPEST（政治・経済・社会・技術）的に起こりうるリスクやチャンスを定量的に財務諸表に反映する」といってもいいでしょう。

　SDGsやESGに関連する多くの領域は、将来的なリスクで満ちています。例えば、気候変動の問題（温暖化防止）を世界の国々が放置し、最悪シナリオである「4℃上昇」といった事態に陥った場合に、当社にも様々な負の影響が

生じるはずです。売上減少、コスト上昇、資産の毀損といったマイナス事象が起こり、その影響が当社の財務に反映されます。これは当社の取り組みとは無関係に「社会全般の情勢変化」の反映ということができます。社会全体の気候変動対応が遅れた結果、1つの企業の財務に様々な影響が生まれたということです。

　こうしたシミュレーションを行うことは、企業に行動変革を促します。どんな環境においても経営を持続させるためには、自社なりの戦略・対策を用意する必要があります。「TCFD（気候関連財務情報開示タスクフォース）」の枠組みを活用した対応として、4つのポイントが示されています。具体的には、気候変動対応を行うための①ガバナンス、②戦略策定、③リスク管理、そして④マネジメントするための指標・目標の策定です。そして、これらを株主はもちろん社会に対して開示するという透明性を推奨しています。大企業においては、どんな環境にあっても自社が持続的成長を遂げられるだけの勝ち残り戦略、そのための企業統治やリスク管理、具体的な目標について示すことで、株主や投資家の理解を得るだけでなく、自社の変革の推進ツールとしていることがわかります。

　もちろん環境変化による財務的な影響を精度高く見積もるためには、相当の情報量や分析力が必要となるので、簡単にできることではありません。しかし、簡単に諦めてしまう問題でもありません。仮に、当社の GHG（温室効果ガス）の排出量が把握できている場合に、1キロあたりの炭素税を 40 円とおけば、当社のコスト増加について、将来の財務諸表に反映することはできます。このように、「分かっている範囲で見える化」することで、当社の財務悪化や財務改善の程度を事業性評価に反映することができるのです。難しいからやらない、反映させないのでは、いつになっても現状のままです。限られた条件のなかでも、財務的に反映させるような挑戦があってこそ、事業性評価を進化させることができるのです。これは金融機関にとっての挑戦でもあるのです。これらを実現するためには、前述の「産業調査部門」が、「財務に影響を及ぼすデータ」や「その水準」について、情報収集して定量化するといったことが前提になります。サスティナブルファイナンスを実現するうえで、社会の環境変化に伴うリスクの定量化、そして財務諸表への反映が重要になりますが、このカギは「産業調査部門」が握っています。

2-2-3. 非財務分析

　非財務分析は「財務諸表以外の情報・データによる分析」ですから、SDGs や ESG の着眼点を組み込む「中心的な場所」になります。

現在、一部の金融機関・支援機関で「SDGs診断」「ESG診断」といった名称で、サステナビリティの観点からみた「実態分析」が行われていますが、その大半は「非財務分析」の領域に関する診断だと推測します（診断内容は通常「非公開」で個別の取引のなかで使用されています）。

例えば、SDGsのゴール5に「ジェンダー平等を達成し、すべての女性および女児の能力強化を行う」とあります。これは、企業内においては「人事制度」「人事運用」の問題として評価することができます。あるいは、女性社員がオールドボーイズネットワークといった旧習に漏れた結果、様々な情報共有の機会を失っているとしたら「社内の意思決定や情報共有の在り方」を変える必要がありますし、「女性社員に対する教育・研修強化」に取り組まなければなりません。ゴール8にある「すべての人々の完全かつ生産的な雇用と働きがいのある人間らしい雇用（ディーセント・ワーク）を促進する」は、社内の「働き方改革」がどの程度進められているかという評価項目に反映できます。

このように、SDGsやESGの取り組みがどう進められているか、現状はどのような状態にあるか、について評価する場所として「非財務分析」が適しています。課題としては、SDGsやESGの領域が広いなかで、中小企業にとって有効な評価項目・着眼点をどう選定するかです。SDGsのすべてのゴールを対象として幅広く評価を行う方法もありますが、金融機関が「日常の業務として普段使いに取り組む」ためには「効率性」とバランスさせなければなりません。そうでなくても多忙を極める金融機関が、評価だけに多大な時間を消費することは現実的ではありません。したがって、経済価値と社会価値を両立させつつ、中小企業の持続性に貢献するような評価項目をどう選定するか、優先順序をつけるかが「最も大きな課題」だといえましょう。この点は、各金融機関の腕の見せ所ということにもなります。

現在いくつかの金融機関で「SDGs診断」「ESG診断」といった形で、事業性評価とは別に、独立してサスティナブル評価を実施しています。これはこれで結構ではありますが、これらの診断項目を「通常の事業性評価」に組み込むことを提言します。その理由は、①サステナビリティの問題を「特別の業務」という扱いではなく、金融機関が経常的に行う事業性評価という形で「当たり前の業務」にする、②ツールを一本に絞り込むことで幅広い中小企業に恩恵を施す、ためです。ひいては「サスティナブルファイナンス」を「普段使いの日常業務」にするという考え方です。

ビジネス的視点から「SDGs診断」「ESG診断」といった「目玉商品」扱いをした方が、目新しさもあって「特別感」「独自性」が生まれるのかもしれません。しかし、ブームに乗った営業戦略ではなく、事業性評価の一環として

SDGs／ESGを組み込むことが「王道」であり、日常の活動として浸透させる方法だと思います。各金融機関が現在注力している事業性評価、非財務分析だからこそ、その流れを活かしてサスティナブルファイナンスに役立てることが、実現の早道ではないでしょうか。

2-3. サスティナブル診断の活用

　前述の通り、最終的には「事業性評価」のなかに、SDGsやESGの項目をビルトインして評価体系を構築することが望ましいと思います。しかし、現状の事業性評価の運用実態を見ると多くの金融機関において、経営環境分析や非財務分析に関して十分なレベルに到達しているとは言い難い面があります。また、事業性評価に関連するものとして「ローカルベンチマーク」「経営デザインシート」など公的な機関が作成した「ひな型」があるものの、評価項目や体系を含めて各金融機関の独自性に任されていることを考えると、SDGsやESGの項目を各金融機関が事業性評価にビルトインするには「相応の時間を要する」ことが推察されます。

　こうした点を考慮すると、すべての金融機関や支援機関が活用できる「サスティナブル診断」を用意することが、サスティナブルファイナンスを進めるうえで有効だと考えます。自行の事業性評価の様式は従来通り活用しつつ、別途「サスティナブル診断」を利用することで、評価の補完を行うイメージです。そこで、本書では「4種類のサスティナブル診断」を提示することに致しました。

　そして、そのサスティナブル診断に基づいて、中小企業のSDGsやESGに関する「意識、取り組みの実態を見える化」します。実態把握ができれば、次のステップである「建設的対話」に入ることも容易になります。本書の目的のひとつに「中小企業がSDGsやESGといった視点を活用しつつ、自社の持続性や企業価値向上を図る」ことにあります。それこそが中小企業セクターにおける「サスティナブルファイナンスの実現」につながると考えるからです。その活動の「イネーブラー（強力な推進者）」となるのが、金融機関や支援機関の職員のみなさんです。みなさんが、サスティナブル診断をツールとして、中小企業との「建設的対話」を進めることで、本書の目的が実現されるのです。

　それでは「サスティナブル診断」とは、どんな内容なのでしょう。一部の金融機関や支援機関が行うSDGs診断やESG診断とは何が異なるのでしょうか。

　前述の通り、金融機関のSDGs診断やESG診断は非公開で行われていますので、本書との明確な違いをいうことはできません。本書では、中小企業経営

者の顔を思い浮かべて、彼らの立場や実情を踏まえた「サステナビリティ（持続性）」を考えています。それが他との違いです。

　前述の通り、金融庁のいう「サスティナブルファイナンス」の枠組みでは「気候変動対応」が中心的な課題になっています。一方で、中小企業にとっての優先的課題が「気候変動問題」にあるとは限りません。例えば、ファミリービジネスとして永年継続してきた事業を次世代へつないでいきたい、といった願いを無視できるでしょうか。あるいは、地域の中核的な立場、リーダー的な立場のなかで、雇用や地産地消といったサプライチェーンを守る形で貢献をしたいという想いは間違っているのでしょうか。自社のビジネス競争力を強化したい、労働生産性を上げたいという素直な想いもあるはずです。体力面で劣る中小企業が「倒産・廃業」のような危機に直面した場合、「サステナビリティへの貢献」どころではないのです。

　そういった意味で、本書では「リレーションシップバンキング（通称リレバン）」の発想、あるいは事業性評価における「企業の未来をより良いものに変える」という観点から、財務的な要素も包含した、中小企業の「真の継続性や成長性に貢献する」枠組みとして、サスティナブルファイナンスを捉えています。そしてサスティナブルファイナンスを実現するための基礎ツールとして「サスティナブル診断」を位置付けます。この診断の設計思想は、SDGsやESGへの取り組みをないがしろにするものではなく、そういった要素を十分包摂しながら、中小企業にとって意味のある「持続性向上」の起点にすることにあります。

　金融機関は金融仲介機能を通じて、中小企業の経営をチェック・指導・支援してきました。そのプロセスのなかで行われたコミュニケーションこそが「建設的対話」であったはずです。その伝統的なコミュニケーションに加えて、新しい時代の考え方、あるいは新しいコミュニケーションの在り方を提案することが本書の目的でもあります。そして、その基礎資料として、各金融機関が自行の事業性評価を活かしつつ利用できる「サスティナブル診断」でありたいということです。

　次節以降、中小企業の類型を意識して、4種類のサスティナブル診断を提示します。4種類を作成した由は、本書を読む金融機関によって、主要な顧客層や市場が微妙に異なるからです。例えば、信組・信金であればエリアも限定され、顧客も家族的企業・小規模企業がメインになるはずです。こういった金融機関については、小規模企業用の診断が役立つと思います。また、いわゆる中小企業といわれるレンジは、信金・地銀のメイン市場となります。この層は「基本型」を活用します。また、地域中核といわれるような中堅企業や、支店にとっ

て重要な基盤である取引先に対して活用する「応用型」も用意しました。また、パートナーシップの重要性が高まるなかで、協同組合の価値が見直されると考えています。そういった意味で「協同組合用」も作成し、相互扶助組織の活動や持続性向上に役立ててほしいと思います。

　本診断書に関しては、別途の活用の仕方もあると考えています。本診断書を作成した背景には、金融機関によって「独自の診断書」を作成するための経営資源を割くことが難しい場合があるのでその「代行」としての意味合いです。サスティナブルファイナンスの推進は、可能な限り迅速に進めたいテーマです。しかし、診断書の作成に多くの資源や時間を投じていては「着手のスピードが遅くなる」と考えました。その時間の節約を本書が代行します。

　また、すでにSDGs診断やESG診断を独自に作成している金融機関に対しても、「一片の情報提供」になると考えました。前述の通り、こうした診断書の項目は非公開であり、また、評価機関などが一部公開している内容は大企業向けであり、中小企業には馴染まない評価項目も多いことから、「共通のたたき台」として本書のサスティナブル診断を参考に、自行の診断内容をパワーアップしていただく活用方法があると考えたのです。診断項目が多ければ「網羅できる範囲」は拡がります。しかし、診断時間や対話時間もその分増えることになります。いかに重要項目に絞り込むかも「実務的」には大事なことだと思います。本書では「シンプルさを重視した作り」にしていますので、参考にしていただければ幸いです。

【コラム3】サスティナブルファイナンスに求められること

　多様な人々が存在する世の中で、大きなムーブメントを起こそうとすれば「何らかのキャッチフレーズ」が必要です。そして、キャッチフレーズに「危険な香り」が満ちていれば、人々の心はザワつき、関心も湧くはずです。「1999年に空から大王が降ってくる」というノストラダムスの大予言は一大ムーブメントになりました。何しろ「この世の終わり」という最大の危機がキャッチフレーズになったのですから、当然といえば当然かもしれません。

　「SDGs」も一種のキャッチフレーズ、「旗」の役割を果たしています。「これ以上地球に負荷をかければ社会は持続できない」「誰一人取り残さない」「変革の実現」など多くのメッセージを投げかけます。問題は、人々を「どれだけ動かせるか」です。中小企業への浸透度を考えると、キャッチフレーズのインパクトという点で課題が残るかもしれません。

　翻って「サスティナブルファイナンス」はどうでしょう。金融界にとっては、近時最大のキャッチフレーズといえるのではないでしょうか。サスティナブルファイナンスは、金融界をサスティナブルな社会の実現のために突き動かす「イニシアティブ」であり、「枠組み」でもあります。各金融機関は、サスティナブルファイナンスを「時代の旗」と捉えて、ビジネスモデルの変革やイニシアティブの実現に邁進することが予想されます。

　しかし、一歩下がって考えると「いつの時代も、金融は社会の変革を進めるツール」であり、現在だけ推進ツールとして利用されているわけではありません。いつの時代も「社会を牽引する投資」「成長企業の資金需要」を満たすために、おカネは強大な力を発揮し、産業の育成や社会問題の解決に活用されてきたのです。戦争の時代には「戦時国債」が発行され、多くの軍事産業に資金が流入しました。戦後の経済復興期には「繊維産業」に、高度成長期には「自動車、電機、鉄鋼、重工業」に資金が「傾斜配分」されて、日本の復興と経済成長を支えました。

　資金なしに経済は廻らない。だからこそ金融は大きな力を持っています。為政者はこれを知るからこそ、欧州のタクソノミーフレームワーク規制にせよ、国連の責任投資原則（PRI）にせよ、金融という強大な力を活用して「壮大な社会変革」を成し遂げようとするのです。

　こういった歴史や金融の強大さを考えたときに、金融が陥ってはいけない罠は「驕る心」です。ブラウンタクソノミー（環境に悪影響を与える業種等の分類基準）は、重要ですが恐ろしい基準です。過去に多くの社会貢献をしてきた企業や産業の未来が、その分類次第で絶たれる可能性があります。金融は「裁判官」なのでしょうか。企業を裁く権利があるのでしょうか。万が一「金融」が暴走して「環境への良し悪し」を勝手に判断し、企業への資金供給方針を突

然変えるようなことがあれば社会が混乱します。力を持つ金融だからこそ「謙虚さ」を常に持つ必要があるのです。

　そして、もうひとつ大事なことは「惻隠の情」です。とりわけ中小企業に対して、そうした気持ちで「サスティナブルファイナンス」を推進する必要があります。具体的には、サスティナブル問題に関する丁寧な「啓蒙」を図ること、あきらめずに粘り強く「啓蒙」をすることです。そして、「事業性評価」や「サスティナブル診断」を活用して、「建設的対話」を行うことです。建設的対話を通じて、「情報提供・指導・助言・アイディア提供」そして「戦略の共創」を行うことです。権力者ではなく、「惻隠の情をもったパートナー」として、中小企業の持続性を高める支援をしてほしいと思います。

　中小企業といえど「多くの家族」がぶらさがっています。地域の発展に必要な存在です。やる気があって、胸襟を開く経営者を是非積極的に応援していただきたいと思います。サスティナブルファイナンスは大きなイニシアティブであり、重要な金融の枠組みではありますが、その実現を果たすためには、金融機関職員ひとりひとりの「気持ち」「想い」が何より大切です。惻隠の情は、品格をもった金融マンが備えるべきものだと考えています。

第3章
サスティナブル診断Ⅰ
～基本タイプ～

3-1. サスティナブル診断Ⅰは「すべての基本」

　サスティナブル診断Ⅰは、「すべての基本」になると考えています。大企業のように規模が大きく、様々な経営資源を有し、多面的な活動を行っている場合には、細かいことを含めて多面的な角度から評価することが、実態を評価するうえで有効です。格付機関が行う「ESG診断」はまさに、環境面・社会面・統治面から多面的な診断項目を設定し、企業実態を評価しています。

　一方で、中小企業は基本的に「コンパクトな組織」であり、オーナー経営者のトップダウン型の統制が一般的です。こういったコンパクトな組織を評価する場合には、細部に拘るよりも当該企業が本当の意味で持続性や成長性を持っているかを長期的な視点で判断することが有益だと考えます。具体的には、統制に中心にいる経営者の姿勢や考え方、サステナビリティに関する関心、そして独自のケイパビリティや組織風土、ネットワーク等々を見ることです。

　また、中小企業は数も多いため、より多くの企業にサスティナブル診断を実施し、それに基づく建設的な対話を行って、具体的な経営改善やSDGs活動に取り組んでもらうためには、「効率的な診断」を行う必要があります。そういった意味で、評価項目をできるだけ絞り込んで、中小企業にとって手間をかけずに受診できて、金融機関側も評価そのものよりは、答え合わせを含めた「建設的対話」に時間を割くことが、より大きな付加価値を生むことにつながります。本書では質問項目を絞り込み、評価区分も3段階にして出来るだけシンプルに評価が行える工夫をしています。

　ただし、誤解をしていただきたくないことは「中小企業向けの基本診断」だから「レベルが低いのではないか」「適切にサスティナビリティ（持続性）を評価できないのではないか」という点です。サスティナブル診断Ⅰは「すべての基本」型だからこそ、評価項目や質問内容を「本質をとらえる形で凝縮」しないといけないと考えています。企業の持続性、経営改善を通じた価値向上、

地域への貢献、家族・社員・近隣との良き関係作り、身近な環境対応、社会課題との接点など、中小企業だからこそ「実態がシンプルに見えてくる」ものがあるし、それは大企業であっても参考にできることだと思います。

　サスティナブル診断Ⅰの本質は、「持続性の高い会社作り」をするために何が必要か、ということを考え抜いて作ったものであり、診断項目の構成や、各質問にそれを的確に反映したものだということです。それだからこそ「すべての基本」といえるのです。

3-2. サスティナブル診断Ⅰの構造

　資料3-2が「サスティナブル診断Ⅰ」です。中小企業向けの「基本型」としてのサスティナブル診断Ⅰの特徴は、①診断の質問数を20項目、②評価区分を3段階、③総合評価5段階、とシンプルな構造としていることです。

　シンプルな構造とした理由として、「より多くの中小企業に対して診断が行えるように金融機関（支援機関）の負担を軽くする」「建設的対話のツールとして位置づけているため『ダメ出し』だけでなく『努力の気持ちが喚起される』ものにする」「評価をシンプルにすることで評価者毎の評価のズレを最小にする」といった配慮を行ったことにあります。

　質問数20個は、負担軽減に配慮しつつも「持続性」「企業価値向上」「長期的視点」といった観点、SDGs／ESGの観点も盛り込んで構成しています。中小企業が、この20項目に「合格」するようであれば、相当高いレベルで持続性を持った企業ということになります。

　評価区分は、「水準を上回っている」「水準を満たしている」「水準を下回っている」の3段階としています。この場合、合格ラインである「水準を満たしている」の判断が重要ですが、わずか3段階での評価なので、ここを甘く評価してしまうと全体が甘い評価になる懸念があります。そこで、「一点の曇りなく満たしている」という厳しい目線で合格ラインを引いています。一点の曇りなく満たしている＝合格ライン＝ということなので、水準を超えているは「明確に秀でている」という設定になります。こうした設定によって「評価者毎の判断差を最小限に抑える」とともに、建設的対話にあたって「努力する方向づけ」ができる（⇒現状に満足しない）ように企図しています。

　総合評価は、20項目×3段階の「合計値」になります。5段階とした理由は「進歩の度合いを感じるインセンティブ（動機付け）」とするためです。当初はさらにシンプルな3段階で十分だと考えていましたが、継続的かつ定期的にサスティナブル診断を受け、一歩一歩「総合点をあげる」ことが企業側のインセ

資料3-2　「サスティナブル診断Ⅰ」

サスティナブル診断Ⅰ

No	領域	評価項目	判定	判定根拠・具体的な活動内容等
1	経営・ガバナンス	経営に対する信念・経営哲学・信条など「経営の軸」をもっているか		
2		経営者は「計画」「将来展望」「リスクマネジメントの視点」をもって経営をしているか		
3		社長（経営者）に対しての「ご意見番」役がいるか。社長は聞く耳をもっているか		
4		決算書・青色申告・資金繰り表など「基本的な経営管理」ができているか		
5		後継者は会社にいるか。または、後継候補がいて事業引継ぎをする意向があるか		
6	財務・BF	適切な会計をするための「帳簿整備」「体制」、「会計システムの利活用」の実態があるか		
7		損益・収支・資産に関して、大きな問題を抱えていないか		
8		取引金融機関と良好な関係を築いているか。信用保証協会の保証は受けられているか		
9		商品・サービス・技術など「ビジネス上の明確な強み」をもっているか		
10		環境変化に対応する姿勢・力があるか（変革力）		
11		システムに関心を持ち、一定水準でのシステム活用ができているか（会社のホームページがあるか）		
12	社会	経営者の人権意識、法令遵守意識、公正誠実性は高いか		
13		SDGsの「人」に関する6つのゴール、「働き甲斐のある人間らしい雇用（ゴール8）」に関する具体的な取り組みを行っているか		
14		時間外管理・休暇取得・ハラスメント対応・研修・意見表明など「安心安全で働きやすい労働環境」を作っているか		
15		顧客やサプライチェーンのニーズを敏感に察知し、対応しているか		
16		顧客・業界・地域社会との関係は良好か。反社会的勢力との付き合いはないか		
17	環境負荷・強靭性	SDGs、気候変動問題やカーボンニュートラル宣言を認知・理解しているか		
18		「脱資源」に対する意識や具体的な取り組みはあるか		
19		エネルギー問題や省エネへの関心や具体的な取り組みはあるか		
20		自然災害に対する強靭性を高めるための対策（例：BCP）を考えているか		
		総合評価		A 48以上　B 30以上　C 20以上　D 10以上　E 9点以下

評価区分は「A（水準を上回っている）」＝3点、「B（水準を満たしている）」＝1点、「C（水準を下回っている）」＝0点の3段階

ンティブにつながると考え、5段階にしました。したがって、E評価だからダメという結果重視の説明ではなく、「ひとつひとつ改善しながら上位評価を目指しましょう」といった応援スタイルで「建設的対話」を進めていただくことが大事です。評価の仕方は、各項目のA＝3点、B＝1点、C＝0点として、

合計48点以上がA評価、以降30点以上B、20点以上がC、10点以上がD、9点以下がEとしています。

　また、メモ・備考として診断書の右側に「判定根拠・具体的な活動」を記載する欄を設けていますので、その項目に関する詳細や実態について適宜記載して、建設的対話を行う際の参考としていただきたいと思います。

3-3. 診断項目と解説

　ここでは20個の診断項目について説明をします。診断項目は「経営者・ガバナンス」「財務・BF（ビジネスフィージビリティ）」「社会（Social）」「環境負荷・強靭性」といった4つの角度から構成されています。この4つの視点は、中小企業が「社会善・CSV」といった新しいビジネスルールのなかでも持続的な成長や企業価値向上を図るためのものです。

3-3-1. 経営者とガバナンス

　ここでは、中小企業の経営の要となる「経営者」の資質や考え方、そして放漫経営や経営者の暴走・不正行為を防止する仕組みがあるか、を問う内容で構成しています。

【問1】経営に対する信念・経営哲学・信条など「経営の軸」をもっているか

　規模の大小を問わず「経営の軸」は必要です。軸のない経営は「ブレ幅が大きい」からです。変化の時代、不透明感の強い時代だからこそ「臨機応変に動く」ことも大事です。しかし、その臨機応変な対応が「場当たり的」で、経営として芯のないものであれば現場は揺らいでしまいます。臨機応変な対応の背景には、信念や信条という「土台」が必要です。大企業では「パーパス経営」が重視され、自社はどういう存在で、世の中に何をするためにいるのか、といった「土台」から事業を見直し、共通の価値観（軸）の下で経営を行う動きがあります。それと同様に「芯のある経営者」だからこそ、時代の荒波を乗り越える知恵が生まれてくるのであり、臨機応変さのなかにも一つの土台からそれが生まれていることが分かるのです。

　この質問で大事なことは「形（例：社是・経営理念）」にこだわるよりも、「実（常々社長が口にしている）」といった実態があるか、です。あるいは、質問への回答を聞いたときに「思いつき」の言葉ではなく、信念と感じられる「納得性」があることです。

　この質問に関しては、「軸」「芯」があると判断できるような考え方があれば「水準を満たしている」と判断して結構です。また、基本的には「水準を上回る」場合は少ないと思いますが、惚れ惚れとする「淀みのない考え方」や、「実際の経営への反映振り」を踏まえて「上回っている」とすることは可能です。こうしたレベル感で該当するかを判断してください。

【問2】経営者は「計画」「将来展望」「リスクマネジメントの視点」をもって経営しているか

　中小企業では経営者の影響力が極めて大きく、その「経営的資質」が重要な要素になります。経営者の資質を測るうえで、経営に関する「長期的視点の有無」が重要です。社員や従業員は「日々の業務、オペレーション」を必死でこなします。一方で、自社を取り巻く環境のなかで「自社の立ち位置や未来」を考えることは、経営者の役割そのものです。そうした「長期的視点」を踏まえて、現状の自社のポジション（立ち位置）をどう考えているか、いまなすべきことが何か見えているか、具体的な行動計画があるか、をこの問いで確認します。これが第一のポイントです。

　年次計画など計画書があるということは、少なくとも1年後の未来を考えている証左です。また「計画書として明文化」されてはいないものの、社長が「どの程度の将来展望」をもっているかを確認することはできます。この場合の「展望」は、いまの会社の状況や実態を踏まえて、今後どう経営を進めるか「見通し」を持っているということです。見通しをもつためには「現状の自社の課題を認識」し、「その課題を克服する方法」を考えていなければできません。これらが経営者の頭のなかにあるか、明確であるか、が判断基準になります。

　評価にあたって「明文化された計画書」や、社長との対話のなかで「現状の課題を踏まえた将来への対策」が明確に語られるのであれば「水準を満たしている」という判断で良いと思います。一方、場当たり的な判断に終始するような日常の行動や実態があれば「口だけ」ということになりますので「水準を満たしている」とすることはできません。当然「計画書」も「将来展望」もなければ「水準を下回っている」と判断することになります。実態で判断してください。

　水準を上回っている状況は、中期計画が策定され、そのなかで「自社の強みを活かす施策」や「弱みを克服する施策」が講じられているような場合に限定すべきです。この質問は、中小企業が「持続性」を保つために、経営者の本分である「自社の未来を考える」ことが具体的にできているか、を問うものです。

こうした趣旨に鑑みて判断することが大切です。

　第二のチェックポイントは「リスクマネジメント」の視点です。規模の大小を問わず、企業が生き延びていくためには「自社に対するリスク」を認識し、どんな影響があるか、リスクに「優先順序」をつけて、その予備的な対応や事後対応について考えることが必要です。リスクを認識することなく、場当たり的な対応を繰り返しているのであれば、どこかで必ず「躓く」ことになるでしょう。そういった意味で、経営資源が限定され、体力の乏しい中小企業ほど、こうしたリスクに対して敏感であるべきです。

　判断基準としては、前述の「計画書」のなかでリスクが明文化され、あるいは対話の中で「当社にとってのリスクが棚卸しされている」のであれば「水準を満たしている」としていいでしょう。何も考えられていないでのであれば「水準を下回っている」、リスクが棚卸されているだけでなく、優先順序付けが行われ、BCP（事業継続計画）などが策定されているのであれば「水準を上回っている」と判断します。

　いずれにしても、本問は経営の根幹に当たる部分であり、対話を深める必要のある領域です。そして、水準を下回っている企業については、リスクの認識や理解からスタートさせて、一歩一歩進めてもらうことが、当社の「サステナビリティ」に貢献することになります。

【問3】社長（経営者）に対しての「ご意見番」役がいるか。社長は聞く耳をもっているか

　この質問は、経営者への「牽制機能」、まさに「ガバナンス」を問う項目です。
　中小企業の基本は「経営者のワンマン型」で、良い意味でも悪い意味でも経営者のリーダーシップで統制する形になっています。こうした経営形態での一番のリスクは、経営者の「暴走」「放漫」「不正」「非柔軟性（頑固・固執）」などの要因で経営判断を誤り、企業が「致命傷を負う」ことです。
　こうしたリスクを軽減するために「経営者を牽制する役割」を担える人材の存在が大きな強みになります。牽制役について「形態」「肩書」は問いません。「実際に牽制できるか」という点が重要です。家族企業であれば「配偶者」がしっかり問題点を指摘できて、社長もそれには耳を貸さざる得ない状況にある、というのであれば「牽制機能」が働いていることになります。あるいは「税理士・コンサルタント」など士業の立場で顧問契約をしており、社長に厳しい指摘をしているような実態があれば、これも牽制機能といえるでしょう。大事なことは、社長が明らかに方向性を誤っているようなケースや、放漫経営を

行っているケースに「問題を指摘し、改善の契機とできる」ような牽制の実態があるかです。近時はコンプライアンスの問題がクローズアップされており、何らかの「経営の不正」によって社会的な制裁を受け、信用失墜につながる場面が増えています。社内的に社長の暴走・不正を防ぐ形や牽制があるかを、しっかりと確認する必要があります。

　評価判断にあたって、明確に「牽制機能が利かせられる存在」があれば「水準を満たしている」で結構です。一方、指摘はするものの事実上何も変わらず、悪い方向感を止められないような形であれば「水準を下回っている」と判断せざるを得ません。あるいは「存在そのものがいない」場合は、当然「下回っている」と判断されます。また、行政処分、不正の発覚、訴訟などの事実がある場合には、同様の判断をすることになります。

　みなさんが判断するに際して「人格者」といわれるような優秀な経営者であって、現状は「何の問題も生じていない経営者」に対してどう判断するか迷うことがあるでしょう。この場合も「実態で判断」します。こういった人格円満な経営者は、社外の師匠格となる「経営者」を相手に相談している場合があります。そうした意見にしっかり耳を傾けられるのであれば「牽制機能を自ら作っている」ということなので「水準を満たしている」と判断してもいいでしょう。ただ、留意しなければならないことは「年齢を重ねるうちに耳を貸さなくなる」といった悪い変化が起きる場合もあることです。現在「人格者」だから牽制役は不要と判断するのではなく、裏側は見えない部分もありますし、将来の変化もありうることを想定すると、致命傷を負わないだけの仕組みができているかを冷静に判断することが必要です。経営者も老齢化することで、残念ながら「老害」に転じる場合も少なくないのです。

【問4】決算書・青色申告・資金繰り表など「基本的な経営管理」ができているか

　経営管理のレベルを問う質問です。

　中小企業の経営者は、自分自身が「職人」としてオペレーションの中心にいる、「商店主」としてバイヤー兼販売員を兼ねる、といった「兼職」スタイルが大半です。経営に専念できる経営者は一定規模を超えた中小企業といえるでしょう。

　こうした実態を考えた場合に問題となるのは「経営管理が疎かになる」ことです。収支管理、損益管理、資金繰り管理、在庫管理等々の「マネジメント」から綻びを生じてしまうことがあります。長いデフレ経済下において「価格の

コントロール」が難しくなっています。そうした中で「収益性」が厳しい状況が一般的になっています。こうした条件下において、ちょっとした「経営の甘さ」から赤字や資金流出が拡大し、最悪の事態を迎えることもあります。そういった意味で、本問は「経営者として基本的な経営管理ができているか」を確認するものです。

判断基準の一つめが「損益・収支の理解」です。青色申告書を税理士さんに作ってもらってはいるものの、「儲かっているか否か」「銭足らずとなっていないか」「損益上の問題点」を "理解している" ことが基準になります。これは、事業の基本的な理解なので外すことはできません。

二つめが「資金繰りの理解」です。資金繰り表が簡易であっても作成されていて、主要支払日・主要入金日・資金ギャップなどが頭に入っていれば合格です。一方、資金繰り表が作成されていないような場合に、経営者が実態として「失敗しない資金繰り」をしているかを確認する必要があります。例えば「配偶者である経理部長に任せている」というのであれば、「経理部長の管理手法や管理実態」と「経営者への報告」が十分なレベルにあるかが判断基準になります。

基本的には、「収支・損益」「資金繰り」の2つを確認すれば大きな問題はないと思います。ただし、業種によっては「在庫管理」ができていないと「損益そのものの適切性」「不良資産による資金繰り負担」などの問題を生じる場合がありますので、3つめのポイントとして「在庫管理」についても確認することが重要です。

本問についても、基準を緩めることなく淡々と事実評価を行うことが大切です。なぜならば、中小企業の多くが「経営管理」に難がある場合が多く、こうした点を改善することが、経営の質を高め、ひいては「持続性」「企業価値向上」に貢献することにつながるからです。建設的対話の目的を踏まえれば、迎合的な判断をすることは慎む必要があります。

【問5】後継者は会社にいるか。または、後継候補がいて事業引継ぎをする意向があるか

経営の持続性という観点で「後継者の有無」は核心となる問題です。近時、小規模企業の廃業による企業数減少が続いている背景にも「後継者不在」があります。あるいは「後継者の適格性」といった問題もあります。中小企業では、その存否や隆盛を経営者に負う部分が大きいので、後継者がいたとしても、経営者として不適格であれば問題を残すことになります。また、そもそも経営意

欲の低い、嫌々やらされているような場合では「適格性」に疑念があると言わざるを得ません。そういった意味で、中小企業における「後継者」問題は重視する項目です。

　この問題に関して「アーリー（創業間もない）企業」など、経営者が若い場合にどう考えるかという問題があります。しかし、実はこの問題は「経営者の年齢問題」ではないのです。事業承継というと「高齢の経営者の跡継ぎ問題」という捉え方が一般的ですが、ヒトは死ぬときを選べないという厳然たる事実があります。当然ですが、若い経営者ほど平均余命は長いので、通常であれば事業承継を心配する必要はありません。しかし、不慮の事故を含めて考えると経営者の年齢は関係なく、常に「経営者が不在となった場合の事業引継ぎ問題」が存在することを忘れないでください。考えたらキリがないと言われそうですが、そこまでリスク管理することが経営の本質ともいえるのです。大企業であれば社長候補はたくさんいます。しかし、中小企業は「替えが効かない」場合も多いので、事業承継問題こそ「持続性に直結する問題」として捉える必要があります。

　判断基準としては「社内に子息子女を含めた後継者がいる」のであれば「水準を満たしている」となります。基本的に社業を引き継ぐべく真面目に修行していれば問題ありません。ただし、素行や取り組み姿勢・意欲に問題があるようなケースは「水準を満たしている」とすることは適切ではないでしょう。その改善も対話のテーマとなるからです。また、いまだ入社はしていないが「社外に後継者がいて、本人も納得・応諾している」ということであれば「水準を満たしている」と判断していいでしょう。ただし、入社予定時期が決まっていないなど「心変わり」や「実態把握が難しい」場合は、「水準を下回っている」＝課題あり、と認定したほうがよいと思います。

　水準を上回ってる、と判断されるケースは「社内に後継者として修行中」かつ「職人として現状水準以上を維持できるスキルを身に着けている」とか「技術だけでなく、セミナーや学校などで経営全般の勉強も行っている」「新規事業など事業実績を具体的にあげている」といった場合が想定されます。言い換えるのであれば「後継者として目に見える形で実力が確認できる」ということです。

3-3-2. 財務・ビジネスフィージビリティ

　中小企業の場合は「決算・財務の正しさが担保されているか」といった問題を含めて、財務内容だけで持続性や企業価値に関する判断をすることが難しい面があります。だからといって、財務内容を無視することも適切ではありませ

ん。事業を数値的な資料で判断することは基本であり、ステークホルダーとの
コミュニケーションツールでもあるからです。それがなければ、株主総会での
決算報告もできず、適切な「税務申告」はもちろん、金融機関との取引も覚束
ないでしょう。

　加えて、ビジネスモデルの強靭性や効率性・付加価値をみることで、持続性
や成長性を判断することも必要です。これらを「ビジネスフィージビリティ
(事業の実現性)」とします。中小企業であっても、独自の商品や商売のやり方
で長寿経営を実現している場合が少なくありません。それは、環境変化への適
応能力や変革力が高いからです。そういった意味で「ビジネスフィージビリ
ティ」を確認することは、企業の強靭性や持続性を見る機会になります。

【問6】 適切な会計をするための「帳簿整備」「体制」、「会計システムの利活用」
の実態があるか

　中小企業であっても「経営の状態」を正しく把握することが経営の基本です。
正しい会計処理を踏まえて、損益の構造や実態が見える化できればマネジメン
トすることも可能です。これらの前提となるものが「伝票」「帳簿」といった
基礎資料です。これが整備されていない、きちんと帳簿付けができていない、
という状況では経営の把握は到底できません。同時に、一定規模になれば「経
理部」といった名称で会計を適切に担う体制整備が必要になります。コストセ
ンターではありますが、ここを疎かにするような経営者は経営の視点が低いと
いわざるをえません。

　この質問は、経営管理の前提となる伝票・帳簿の整備や運用、経理を司る体
制、そしてシステムなどを活用した正しい会計処理の仕組みが出来ているかを
確認するものです。そういった意味で、エビデンスをもって確認することが大
事です。

　評価基準として、小規模企業であれば「伝票の存在とその整理・処理が出来
ているか」です。街の商店など現金商売をしている場合には、売上伝票が立つ
ことはないものの、朝夜の出納処理（現金入り払いの確認）などの基本動作が
励行されているか。在庫棚卸し・帳簿・伝票確認などの作業がどういった頻度
で行われているか。つまり、正しい会計処理ができる前提があるかを確認する
ことができれば「水準を満たしている」ということです。しかし、少しでも「ど
んぶり勘定」の要素が見えるのであれば「満たしている」とすることはできま
せん。同様に、もう少し規模の大きな中小企業であれば「経理部」の体制、事
務レベル、提出される資料類のレベルといったことも判断根拠になります。

　このように正しい会計処理ができる前提があり、そのうえで会計システムを導入しており、試算表の作成、経営状況の確認が容易にできる各種財務資料、さらにはKPIを設定した管理会計的な経営管理ができて「経営にビルトイン」されているのであれば「水準を上回っている」していいでしょう。ただし、この場合でも「経営者が使いこなしている」状況がなければ下方判断になります。近時、中小企業でもクラウドなどを活用して、低コストで会計システムの導入ができるような環境があります。それを積極的に経営に活用して「経営管理のレベルを高水準にしよう」とする姿勢のある企業は増加しています。もっとも「素晴らしい彩りのグラフや財務資料だけがアウトプットされているだけで、経営分析に活用されていない」「年度計画の施策に反映されていない」のであれば、活用していない状況と何ら変わらないので、「水準を超えている」とはならないことに留意しましょう。

【問7】損益・収支・資産について、大きな問題を抱えていないか

　財務面でチェックすべきは「損益・収支」の状況です。利益やキャッシュが創出できているということは、ビジネスがうまく行っている証左です。また、財務指標が所属する業界の平均的な水準を上回っているのであれば、これも大きな問題はないと判断することができます。一方で、売掛金・在庫などの資産に問題があれば、収支や資金繰りに直結します。体力のない中小企業では命取りになることもあります。それでは「大きな問題」とは具体的に何でしょうか。

① 粉飾決算が行われている
② 赤字基調が継続している
③ 収益率が極めて低水準で推移している
④ 固定費が業界平均比較で高い
⑤ 少なからぬ含み損が未処理のままである

といった状況が想定されます。それぞれのケースについて詳しく説明します。

① 粉飾決算
　これは「論外」です。粉飾は「正しい会計の状況をみることができない」だけでなく「経営姿勢が不誠実」であることを示しています。苦しい状況にあるからこそ粉飾に走るわけですが、それは「経営の弱さ」を如実に示すものです。したがって、大きな問題があるだけでなく、困ると「誤魔化す」「逃げる」と

いう経営者の姿勢を表しているのです。

② 赤字基調

　赤字の要因はいろいろです。

　売上不振の場合は、「数量の減少」「値段の低下」などによって赤字が出ます。また、売上対比で経費が過大という場合もあります。とりわけ人件費・家賃などの「固定費の比率が高い」と売上の低下に対抗する力が弱く、すぐ赤字に転落します。売上減少の問題は、取扱う商品・製品の「競争力が低下」していることが多く、また競合の多い商品で「差別化ができない」ために低採算となっている可能性があります。

　経費の問題は、コスト管理やコストの妥当性が検討されていない、つまり採算に疎い「どんぶり勘定」的な処理がされている場合が想定されます。

　いずれにしても赤字基調が続くということは、商品力が落ちている、差別化ができていない、市場ニーズを反映できていない、経費に対する検証や管理が不十分、等々の「経営力」の課題が出やすいところなので、赤字が2～3年継続するようであれば「一時的な問題」と捉えることはできず「構造上の問題」として捉える必要があります。

③ 収益率

　収益率は「競争力」を示す指標です。収益率が高いということは売上にせよ経費のコントロールにせよ、競争力が確保できる体制や商品競争力があることを意味します。ただし、収益率は業界・業態によって異なるので、業種別審査辞典などの基本データ（業界平均）と比べて、高いか低いかを確認する必要があります。業界平均を割り込んでいる場合、何が要因かを見極めることが必要です。通常同じ商売であれば、同じような収益構造になるはずです。それが業界水準を下回るとすれば、何か劣っている点があると考えるのが自然です。問題は、それが致命的な問題なのか、修正可能な問題なのかということです。

④ 固定費

　経費のなかでもコントロールが難しいのが、人件費や家賃・地代などの固定費です。固定費は大きな削減をするために「解雇」「賞与カット」「引越し」などの「インパクトのある対応」をとらざるを得ません。中小企業では、こうした対応は大企業以上に難しいことです。また、固定費が問題になるのは「売上低下局面」なので、そういった意味で「不況抵抗力が弱い損益構造」といった言い方ができます。したがって、固定費の大小というだけでなく、損益構造の「柔軟性」という観点での課題認識をすることになります。

⑤ 含み損

　本来は早期に処理すべき「損失」を抱えたまま、将来の憂いの素を断てずに

いる。それが、大赤字⇒債務超過といったところまで行くような水準であれば「大きな問題」ということができます。含み損は、在庫（不良在庫）だけでなく、売掛金（不良債権）・未納税金や社会保険料などまで含まれます。これらは、仕入れの見込み違い、販売先管理、資金繰り破綻といった問題を示すものであり、何かのきっかけで大きな問題として顕在化することになります。

　これらの項目に該当していれば「水準を下回っている」ことになりますし、問題が特になければ「水準を満たしている」という判断になります。逆に、こうした問題は一切なく、むしろ何れの項目に関しても盤石な体制ができている場合には「水準を上回っている」という判断になるでしょう。

【問 8】 取引金融機関と良好な関係を築いているか。信用保証協会の保証は受けられているか

　資金はビジネスの血液であり、資金がなければ事業を継続することはできません。とりわけ中小企業において「金融機関」「保証協会」と円滑な取引関係を構築できているかは重要なポイントになります。

　この点に関しては、例えば 10 年程度の期間において「金融取引（借入残高）」や「保証付き借り入れ残高」が安定して行えているかを確認します。問題なくできていれば「水準を満たしている」と判断できます。問題は「不況期」「危機時」における対応です。こうした局面において「金融機関からの信頼度」が象徴的に出るので、「担保の範囲内」「保証付きの範囲内」で対応されているだけでなく、無担保相当のプロパー資金で危機対応支援を得ている、といったことから「信頼関係」を測ることになります。フル担保フル保証でないと融資してもらえない関係なら、赤字や危機時に担保を上回るような借入申込みに対応してもらえない確率が高いからです。

　こういった場面で、少しでも不安があれば「水準を下回っている」という判断になります。厳しいように見えるかもしれませんが、現実・実態を冷静に把握することで、その改善につなげることが一番大事なので、甘く評価しないようにしたいものです。

　水準を上回っている判断は、事業性・経営資源に対する金融機関の評価が確立されており、無担保融資や保証なし融資を危機時や不況時でも十分確保できているようなケースがあてはまることになります。

　この質問は「ビジネスフィージビリティ」を判断するうえで重要な意味を持ちます。企業規模の大小を問わず「強み」を持ち、その強みを「活かす」ことが「競争力の源泉」であり、企業の持続性や企業価値の向上につながります。

　この質問を考えるうえで「バリューチェーン（価値連鎖）」が参考になります。バリューチェーンはポーター博士が競争戦略のなかで企業内部の価値活動に着眼して作成した分析ツールです。具体的には、5つの主活動と4つの支援活動で構成され、それぞれコストとマージン（利益）を生み出すものとして強み・弱みを分析します。主活動には「購買・物流」「製造」「出荷・物流」「販売・マーケティング」「サービス活動」があり、支援活動には「全般管理」「人事労務管理」「技術開発」「調達活動」があります。（資料3-3-2）

資料3-3-2　バリューチェーン

支援活動	全般管理（インフラストラクチャー）					マージン
			人事労務管理			
			技術開発			
			調達活動			
主活動	購買・物流	製造	出荷・物流	販売・マーケティング	サービス	

　大企業のように組織化され、担当部署が明確になっている場合とは異なり、中小企業では経営者を中心に「マルチタスク方式（一人何役）」で実務が運営されている場合もあるので、明確に分けることが難しいと思いますが、こうした視点で「強み・弱み」を考えることが「発見を容易にする」と思います。もちろん「○○部」と部門が明確になっている企業でも同様の視点で考えます。

　強みが特に発揮されやすい部分が「商品・サービス・技術」です。街のお菓子屋さんであれば「美味しい製品」、美容室であれば「カット技術やコミュニケーション」、左官屋さんであれば「材料の特性や機能を活かした鏝技術」などアウトプット面です。町工場では「職人的技術」「少量注文への対応力」「○○分野のスペシャリスト」的な強みがあるのではないでしょうか。

　これ以外の主活動・支援活動についても分析することで発見につながることも少なくありません。街の電気屋さんであれば「購入後のアフターサービス（修理）」、雑貨屋さんであれば「独自の品揃え（購買）」、3Kといわれ人手確保が難しい業種であれば「きめ細かい社員への配慮・気配りで定着率が高い」、

Eコマースにおける「マーケティング力」など様々な強みがあるはずです。

　これらの判断基準は、「自社の商圏や販売先において一定の競争力が認められる」場合には「水準を満たしている」と判断します。この「一定」については、売上・利益トレンドなど財務的なエビデンスも参考にして、極力客観的に判断することが必要です。競争力があるのに収益がついてこないということでは矛盾しているからです。「水準を上回っている」と判断される場合は、「明確な取引先評価・顧客評価」「販売量の伸び・利益率の高さ」があり、それが一時的なものではなく継続性のあるものと考えられることが必要です。

【問10】環境変化に対応する姿勢・力があるか（変革力）

　持続的な成長や企業価値向上を実現するカギは「環境変化に的確に対応する」ことです。言い換えれば「企業変革力（変化対応力）」です。環境変化に的確に対応するためには、「早めに環境変化やリスク・チャンスに気づく」ことを前提として、「自社の強みを失わないように弱点を補強し、強みを環境に合った形で再編成する」ことです。さらには「再編成してできた強みを持続し、磨き上げること」によって継続性のある競争力を確保することです。こうした3要素を経営学では「ダイナミック・ケイパビリティ」と呼びます。

　中小企業にこれを当てはめて考えると、①経営者が社会情勢や業界の変化に関心が高く、かつ敏感である、②リスク回避を含めて、変化をチャンスと捉え、動き出す行動力がある、③製品・サービス・技術・生産体制の見直しなど「ビジネスの在り方」を変える、④成果や成行きを見ながら必要に応じて修正し、強みを継続する、といった4点が「評価ポイント」になります。

　街の美容室を例に考えてみましょう。例えば「美容室に若い男性客がポチポチ来店するようになった」「アイドルの髪型がショートボブになっている」「美容室に修行にくる理容学校卒が減っている」といった変化に早くに気づいた経営者が、こうした変化が自分の店にどういった影響をもたらすかを考えます。その結果「男性客の満足度向上による増客」「髪型流行に対してアドバイスや技術対応できるための店内研修」「人手不足の解消と定着率向上」といった経営課題を認識し、その対応に着手します。自店の強みは「社員一人でカットから洗髪等一気通貫で対応する顧客満足度とコミュニケーション能力」であり、「毎月実施しているカット技術研修による技術力」です。これらを活かしつつ、こうした変化にどう対応するかです。経営者は「接客態度の良い社員2名を男性担当としてコミュニケーションやオーダーの特徴を把握するようにした」「ショートボブで技術的にクレームになりやすい部分のカット技術の確認と実

践研修を実施した」「週休2日制を導入すると同時に、18時終業体制で若いヒトの生活様式ニーズを充足させた」等々の方策を実施しました。結果として、来客はさらに増加し、顧客満足度も高まり、人員の定着率も向上しました。経営者は油断することなく、状況を日々モニタリングして「ショートカットにおける頭上部をフワッと見せる技術の研修」「残業時間の削減やHP予約導入による電話対応の削減」等の追加対応を行っています。

　この例で見られるような変化対応力があれば、持続性や成長性は十分期待できると考えてよいでしょう。本問の評価基準として、前述の①〜③について充足していると判断できる、経営者（含む会社全体）の具体的な言動があれば「水準を満たしている」と考えます。さらに④まで充足されていれば、「水準を上回っている」です。逆に、①〜③を充足していなければ「水準を下回っている」と判断し、建設的対話のなかで議論を行うことになります。

　この変化対応力については、SDGsの問題、例えば「気候変動への対応」などとも大いに関係します。地球温暖化防止への国際的な動き、脱炭素への行政や大企業の対応、こういった情報に基づいて、中小企業といえど「将来自社にどんな影響（リスク・チャンス）」が起きうるか、を考えられる経営者と、そうでない経営者ではスタートラインに大きなズレが生まれます。さらに、現時点で自社が対応できることは何か、何から手をつけることが自社にとって有益か、を考えられる経営者であれば「再生エネルギーの導入」といった具体的な方策を実行することになるでしょう。このように、変化対応力は「規模の大小」に関係なく、一種の「経営センス」として評価すべき事項だと思います。弱い者こそ変化に敏感であるべきです。そして、自社への悪影響を避け、チャンスをモノに出来るよう知恵を働かす必要があります。本問は経営の変化対応力を問う内容となっています。

【問11】 システムに関心を持ち、一定水準でのシステム活用ができているか（会社ホームページはあるか）

　この質問は端的に「IT活用が出来ているか」を問うものです。現代においてIT活用は規模の大小を問わず、必須のビジネスアイテムであり、その活用次第でビジネスの成否さえ決まってしまうという「危機感」に基づく質問項目でもあります。

　クラウド技術の進展で、中小企業でも安価にシステムを利用できる時代になりました。また、経営の各領域に関する様々なアプリケーションも開発されており、中小企業でも生産性や経営管理の質を高めることが可能になっていま

す。また、コロナ禍の行動制約で明らかになったように、ホームページからの受注体制やＥコマース対応、リモート営業・リモート勤務など「ITを使ったビジネス環境」を整備しないと「商売の土俵」にさえ乗ることができない場合があります。もはやITは「ビジネスの基本的なインフラ」となっているのです。攻め守りの両面でIT対応を進めることはビジネスフィージビリティを高めるうえで必須の条件であり、人手不足や経営資源に限りがある中小企業だからこそ積極的にITを導入し活用しなければならないのです。

　こうした話をすると「街の和菓子屋さんは高齢のお客様中心なので、ホームページを作る意味はないのでは？」「従業員5名程度の企業であれば、手書きで伝票を作成し、相手先にもFAXで通知すれば足りるのではないか？」といった反論をする経営者がいるかもしれません。しかし、これは「現在を前提とした認識」であり、誤りと言わざるを得ません。

　企業は、持続性を高めるために「常に未来に目を向ける」必要があります。いま何とかなっている、いまのところ問題はない、といった考え方ほど危険なものはありません。不確実性が高い時代に最も危険なことは「将来の変化を前提としないビジネス観」をもつことです。この先がどう変わるか見え難い状況にあって、いまの状態が今後とも続くと考えることにリスクがあります。

　前述の事例でいえば「主要顧客層である高年齢者は年々減少する。何もしなければ売上は減少トレンドをたどる」「取引先企業がペーパーレス化を進めFAX対応が不可となる。手書きの伝票や帳簿によるオペレーションでは若い人が入社しない」といったことが起こりうるのです。現状は問題ないから放置する、という姿勢では不確実性の高い時代を乗り越えることはできません。

　新しい技術・機器・取り組みに参加する者は、初期段階ほど少ないものです。しかし、誰かが成功した、効果があった、機器のコストが下がってきた、2割ほどの企業が導入し始めた、という状況になると一気に導入合戦が始まり、すぐに「一般化」するものです。2007年頃に始まったスマートフォンは瞬く間にガラケーを凌駕しました。

　前述の和菓子屋さんの事例では、高齢層の減少に伴い新たな顧客層を開拓するために、ネット世代のニーズに対応する必要があります。「来店客」であっても「待ちたくない」「どんな商品があるのか、事前に調べておきたい」「eコマースで購入したい」というニーズは少なくないでしょう。ホームページを通じて、商品を閲覧し、気の利いたコメントや商品のウリを見て当たりをつけてから実物を確認するため来店する方法が、当たり前の光景になるでしょう。同様に、ホームページからの事前予約や配送依頼も当然あるでしょう。IT環境が揃っている店舗とそうでない店舗では、集客力や販売力に差が出る可能性が

あるのです。高齢層が減れば、ネット世代を顧客に組み入れなければ商売が成立しません。中小企業においてもシステムの活用が必要な背景は以上の通りです。

それでは、IT活用に関して、どんな点を評価・診断したら良いのでしょうか。

第一は「経営者のシステムに関する関心」です。中小企業は良くも悪くも「経営者次第」です。経営者がITに関心がなければ先に進むことはないでしょう。そういった意味で、ITのセミナーに参加する、ITの本や雑誌を読む、中小機構のオンライン相談や施策を覗いてみる、等の具体的な行動が見られれば、第一段階として「水準を満たしている」と判断できます。経営者自身がパッドを使ってみる、スマホ等でいろいろなソフトを使いこなしている、FB／インスタグラムなどで発信をしている、などさらに一歩踏み込んだ動きがあれば「関心は相当高い」といえるでしょう。

第二の評価ポイントが「一定水準でのシステムの利用実態」の有無です。中小企業全般を見ると、経理・会計分野での活用が多く、人事や営業領域への活用範囲が少し広がるようです。一方で、全体を連携する統合ソフトや、グループウェアの活用はまだまだ進んでいないのが実態です。そういった意味で、経理・会計領域＋αのソフト活用があり、ホームページを作成して発信しているといった具体的な実態があれば「水準を満たしている」と判断します。経営者の関心があって、実際の利用があれば、さらに勉強や有効事例を知ることで「IT化」は間違いなく広がっていくでしょう。すでに「統合ソフト」を活用して経営情報の同時共有や分析を行っている、Eコマースを自主運営している、ホームページが相当充実しており自社の技術など強みを発信して受注に結びつけている、生産現場でIoTを利用した生産管理を行っている、AIを業務支援に活用している、といった実態があれば「水準を上回っている」と判断していいでしょう。

いずれにしても、中小企業では「ITによってどんな効果が出せるか」を理解していない場合が多く、「導入できるIT人材もいない」「経営者のIT関心も薄い」実態があります。これでは、これからビジネスの土俵に乗れず、IT社会に対応できなくなることは必至です。建設的対話のなかで議論すべき重要な経営課題であり、本問において実態把握を十分行うことをお勧めします。

3-3-3. 社会（人権・労働・顧客・サプライチェーン・地域社会）

ESGの「S（社会）」に該当する質問群です。PEST分析（政治・経済・社会・技術の変化）にある通り、これらの要素は常に変化します。とりわけ社会的課題は、時代のニーズや考え方を反映するので、フォーカスされる課題も変化し

うることは頭に入れておくべきです。近年、SDGs や ESG において「人権」への注目度が高まっており、「人権」は企業のベースラインとして整備しなければならないテーマです。SNS の発達でアルバイト店員などの非常識行為が発信され、上司のハラスメント・企業の不正行為などが内部告発される時代です。中小企業だから許される、といったことはありません。この点、まだまだ中小企業では認識が甘い面があります。しっかりと実態把握をして、それを通じた建設的対話を行い、社会的課題への対応を一歩ずつ進めていく必要があります。

【問12】経営者の人権意識、法令遵守認識、公正誠実性は高いか

　本問は、経営者の人格を問うものではありません。経営に光を当て「人権」「法令」「社会との関わり」について正しく認識し、こうした問題に向き合う姿勢・能力をもっているか、を問う質問です。経営者にこれらの意識がなければ、企業全体の人権意識や法令遵守等のレベルを期待することはできないといっても過言ではないでしょう。

　中小企業は経営者のカラーに染まります。経営者にこれらの要素が欠けていれば、いつか問題を起こす可能性が高いのです。これらの問題への対応は、プラス面が評価されるというよりも、マイナス面が大きく非難されるものです。「信用失墜」「ブランド毀損」「従業員の離脱」「近隣との不和」といった様々なリスクにつながっています。最悪の場合は、「事業停止」に追い込まれる場合さえあるでしょう。そういった認識をもって「経営者の意識・姿勢」を問うことが必要です。

　第一の「人権意識」は、「従業員を大事にしているか」「健康かつ安全安心な労働環境を作っているか」「時間外を含め適切な労働管理ができているか」「従業員の気持ちや価値観を無視していないか」「差別的な発言、暴力的な指導をしていないか」「下請け・納入業者の扱いに問題はないか」といった点を見ることになります。人権の対象は、当然「社会全体」に向けられていますが、中小企業にあっては「従業員」が最優先になるでしょう。当然「下請け・納入業者」「物流業者」といったサプライチェーンにいる人たちへの対応も見過ごすことはできません。

　この質問に対して「現状特に問題は起きていない」ことをもって「水準を満たしている」と判定することは正しくありません。人権問題、とりわけ従業員に対する対応は「内部の問題」であり、「外からは見えにくい」という特性があります。金融機関や支援機関のみなさんに対して「外面（そとづら）」が良

くても、従業員に対しては「別の顔」を見せる経営者は少なくないのです。小さな会社であってもトップに立つと「支配意識」「お山の大将意識」が生まれます。オーナー企業の従業員の立場に立てば、文句やモノを言うことが「退職」と直結する場合もあるので、大企業のように労働組合、内部通報制度、就業規則等によって「組織的に守られている」立場ではないことを理解する必要があります。「人間関係」が濃くでるのです。

したがって「普段の何気ない従業員との会話」「経営幹部との会話」を通じて、もちろん経営者自身との直接対話を通じて実態把握することが大事です。経営者に対しては「悪い点を穿ろうとしているのではなく、致命傷とならないため実態をみている」という理解をしてもらえるように努めることが大事です。これらを通じて「問題がない」のであれば「水準を満たしている」と判定します。留意しなければならないことは「外からは見えにくい」という実態があることです。多くの事例は発覚して初めてわかる場合が多いのです。難しいゆえに「何となく合格」としてしまう傾向にありますが、当社のためを考えれば実態把握はより厳しく行うべきです。

第二の「法令遵守意識」も重要です。例えば飲食業において「食品衛生」に関する意識が低く、手順がいい加減であれば「食中毒」などを起こし、営業停止処分を受けることがあります。運送業においても2024年問題といわれるような時間外勤務時間の制限問題があり、小規模企業ほど対応が難しい問題もあります。さらに、中小企業全般に「労働時間管理」が曖昧である、パートの休暇付与をいまだ整備していない、社会保険の付保など法律違反に直結する問題が数多くあります。中小企業の経営者のなかには「労基署は小さいところは入らない」とタカを括っている人もいますが、「見つかるから対応する、見つからないなら対応しない」という意識レベルが「時代にそぐわない」ことになります。

診断評価に際しては、経営者へのインタビューを通じて「法律への関心、遵守意識」を感じ取ることが大切です。インタビューにあたっては、「業界に適用される法律を知っているか」「失敗事例についてどう考えるか」「世の中のコンプライアンス、ハラスメントの風潮をどう見ているか」といった質問を使って具体的に意識や姿勢をみるといいでしょう。ちょっとした反応に、その人の意識が出るものです。

特に問題がなければ「水準を満たしている」と判定し、「怪しい、覚束ない、危なっかしい」という感覚が見えれば「水準を下回っている」ということになります。「水準を上回っている」というレベルは基本的に考えなくてよいと思います。なぜなら遵法問題は限度がなく、継続して改善していかなければなら

ない問題なので、簡単に合格を出せるようなテーマではないからです。

　第三が「公正誠実性」です。やや曖昧な概念ですが、小規模企業だからこそ必要な意識・姿勢です。例えば、従業員の取扱いを公平にしているか、採用にあたって応募者個人の能力に着眼した公正な取扱いをしているか、ご近所との関係は大事にしているか、臭い・煙・排水などで近隣に迷惑をかけていないか、商店街の行事・取り組みに協力的か、等々の姿勢です。法律のように罰則を伴うようなものではありませんが、「善良な市民」として近隣社会や業界と適切な関係構築ができているかは重要な要素です。

　判断に際しては、前述の幾つかの例示にあるような問題についてヒアリングする、近隣の評判を聞く、等によって行うことになります。基準は第二の「遵法意識」と同様のレベル感で判断すればよいでしょう。

【問13】SDGsの「人（ピープル）」に関する6つのゴール、「働き甲斐のある人間らしい雇用（ゴール8）」に関する具体的な取り組みを行っているか

　この質問は「SDGsを認知・理解している」ことを前提としません。もちろんSDGsを認知・理解しているに越したことはないのですが、「自然体で取り組んでいる企業」も少なからずあるので、活動の「実」を見るということです。上辺でなく「実」で取り組めていれば、後付けでSDGsを学んだとしても理解は早いでしょう。むしろSDGsでいうところの「誰一人取り残さない」という「人間尊厳の心」を企業として持っていることが重要なのです。

　SDGsのPeople（人）に関わる6つのゴールには、「貧困撲滅」「飢餓撲滅・栄養改善」「健康的な生活・福祉」「教育促進」「ジェンダー平等」「水と衛生」があります。中小企業における一般的な関わりを想定すると、「歳末助け合い」「こども食堂支援」「農家支援」「交通安全運動」「分煙対応」「公害防止」「子供見守り隊」「社内研修強化」「育児・介護制度」「女性活用」「工業排水対応」「森林保護活動による水系保護」等があります。

　また、ゴール8「生産的雇用・働き甲斐のある人間らしい雇用」に関しては、「労働生産性向上への取り組み」「多角化（起業）による雇用創出」「製品・サービス・技術の開発」「同一労働同一賃金への対応」「社内の人事インセンティブ制度」「労働者の権利保護」「海外展開」などが考えられます。

　SDGsを知らずとも、経営理念・経営方針に基づいて「地域の子供を守り育てる取り組みに参加している」「男性が多い職人界に女性職人を増やすための教育や支援を行っている」「女性社員の多い美容室で育児介護制度を導入する」

「社員の働きやすい環境を着実に作っている」「商売繁盛で新しい店舗を出すことで雇用を生んでいる」「パートさんの給与水準の引き上げや有給休暇・社会保険加入に取り組んでいる」等々の具体的な取り組みが行われていれば、立派なSDGsへの参加ということができるはずです。

　この質問は「無意識にSDGs活動を行っている中小企業」の活動を「発見」「拾い上げる」ためのものです。この質問に関して、「SDGsって何か？」「SDGsは聞いたことがあるが、ゴール1～6の内容は？」といった問い合わせが来るはずです。そこから建設的対話が始まり、SDGsの啓蒙につながる効果があるのです。同時に「そういったことなら当社も取り組んでいる」という気づきにつながり、「現状に満足することなく、取り組みのレベルを上げていきましょう」という話になるのです。これがSDGsを推進するサイクルになります。

　本問については、何らかの取り組みを行っていれば「水準を満たしている」と判定します。ただし、留意すべきは「アズユージャル（新しい取り組みがない）」です。SDGsは「革新」が理念であり、問題解決のために「新たな一歩」を加えることが必要です。例えば、リサイクル業は「循環型経済」そのものであり、持続可能な生産消費形態を作っています。でも、何ら変わらない水準でいるのであれば「アズユージャル」と看做される場合があります。取扱い品目や活動地域を拡げる等の「前進」があってこそのSDGsということです。したがって、常に「その取り組みを前進・進歩させているか」という姿勢や実態を加味して評価することが必要です。漫然と同じことを繰り返しているのであれば「水準を満たしている」と評価はできません。そこが「建設的対話」のテーマとなって前進を促すような助言につながるのです。

　水準を上回っている、という判定をする場合は「有効事例」として、広く地域に知らしめることが可能な取り組みであるかが基準になります。

【問14】時間外管理・休暇取得・ハラスメント対応・研修・意見表明など「安心安全で働きやすい労働環境」を作っているか

　この質問は、専ら「従業員」という最大のステークホルダーに対して尊厳を持ち、働きやすい環境作りをしているか、という点に絞り込んだものです。企業が長く経営を続けるためには「従業員のがんばり（コミットメント）」が不可欠です。従業員が明るく元気に楽しく働いてもらうことで、顧客満足度も高まり、それが「商売繁盛」につながります。中小企業の持続性や企業価値を高めるうえで、従業員のウェルビーイング（幸福・安寧）を意識した環境作りが必要です。

　本問では、ブラック企業の最たる現象である「労働時間管理がいい加減」「時間外手当を支払わない」「長時間労働で健康管理に無頓着」「休暇を与えない」といった労働管理に着眼しています。これが着眼点の第一です。

　第二の着眼点が「ハラスメント防止」です。中小企業では、体系的なハラスメント研修を行うことは少ないと考えられます。また、職人的な仕事であれば「背中を見て覚えろ」「親方の言うことには黙って従え」「怒鳴られて育つ」といったパワーハラスメント的な指導が当たり前に行われてきました。また、「彼氏はいるの？」「女らしく」「かわいいね」「お茶くみは女性の仕事」といったセクシャルハラスメントも「悪気なく」行われている場合があります。さらには、度を過ぎた顧客から従業員を守るという観点で「カスタマーハラスメント」への対応も求められるところです。中小企業にあっては「社長＝絶対権力者」という構造から「支配的な対応」になる傾向があります。ハラスメントは、社内の雰囲気を悪くするだけでなく、従業員の心や体を壊す「非人道的行動」です。こうした点が「小さな組織のなかで行われていないか」「防止のためにどういう取り組みや経営者の言動があるのか」を診断します。診断方法はインタビューが中心になりますが、過去の何らかの事案がなかったかといった直接的な質問が有効な場合もあります。

　第三の着眼点が「研修・教育」です。Z世代という言葉もあるように、従業員の意識や価値観は多様化しています。背中を見て覚えろという昔流の教育だけでビジネススキルが高まる時代ではありません。中小企業は、従業員が少ないだけに「一人一人の重み・重要性」が高いのです。従業員の早期戦力化が労働生産性と直結します。そういった意味で、どういった従業員教育を行っているのか、社内だけでなく社外の制度や仕組みを活用しているか、といったことが問われます。

　第四の着眼点が「心理的安全性」の確保です。中小企業だからこそ「社長の圧力」を直接受けることも多いでしょう。また、仕事に対して言いたいことや改善してほしいことがあるにも関わらず、言い出しにくいということがあるかもしれません。そういった意味で、従業員が気兼ねなくモノを言う雰囲気があるか、社長が「聞く耳」を持っているか、ということが非常に大事です。これらが欠落した組織では、社員のモチベーションも低下し、提言やアイディアを出すといったこともなくなってしまいます。小さいから仕方ない、ワンマン社長だから仕方ない、という時代ではありません。

　これらを診断するに際して「ブラック企業」と言われるような内容であれば、即「水準を下回っている」に判定します。また、従業員の定着率が悪い、社内の雰囲気が何となく悪い、といった場合にも同様の判定にならざるをえませ

ん。「水準を満たしている」と判定するためには、これら4点について「社長の考え方や言動が問題ない」こと、社内の様子をみても「定着率は業界並み」「社内の雰囲気も問題ない」「苦情も聞こえてこない」ことが前提になると思います。「水準を上回っている」という場合には、経営者が積極的にこれら4点に取り組み、具体的な制度や取り組みが確認され、それが社内の雰囲気や社員のモチベーションに明確に表れ、業績に反映されている、といった有効事例になるような場合に限られます。

　いずれにしても、本問も「内部に関する問題」であり「見えにくい」部分があります。実態を正確につかむためにも、経営者と信頼関係を構築し、「質問の意図」や「貴社のためになる」ということを理解してもらい、正直な実態を話してもらうことが大事だと思います。

【問15】顧客やサプライチェーンのニーズを敏感に察知し、対応しているか

　企業が持続性を高めるうえで、マルチステークホルダー（社会）の変化やニーズに敏感であること、察知したことに素早く対応すること、が必要です。とりわけ「顧客」は、当社に糧を与えてくれる存在であり、そのニーズを自社の製品・サービスに反映し、その品質を保つ責任があります。当然問題があった場合に、誠実にクレーム対応することが必要です。また、大企業のサプライチェーンに組み込まれている協力業者という立場であれば、サプライチェーンのリーダーの方針や政策に応える必要があります。

　顧客に関して検討すべきことには「顧客満足度を高める」「顧客情報を保護する」「顧客の健康や安全を損なわない」「顧客の信頼に応える」といったことが考えられます。また、これらの前提として「地球にこれ以上の負荷をかけない」「人間の尊厳が尊重される」といったSDGsの理念が考慮されることが、より望ましい対応といえます。

　顧客満足度を高めるためには、お客様のニーズを的確に把握することが必要なので、そういった手段をもっているかが大事です。中小企業においては「対面商売」が多いので、日常のコミュニケーションが情報入手の主要手段となります。「お客様をよく知っている」ことが判断基準になります。一方で、顧客満足を満たすのであれば「わがままをすべて受け入れるか」という問題もあります。社会の持続性を高めるうえで「一人一人の生活様式を改める」ことも必要です。例えば「過剰包装」「プラスッチック容器」「食べ残しの廃棄」「資源の過剰使用」等々について、顧客ニーズを調整しながら問題解決につながる創意工夫をすることが大切です。

　顧客情報保護は時代のニーズとなっています。小規模企業、街の商店であっても「顧客情報が漏洩」するようなことがあっては大きな信用失墜につながります。また、漏洩情報が悪用された場合には損害賠償問題にもなりかねません。情報の格納場所や取扱いについてのルール化、パソコンにウィルス対策を施す、顧客リストのファイアーウォールを設ける、等のやるべきことは数多くあります。

　食品や理容・介護・医療などの提供においては、それによって顧客の健康や安全が損なわれないことが絶対条件です。衛生管理の徹底、感染症対策、安全に配慮した施術などの整備を行う必要があります。

　産地偽装、誇大表示、品質不良、不明瞭料金体系など顧客の信頼を損なうようでは、商売を長く続けることができません。問12で取り上げた公正誠実性が問われるところです。

　中小製造業では「下請け」という形態でサプライチェーンに組み込まれている場合が多いと思います。大企業をトップとするサプライチェーンにおいて、ティア１・ティア２周辺のマネジメントはある程度出来ていたとしても、その先についてはどんな業者で構成されているかを把握できていない場合も少なくないでしょう。したがって、サプライチェーン全体で解決しなければならない諸問題について、中小企業へは要請がないことも珍しくありません。したがって、中小企業では自社の仕事をこなすことに関心があっても、サプライチェーン全体の問題まで視野を拡げることが難しい環境にあります。

　その一方で、ESGへの対応強化の観点から「カーボンニュートラルなど環境負荷へ足並みを揃えた対応」「人権原則への対応」「製造責任への対応」「不正腐敗の防止」等について、サプライチェーン全体で対応しなければならず、中小企業にこうした対応が求められることは時間の問題という状況です。多くの中小企業は、要請があった段階で対応を開始すると思われます。それもある意味で致し方ない面があります。ただ、事前の心構えや準備の有無で、対応スピードに相当の差が生じる可能性があります。そういった意味で、こうした問題を通じた「啓蒙」が不可欠です。

　中小企業の場合、経営資源に限りがあるので100％の対応をすることは正直難しい面があります。大事なことは、こうした問題を「経営上問われているという基本的な理解」「前向きに対応しようとする姿勢」「自社の経営資源に見合った実践」の３つを心掛けることです。

　本問の診断に際しては、この３点のレベル感を総合的に判断することになります。

第一の「基本的な理解」は、経営者としてお客様に関心を持ち、商品・サービス・接遇などあらゆる面で創意工夫をしようとする姿勢があるかです。そうした理解・言動が見られるのであれば「水準を満たしている」と判定します。水準を上回っている水準は、ヒット商品があるか、新規受注が上向いているか、顧客の口コミ評価が高い、といったことに加えて過剰包装や環境負荷への対応、情報管理のルールや仕組み、トレーサビリティ管理、GHG削減等の問題を正しく理解し、経営の問題として捉えているということです。

　第二の「前向きに対応する姿勢」とは、こうしたテーマについて、現状とのギャップに基づき優先順序をつけるなどして、具体的に対応する姿勢が明確であることです。具体的な計画があれば、明確に「水準を満たしている」と判定できます。明文化されたものがなくても、社長の話や資金計画など「実践に向かう姿勢が明確である」ならば同様の判断が可能です。

　第三の「自社の経営資源に見合った実践」は、まさに実践されている事実です。金融機関や支援機関の客観的な眼を通じて、当社の経営資源であれば「この活動レベル」は十分なものである、と判断できるのであれば「水準を満たしている」といえるでしょう。また、水準を上回っているとの判断はなるべく慎重に行うべきです。ここまで説明した通り、この領域の課題は範囲も広く、また、対応も深堀りが必要な場合が多いので、改善のモチベーションをしっかり保つためにも、常にワンランク上の対応を求めることが必要だと思います。

【問 16】 顧客・業界・地域社会との関係は良好か。反社会的勢力との付き合いはないか

　マルチステークホルダーと良好な関係を築くということは「善良なる市民」の基本条件です。また、反社会的勢力との付き合いは、どんな理由や背景があったとしても許容されるものではなく、その時点で「社会的にアウト！（水準を下回っている）」になります。

　それでは「良好な関係」をどう判断すればいいでしょうか。いくつかの着眼点があると思います。具体的には「クレームの有無」「関係者の評価」「地域の活動等への参加状況」「公害（悪臭・煙・騒音・害毒排出・周辺環境悪化、等）」「社会貢献の具体的な内容」の5点がわかりやすいと思います。

　第一の「クレームの有無」は分かりやすい基準です。顧客はもちろん、業界や地域から苦情が出ている場合、良いサインとはいえません。昨今モンスターカスタマーも存在するので、苦情内容の吟味や背景調査を行ったうえで判断することが不可欠ですが、「クレームの質量」含めて多いとなると問題がある企

業と考えざるを得ません。

　第二の「関係者の評価」は、取引先関係・同業者（業界団体）・地域経済団体等の「声」です。やはり良い関係を構築している企業に「悪評」はないものです。もちろん「やっかみ」的な評価をする人もいますが、話を聞けば推測がつくものです。こうした声を拾うことは簡単ではありませんが、商店街組合・同業者組合の事務局、近隣者、販売先などからは比較的声が拾えるものです。

　第三の「地域の活動等への参加状況」は、地域への貢献を測る指標です。地域では「犯罪防止」「交通安全」「徘徊や幼児の保護」「祭り・花火大会などのイベント」「清掃ボランティア」など様々なイベントが企画実施されるものです。こうしたイベントに、金銭的支援、委員等として具体的な活動支援、従業員を含めた全員参加、といった形で参加することは「役割」として重要です。近時地域をどう盛り上げるかが大きな課題になるなかで、こうした取り組みに積極的に参加している状況が見られれば「良好な関係」にあることは間違いないでしょう。

　第四の「公害」は分かりやすい基準です。高度成長期と異なり、害毒・害煙の無造作な排出といったことは少なくなっていると思います。しかし、食品工場や化学工場などの臭い、プレス工場などの音、あるいは「若者の深夜の溜まり場」となって治安が悪化、といったことは現在でも十分考えられることです。住民の眼も厳しくなる傾向にあるので、ちょっとしたことでも「公害」と思われないような配慮が企業として必要です。

　第五の「社会貢献の具体的な内容」は、プラス面で企業の関係評価を行うものです。第三の「地域の活動への参加」も貢献のひとつですが、できるだけ多面的に見ることが必要です。例えば「多額の納税」「毎年の新規雇用」「地域内での購買」といったことは、地域への大きな貢献につながります。「教育委員」「公安委員」「優良納税者の会の委員」「商工会の役員」といった貢献の仕方もあるでしょう。「地元の学校での講演・技術指導」「地元大学や高校のインターシップの場の提供」「こども食堂の自主運営」といった活動も地域貢献にあたります。このように多面的な観点から、その企業が社会と良い関係作りをしているかを評価する必要があります。

　この質問に対する判定は、上記5つの観点を総合的に見て行います。誰が見ても「有効事例」と考えられるのであれば「水準を上回っている」と評価していいでしょう。逆に「評価できるほどの行動・活動が見られない」とあれば「水準を下回っている」と判断します。「問題は見当たらず」かつ「一定の評価すべき活動が見られる」のであれば「水準を満たしている」と判定することになります。

3-3-4. 環境負荷対応・強靱な事業構築

サスティナブルファイナンスにおいて「気候変動対応」が中心的な課題であることは説明しました。たしかに近年の「台風・水害」「高温注意報」が頻発している状況に鑑みると「温暖化」を中心とする気候変動への対応は喫緊の課題と言わざるをえません。そういった意味で、カーボンニュートラルへの対応は主たる排出者である「産業界（電力も含む）」に、大きな責任があるといっても過言ではないでしょう。また、「脱資源」という言葉に象徴されるように、鉱物資源・海洋資源・森林資源・水資源などの資源の使い尽くし問題も「持続的生産消費」を維持するうえで不可欠な要素です。

一方で中小企業が、どういった立ち位置で行動するかは難しい問題です。例えば、GHG の排出量も個社ベースでみれば僅かなものです。エネルギーや資源の使用量も大企業に比較すればインパクトは少ないはずです。基本的には、政府・大企業を中心に参画することが自然であり、社会的効率性も高いと思います。大企業の多くはサプライチェーンを主導しているので、サプライチェーン全体のマネジメントのなかで「中小企業・小規模企業」を指導することが合理的です。

それでは「中小企業は何もしなくて良いのか」といえば、それも誤りです。地球の住人として誰もが「関係者」であり、誰もが「参加者」でなければならないのが気候変動や資源問題です。当然、消費者・生活者個人としても「現在の生活様式」を「グリーンモードに転換する」ことが必要です。誰もが知らず知らず「外部不経済（ある活動が市場取引とは別に第三者に不利益・損害を与えること）」の問題と関わっているのです。

こうした複雑な構造を念頭において、現時点で中小企業の「環境負荷」への対応をどう評価すべきかを考えていきたいと思います。あわせて、温暖化進行による風水害の増大に対して、企業として「強靱で持続性の高い事業構築」を進める点も質問に盛り込んでいきます。

【問 17】SDGs、気候変動問題やカーボンニュートラル宣言を認知・理解しているか

中小企業にとっての「SDGs」「環境負荷」の問題を考える場合、「そうした問題や課題があることを認識しているか」がスタートです。事実、様々な調査やアンケートにおいて、中小企業の大半がSDGs を認知・理解していないことが明らかになっています。知らないことについて「対策してください」といっても無理があります。そういった点を踏まえて、本問は「SDGs や環境負荷」

について、知っているか、理解しているか、を問うものです。

　言葉を聞いたことがあるだけでは「認知」とはいえません。SDGsでいえば「持続可能な開発目標」として国連で採択され、17の目標について日本でも政府が中心になって推進していること、2030年が達成目途であること、この程度を知っていて「認知」という判定ができるのです。さらに「理解」ということでいえば、SDGsの具体的内容を理解しているレベルをさします。具体的には、地球系（プラネット）のテーマ「気候変動」「海洋資源」「陸生態系・森林資源」や繁栄系（プロスペリティ）のテーマ「近代的エネルギー」といった環境負荷に関係するゴールに関して、おおまかな内容を理解していることが必要です。一定の「理解度」があるのであれば、自社の事業とのマッピング（紐づけ）やマテリアリティ（重要課題）の特定まで出来ていないにしても、温暖化や再生可能エネルギーについて当社でも何かやらなければ、といった程度の意識が醸成されていることが普通です。分かっていても放置・無関心では「真に理解した」とは言えないのです。

　この「認知」「理解」の2つについて、前述のような水準であれば「水準を満たしている」と判定します。さらに「水準を上回っている」ケースは、上記2つの条件を満たしたうえで、環境負荷に関する自社の業務や経営とのマッピング（紐づけ）や、環境負荷対策として具体的な活動が出来ている場合です。特に、日本政府のカーボンニュートラル宣言を理解し、2030年までにGHG46％削減といった目標を強く意識して、GHG削減に向けたエネルギー調達や物流の見直しまで検討しているようなケースは明確に「上回っている」レベルだと判定されます。

【問18】「脱資源」に対する意識や具体的な取り組みはあるか

　環境負荷の問題で「温暖化対応」同様に重要なテーマが「脱資源」です。米国の環境経済学者であるハーマン・デイリーの3原則によれば、①再生可能な「資源」の消費速度は、その再生速度を上回ってはならない、②再生不可能な「資源」の消費速度は、それに代わり得る持続可能な再生可能資源が開発される速度を上回ってはならない、③汚染の排出量は地球の吸収量を上回ってはならない、となっています。

　持続可能な生産消費形態を維持するためには「脱資源」の取り組みが不可欠であり、この点は企業規模の大小を問わず行動しなければならない問題です。一方、中小企業は「日々の業務や仕事」で手一杯で、日常に流されがちです。そこで、まずは「脱資源」という問題に関する経営者の意識があるかを判定し

ます。

　第一に「脱資源」という言葉をどう理解しているかです。つまり、脱資源を
キャッチフレーズ化しなければならない時代背景であるとか、自社にとっての
脱資源をどのような問題として捉えているか、という2点です。この2点に関
してSDGsやESG的な視点での理解がなされ、自社にとっても、こういう部
分で問題になるという認識があれば「水準を満たしている」状態です。

　第二に「具体的な取り組み」が行われているかです。「資源を大事にしない」
「資源は使い放題」といった認識をもっている経営者はごく少数だと思います。
当然コストの問題があるので、原材料のロス率や製品の不良品率削減は経営の
大きなテーマになっているはずです。しかし、いまの時代の「脱資源」とは「一
歩前に進んだ創意工夫」が不可欠です。言い換えれば、取り組みの「新規性」
に着眼する必要がありますが、以下の5点を参考にして考えるといいでしょう。

　① 使わずに済むものは使わない（リデュース）
　② 丁寧に使う（リユース）
　③ 何度も使う（リサイクル）
　④ 持続可能な原材料に置き換える（リプレイス）
　⑤ 節約して使う（省エネ・省資源）

　これらを具体的に例示すれば「簡易包装に変える」「ペーパーレスを推進す
る」「使い捨てをやめる」「廃棄量を減らす」「リサイクル製品を優先購入する」
「工場内のリサイクル設備や工程転換を図る」「2次原料を使う」「再生可能な
代替品を使う」「省エネを徹底する」「エコマーク認定をとる」といったことが
考えられます。

　ただし、前述の通り「アズユージャル（旧来の活動の範囲内）」といった点
を考慮する必要があります。「10年前から省エネを心掛けている」という姿勢
は立派ではありますが、SDGsや脱資源という「環境負荷の問題がクローズアッ
プされる時代にあって、新たに何を始めたか」という視点が、この質問では問
われているからです。あくまで診断は「基礎資料」として実態を把握すること
に目的があり、その先には「建設的対話」による改善に向けた意識づけや議論
があることを踏まえれば、テストに合格するために○をつけるといった意味合
いとは異なるので、その点は重々理解していただきたいと思います。

【問19】エネルギー問題や省エネへの関心や具体的な取り組みがあるか

　本問は、多少前問と重複する部分がありますが、あえて「エネルギー」に絞っ
た問い掛けとしています。その理由は「中小企業でも取り組みやすい環境対応」

という点にあります。中小企業の場合、GHG（温室効果ガス）の自社におけ
る排出量の測定や対策といっても難しい面があります。その点、エネルギーに
関しては「電気の節約」「再生エネルギーへの転換」「電気自動車利用」「公共
交通機関利用」「遮熱設備」「太陽光発電の導入」「緑化推進」といった具体的
な方策がとりやすいと思います。中小企業セクターに対して、少しでも温暖化
防止への取り組みを推進しようとすれば、そういった「意識づけ」することが、
サスティナブルファイナンスの役割です。テーマをエネルギーに絞った理由に
は、こうした背景があることを理解してほしいと思います。

　本問に関しては、①エネルギー問題への意識があること、②その意識が具体
的な活動に反映されていること、この２点が充足されていれば「水準を満たし
ている」と判定します。

　第一の「意識がある」に関しては、温暖化防止を背景として再生可能エネル
ギーへの転換等の対応が求められているという理解があるということです。時
代背景を理解していることです。

　第二の「具体的な取り組み」については、まさにエネルギーに関する上記例
のような具体的な対応ができていることをさします。

　水準を上回っているとの判定をするためには「有効事例」として紹介できる
レベルを考えればよいでしょう。例えば「５年で電気使用量を２割削減すると
いう明確な目標を立て、それを実現するための幾つかの方法を立案済みで、順
次実施している状況」などはお手本になるものです。あるいは「商店街のリー
ダーとして、商店街全体での省エネを推進するための運動を主導し、緑化推進、
アーケード遮熱推進、夏季の水噴霧により冷房温度を上げる、省エネ機器の導
入、等を進めている」といった取り組みも有効事例といえましょう。

【問20】 自然災害に対する強靭性を高めるための対策（例：BCP）を考えて いるか

　サスティナブル診断Ⅰの最後の問いが「強靭性（レジリアンス）」です。自
然災害が近年増加するなかで、こうした被害をいかに予防し、仮に被害を受け
た場合にも早急に復旧できる体制を整えることが「企業の持続性」に直結しま
す。事業の長期停止は、顧客や従業員を失う原因になります。早期復旧は、企
業の強靭さと取引に対する信頼感を高めることにつながります。こういった点
を踏まえて、本問では「BCP（事業継続計画）」に代表されるような「事前の
計画や準備」を問います。

　中小企業の BCP 策定率は15％前後で、小規模企業では半数以上が「未策定

状態」といわれています。中小企業において「計画書として明文化」する負担は重いものの、「出たところ勝負」といった状況では、強靱性は低いと判断せざるを得ません。簡易な様式であってもいいので、BCPの策定と具体的な事前準備を進めてもらうことが必要です。

本問で「水準を満たしている」は「BCPを策定している」状態です。策定できていない場合や、何年も前に作成したものの、見直しや準備活動が何ら行われていない状態では「水準を下回っている」ことになります。

逆に「水準を上回っている」状態とは、①自社にとってのリスクを棚卸しできている、②棚卸しをしたうえで「発生確率」「経営への影響度」を踏まえ、リスクの優先度を立てている、③優先度の高い複数シナリオについて計画が立てられている、④計画に基づき、年1〜2回のシミュレーションが行われ、結果に応じて計画修正がされている、⑤計画に基づき予防措置や準備が順次推進されている、といった5条件が充足されている場合をいいます。

近時支援機関を含めてBCP策定に関する相談や支援が活発化しています。そういった意味で、建設的対話を通じてBCP策定の推進を行うことが金融機関の使命であることを自覚してほしいと思います。

3-4. サスティナブル診断Ⅰを推進するためのヒント

本章で紹介したサスティナブル診断Ⅰを、経営者は快く受診していただけるでしょうか。

実務的には大きな問題です。SDGsやESGの概略を知っている経営者であれば「サスティナブル」といっても何となく通じるかもしれませんが、大半の経営者は「サスティナブル？」になるはずです。つまり、入口で「サスティナブル診断なんて、当社には必要ありません」となって、実態把握そのものができず、建設的対話の基礎が作れない懸念が少なからずあるのです。

そこで、本項では「サスティナブル診断Ⅰを受けてもらうためのヒント」を説明します。基本的には、①受診者である中小企業のメリット、②負担感、③金融機関側の活用と顧客への還元、の3つの角度から説明します。

3-4-1. 受診のメリット

訳のわからない「テスト」を、なぜ当社が受けなければならないのか。それが一般的な反応だと思います。その際に、説得材料として「受診するメリット」をしっかりと説明する必要があります。その前提として「サスティナブル診断Ⅰ」を、簡潔に説明するための「事前準備」を行います。

　サスティナブル診断Ⅰを中小企業に説明する場合、「ファミリー企業であれば子供・孫と代々受け継いで行けるようにしたい」「自分が起業した会社であれば、最初は自分の代で終わっても良いと考えているが、長く続けるなかでお客様も増えて、経営を誰かに繋ぎたいと考えるようになる」「40代～50代であれば、あと20年30年はこの仕事で食べていかなければならない」といった形で、「会社の持続性」について考えてもらうことが大事です。つまり、サスティナブル診断Ⅰは「いま」を評価する仕組みだが、その目的は「経営や業績がさらに良くなって『長生きできる会社』になる」ことにある、「その基礎資料として活用する目的がある」という点を理解してもらうことが大事です。

　そして、診断そのものが目的ではなく、「診断結果に基づいて、社長と未来に向けて何をしたら会社が長生きできるかを対話する」ことが目的であることを説明します。さらに対話だけで終わることなく「本業支援を含めて応援する」ことを申し添えるのです。

　ここまでのストーリーを整理すると、①企業の持続性の重要性を喚起する、②診断の目的は会社の未来をより良いものにすることにある、③診断を基礎資料として金融機関といろいろ話をして、改善の方向性や改善案を考える、④改善の方向性や改善案を実現するために金融機関（支援機関）も応援する、というフローです。そして「サスティナブル診断Ⅰの内容」は、大きく4つの項目から出来ていることを説明します。

　第一が「経営・ガバナンス」という項目で、会社が長続きするために「どんな経営の在り方」をすればよいのか、という観点で構成されている。また、変化の大きな世の中で、中小企業が致命傷を負わないためにどうすればいいか、後継者問題はどうか、といった質問になっている。このような説明をします。

　第二が「財務・ビジネスフィージビリティ」という項目で、これは事業が成功するための会社の基礎や基盤、あるいはシステムの利用状況をみる質問で構成されている。また、財務的な課題や、当社の強みや変化への対応力といったビジネスをするうえで必要なテーマもみている。このような説明になります。

　第三が「社会」という項目で、SDGsでも大きな比率を占めているが、社会全体で問題となっていることが企業にも大きな影響を与えるようになってきた。例えば、働き方や時間外・休暇などの労働問題、ハラスメントや男女平等といった尊厳に関する問題、顧客やサプライチェーンのニーズをくみ取ることで貢献できるかという問題、あるいは地域との関係。こうした観点から質問を構成しているという説明になります。

　第四が「環境負荷」「強靭性」の項目で、いま温暖化や海洋資源の食い尽くしなど、これ以上地球の負荷をかけて限界を超えないようにしなければならな

いという問題がある。また、自然災害が頻発し、コロナのような感染症が世界に広がっている。こうした問題にも企業として対応していかなければいけない時代が来ている。そういった点を踏まえた質問であることを説明します。

このように4つの観点で「サスティナブル診断」の内容を簡潔に説明し、冒頭申し上げた「貴社の未来をより良いものに変えるための実態を見る基礎資料」という役割、未来を変える支援を金融機関（支援機関）も行うという支援姿勢、そのために建設的対話を行う、こうした関連性を説明することで、サスティナブル診断Ⅰの有効性を理解してもらいます。

そのうえで「受診のメリット」を以下の通り、6つの観点から説明します。
① 現在の経営を点検する機会になる
② 診断をしながら「気づき」が得られる
③ 診断結果から自社の現状レベルを判断できる
④ 診断を基礎資料として金融機関と有益な対話ができる
⑤ 対話を通じて、未来をより良いものに変えるアイディアが生まれる
⑥ 金融機関の本業支援・金融支援を得ることも可能である

第一に、診断という行為そのものが「経営をチェック（点検）」する良い機会になる、それはこうした機会がなければ客観的に振り返ることができない、ということです。第二に、質問に答えるプロセスを通して、質問に関連したことや、それ以外の気づきが生まれることがあるということです。これは「質問を投げかけられる」からこそ生まれるものです。第三が「客観的レベルを知る」ということです。企業の場合、税理士法人等から「財務診断や財務評価」を受け取ることはできますが、経営全般について診断結果を受け取る機会は少なく、本診断によって現状の自社の立ち位置を知ることができます。第四が「建設的対話」です。これは本診断を行なう大きな目的で、診断内容を踏まえて金融機関（支援機関）とさまざまな議論を交わすことにより、問題の共有や理解の深まりが期待できます。これは、中小企業にとって金融機関と目線合わせをする良い機会にもなります。第五が「アイディア出し」です。対話のなかでテーマに沿った意見交換をするうちに、いろいろなアイディアが生まれます。経営改善の方向性や具体策が創造できるのです。第六が「支援」です。金融機関はサスティナブルファイナンスを推進します。そのメインツールは「金融（ファイナンス）」であり、「本業支援」です。問題や課題の目線合わせをしたうえで共創したアイディアを支援することは金融機関にとっても「やりやすい」形です。中小企業として、融資や本業支援を得る良い機会になるのです。以上が「サ

スティナブル診断を受けるメリット」です。

3-4-2. 診断に関する企業負担

　企業側からすると「メリットのあるテスト」だとは思うものの、日々忙しい時間を過ごしているなかで「どの程度の時間や費用がかかるのか」「自分の力で回答できるのか」といった負担が気になるところです。これも受診の壁となる問題です。負担に関する説明は以下の通りです。

① 必要な時間は通常30分程度
② 費用は特にかからない
③ 回答可能な範囲で答えてもらえれば問題ない

　第一の「時間」ですが、中小企業がある程度の時間内にセルフ回答方式で対応できることを念頭に20問に絞り込んで作成しています。1問1分程度で考えれば20分ですが、1分かからず即答できる質問もあり、逆に少し考える時間が必要なものもあるので、総合すれば30分程度と見ています。

　なお、金融機関が同席して「診断のみ実施」する方法もあります。質問の意味を補完説明することで回答を促進することができます。また、先方の判断根拠をメモして「建設的対話」に備える効果もあります。この場合でもテンポよくやれば30分程度で実施可能だと思います。

　第二の「費用」ですが、導入初期段階からマネタイズすることは難しいと思います。回答データの集積をするためにも、まずは無料で多くの企業に参加してもらうことが得策だと考えます。また、金融機関にとっては「非財務情報の入手」にもつながることから、事業性評価という観点でもメリットが大きいはずです。そういった意味で「無料」が導入初期の対応として望ましいと思います。

　第三の「可能な範囲で回答」は、前述の通り、後日の建設的対話を通じて情報補完することも可能なので、「悩ませることなく」割り切って回答してもらえば良いのです。まずは「中小企業に受診という壁を乗り越えてもらう」ことが大事だと思います。

3-4-3. 金融機関側の診断活用と顧客への情報還元

　サスティナブル診断Ⅰの導入企業が増えることで、そのデータが金融機関に集まります。自行のお客様のサスティナブルに関する実態を「20の観点」からデータとして収集し、分析することができるようになります。データ収集・分析を通じて、金融機関サイドでは「サスティナブル関連施策」に反映するこ

とが大きなメリットになります。

　例えば「まったく SDGs の知識・理解がない」ということが分かれば、支店ごとにセミナーの開催や関係資料の配布などを行うことで啓蒙を図ります。資金繰り表を作成している企業が少ないとなれば、経営管理を高める観点から「資金繰り表の様式を交付し、作り方を説明する」という施策に反映可能です。このように 20 の質問は、それぞれ企業の持続性に必要な要素を盛り込んだものなので、上手に活用すれば「有効な施策」を作ることができるのです。金融機関の施策が充実することは、中小企業にとってのメリットにもなるので、「Win‐Win」の関係といえます。

　また、各項目の評価区分のデータが一定程度集まれば、そのデータに基づいて質問毎や総合評価における当社の立ち位置を「偏差値」等で説明することができるようになります。あるいは、業種別や地域別での分類も可能となるでしょう。診断結果のなかで「B 評価は全体の 3％」という情報が還元されれば企業にとっても、この調子で頑張ればいいといったインセンティブになるはずです。このように、金融機関にとってデータ収集・分析とそれを踏まえた活用の仕方はいろいろあるので、それを施策や顧客向けの診断結果に反映することで、中小企業にも回りまわって大きなメリットがもたらされることになるのです。

【コラム 4】中小企業のガバナンス改革

　中小企業において「ガバナンス」が語られることはほとんどありませんでした。
　その背景には、①中小企業の多くが「株主＝経営者」というオーナーシップであること、②意思決定は「経営者のトップダウン型」が大半であること、③経営のチェック・監視については債権者や大口取引先などの業況チェック中心で、特に問題が起きなければフォーカスされることもなかったこと、等々があると思います。
　しかし、時代の変化とともに中小企業の「ガバナンス」が問われる局面が増えているように感じます。その一例を「経営者保証」を使って考えてみましょう。
　中小企業融資において「経営者の連帯保証を徴求する」ことが一般的な慣例となっていました。しかし、経営に失敗した経営者の「再挑戦を阻む要因」になる、連帯保証があるがゆえに事業承継において「後継者が承継を迷う」等々の世論の批判を受けて「経営者保証ガイドライン」が策定されました。一定の要件下であれば個人保証を徴求しない、あるいは既存の保証を免除するといった取扱いが推進されています。政府系金融機関を中心に、経営者保証を徴求し

ない融資も増加しており、民間金融機関でもディスクロージャー誌に、その件数を記載するようになっています。

　ガイドラインには、①資産や資金のやりとりについて会社と個人の分離体制、②会社の財務によって返済可能な状態にある、③経営情報の開示、といった免除に関する基本的な考え方が示されています。しかしながら、この点を「軽く考えている経営者」も少なくないように見えます。同時に、金融機関の職員の多くが「本質的な意味」を理解していないように感じます。筆者流に「経営者保証問題の本質」を表現するならば、「経営者保証を取らない⇒徹底的にコーポレートを見て融資判断する」です。言い換えれば「多少危なっかしい面があるけど、社長資産と一体でみると何とかなる」とか、「あの会社は赤字だけど社長が個人的に蓄財している形なので保証をもらっておけば何とかなる」といった考え方が許されなくなるのです。

　「コーポレートで判断する」ということは、会社の意思決定や経営に対する「律し方」が大きな問題になります。例えば、多額の仮払金があり、その支払先が経営者であれば「資金の使途」「返済の要件」「社内ルール」といった点を、金融機関は厳しく問わなければなりません。なぜなら、多額の資金が個人に流出するようなガバナンスでは会社の資産が保全できないからです。また、いくらお願いしても「期待する情報開示」をしてくれない場合には、開示のレベルに応じた融資しかできないことも起こりえます。さらに、赤字企業であれば「過去融資はしたが、現状は返済見通しが会社にない」と判断され、拒絶される場合が増えるということです。

　つまり中小企業には「経営を近代化する覚悟」をもって「経営者保証の免除」を申し出てもらう必要があるのです。事業承継の阻害要因になるので保証を外してくれ！と有力融資先から依頼を受けるケースがあります。その際には、経営者に「これからはコーポレートで判断する」「健全な経営、善良なる一市民としての企業の在り方が問われている」ことをしっかりと伝えたうえで対応することが必要です。言うことで「経営の質」を高めてもらう必要があるのです。

　事業承継の6割が親族外承継となる環境において、オーナーシップが維持できなくなる可能性があります。つまり第三者がオーナーとなり、経営を行う機会が増えるということです。さらにSDGsやESGの注目度があがるにつれて「ガバナンス」に対する関心は高まります。人権問題など、中小企業だから許されるという時代ではなくなっています。

　いままさに中小企業のガバナンス改革が求められています。そして、こうした問題に関心がなく時代に遅れている経営者が少なくありません。金融機関からの啓蒙や改革への助言が期待されます。

第**4**章
サスティナブル診断Ⅱ
～応用タイプ～

　本章では、サスティナブル診断Ⅱ（応用タイプ）について説明します。

　診断Ⅱの受診先イメージとして「中小企業のなかでも一定の規模感があって、経営レベルが一定水準にある企業」を考えています。言い換えれば、診断Ⅱを適用する取引先は、営業店において「営業基盤となる重要先」であり、「建設的対話」も相応に時間をとって実施することになります。

　建設的対話はコストと時間を要するだけに、顧客・金融機関双方にメリットがあって、一定の成果を生み出すことが必要です。そうでなければ「サスティナブル診断」「建設的対話」を行う動機が弱くなり、長続きしない仕組みになるからです。

　逆に、診断Ⅱを活用して「建設的対話」を実施し、「経営戦略の共有」を行うことができれば「様々なソリューション提供の機会」が作れるだけでなく、前向きな投資に対する「ファイナンス支援」も期待できます。こうした循環が機能すれば、金融機関の営業の在り方を「セールス型」から「戦略共創による課題解決型」に変えることができます。都度都度のニーズに群がり、レッドオーシャン化した市場ではなく、共創した経営戦略に基づき金融機関が計画的な支援を行うブルーオーシャン市場に転換するのです。診断Ⅱは、お客様の「実態を捉え課題を整理」するツールとして、サスティナブルファイナンスの中核機能を担います。

4-1. 診断書作成にあたっての基本的な考え方（資料4-1）

　サスティナブル診断Ⅱの目的は、一定レベルにある中小企業のサスティナビリティを高めることにあります。したがって、「長期的な視点に立って強みを活かし、弱みを克服することで競争力を維持・強化する」ための「経営戦略」＆「戦術」「施策」を考えることが最終目的になります。

　また、長期的な視点による競争力の強化を図るプロセスにおいて、SDGsに

資料4-1 「サスティナブル診断Ⅱ」

サスティナブル診断Ⅱ

No	領域	評価項目	判定	判定根拠・具体的な活動内容等
1	企業統治 （ガバナンス）	戦略・戦術の判断軸となる「企業理念」「経営ビジョン」をもっているか。場当たり的な経営スタンスになっていないか。従業員に浸透しているか		
2		SDGs や ESG に象徴される世界共通の「環境問題や社会的課題」や「自社を取り巻く経営環境の変化」を意識した経営の在り方（戦略・戦術）が検討されているか		
3		社長が経営判断を行う場合に、多様で多面的な観点から助言し、あるいは、独断・独善を牽制しうる「ご意見番的な存在」や「仕組み」があるか		
4		経営戦略や経営判断に沿ってスピーディかつ専門性をもって政策実行ができる社内体制があるか		
5		企業の持続性を担保できる後継者が存在するか、後継者育成計画があるか		
6	財務	財務パフォーマンスを評価・分析するための KPI 設定や定期的な分析を行われているか。社長はそれを理解・活用しているか		
7		収益構造に問題を抱えていないか。コスト管理力はあるか。固定費・変動費構造に耐性はあるか		
8		バランスシートに問題（不良債権・簿外・簿価割れ等）を抱えていないか		
9		キャッシュフローマネジメントはできているか。問題を生じていないか		
10		付加価値労働生産性は右肩上がりのトレンドにあるか		
11		グループ会社、海外部門がある場合に、財務管理を適切に行っているか		
12		資金調達力は十分か（調達方針、調達余力、金融機関との関係、事業性評価の有無）		
13	ビジネス フィージ ビリティ	ビジネスモデルに特長があるか。商品／サービスに競争力が認められるか		
14		サプライチェーンのなかで一定の存在感があるか。付加価値は低下していないか		
15		競争力のある経営資源を持っているか。それらを磨き上げる投資（人材・設備・研究開発・ノウハウ）を継続的に行っているか		
16		システムの導入・整備状況は十分か。システム投資に対する方針や計画はあるか		
17		顧客基盤を含めた十分な「関係資産」をもっているか、パートナーシップの構築を積極的に行っているか。地域と良好な関係にあるか		
18	リスクマネジ メント& レジリアンス	リスクマップの作成、BCP におけるリスク評価、SDGs／ESG と自社業務のマッピング（紐づけ）等の方法を通じて、自社の「リスク」を明確にしているか		
19		BCP（事業継続計画）が策定され、毎年バージョンアップが行われているか。復旧力は認められるか		

20		経営者の「人権・遵法・不正腐敗防止」を重視する姿勢は明確か		
21		従業員の満足度や働き甲斐を高めるための具体的な取り組みを行っているか		
22		適切な労務管理・安全衛生管理が行われ、労使関係は良好か		
23		雇用に関して、障害者・高齢者・女性の雇用に熱心か。こうした人を雇用するための環境整備を行っているか。地元の高校・大学からの雇用を継続して行っているか		
24	社会 (Social)	セクシャルハラスメント、パワーハラスメントなどの人権侵害防止や、自社の業務に応じて外国人・LGBT・女性の活躍を促すような環境整備を行っているか		
25		従業員教育を重要政策と位置付け、具体的な対応を行っているか。技能承継、SDGs、ITリテラシー等の各種教育研修を実施しているか		
26		自社の製品・サービスに対して良好な品質や安全性を担保しているか。品質偽装や反社会的勢力との取引等、不正腐敗や法律違反はないか。クレーム処理体制はあるか		
27		地元における「産学官連携」「産業振興に関する具体的な寄与」「地元企業を優先した購買」「地元ブランドの共創」「ボランティア活動」など、地域産業の持続性向上に貢献しているか		
28		経営者は、気候変動（温暖化）問題・カーボンニュートラル問題に「強い関心（経営上のマテリアリティ）」があるか		
29		経営者は、脱資源（資源の有効活用や使用削減）に関する「強い関心（経営上のマテリアリティ）」があるか		
30		経営者は、生物多様性、陸生態系、海洋資源の保全といった自然保護に関する「強い関心（経営上のマテリアリティ）」があるか		
31		会社としてSDGs／ESGを推進する何らかのイニシアティブに参加し、活動を行っているか。第三者の認定・認証や表彰を受けたことがあるか		
32	環境 (Environment)	SDGsやESGの「E」に関する「社内教育」「社内への浸透策」を行っているか。全社的な環境意識は高いか		
33		自社のサプライチェーンにおける環境影響を評価・分析し、課題の抽出を行っているか		
34		気候変動問題に関連する具体的な対応（GHG、緑化、再エネ、省エネ、グリーン購入、環境配慮設計、等）を行っているか		
35		脱資源に関連する具体的な対応（廃棄物の削減・抑制、リサイクル、省資源、代替資源、簡易包装、製品寿命延長、リユース、リペア、二次原料使用、リマニュファクチャリング等）を行っているか		
36		自然保護に関連する具体的な対応（森林認証・漁業認証品の利用、排水管理、化学物質の処理、大気汚染対策、環境負荷の測定・チェック、間伐材利用、周辺自然環境の保全対策等）を行っているか		
総合評価			A 86以上　B 54以上　C 32以上　D 22以上　E 22点未満	

評価区分は「A（水準を上回っている）」＝3点、「B（水準を満たしている）」＝1点、「C（水準を下回っている）」＝0点の3段階

象徴される環境や社会に関する課題対応を行うことになります。具体的には、「気候変動・温暖化」「海洋資源・陸域生態系・森林資源」「水資源」といった環境負荷への対応、「人権問題」「労働問題」に代表される社会的課題への取り組みです。これらは、世界の共通課題であり、日本でも政府の重要課題として各種施策や法律に反映されるものです。ビジネス界の共通のルールとして企業に遵守を促します。第1章で説明したように、企業としてこの問題から逃れることはできません。むしろチャンスと捉えて積極的に動く必要があります。こうした大きな2つの視点をベースに「サスティナブル診断Ⅱ」を作成しています。

　診断項目に対する期待レベルは低いものではありません。読者のなかには、中小企業の実態を踏まえた場合に「あまり高度な診断基準」を作っても「距離感があり過ぎてワークしないのではないか」と疑問を持つ方もいらっしゃると思います。実態との大きな乖離は当然考慮すべきことです。診断Ⅰにおいて「どうやって中小企業に受診してもらうか」という項目を設けたように、実態に比して期待水準があまりに高い場合には「全部×」になる可能性もあり、中小企業にとっては「絵空事」と見えてしまうリスクがあります。

　その一方で、現実や実態に「迎合」し過ぎれば「未来を切り拓くことができなくなる」でしょう。そもそも、環境負荷への対応、社会的諸課題の解決は容易にできる問題ではありません。人智を集め、イノベーションを創出し、多くの投資を行わなくてはなりません。加えて、企業を取り巻く経営環境は不確実性に満ちています。この不透明で不確実性の高い時代に勝ち残るためには、中小企業といえども「経営を高度化」することが不可欠です。中小企業の経営レベルを高めることは金融機関の使命です。中小企業は情報に疎い面があり、かつ「見たいものだけを見る」という傾向がないとはいえません。したがって、世界のSDGsやESGに関する「取り組みのスピード」の速さや浸透具合、国内でも大企業セクターでは「ESGが本流化」している現実をしっかりと伝達し、「危機感をもって経営の高度化」に取り組んでもらう必要があるのです。診断Ⅱを適用する先は、経営をさらに高度化して成長力を高めることで、「地域の中核企業」として発展することが期待される層です。そういった意味で、現実とのギャップ・距離感は調整しつつも、サスティナビリティに関する取り組みに「後れ」を来さないような「診断内容・レベル」を維持して作成にあたりました。いわば「心を鬼にして」ということです。

4-2. 診断IIの構造

　診断IIでは、6つの側面から診断を行う構成にしています。具体的には、「企業統治（ガバナンス）」「財務」「ビジネスフィージビリティ」「リスクマネジメント＆レジリアンス」「社会（Social）」「環境（Environment）」の6つです。

　この6つの観点には「ESG（環境・社会・ガバナンス）」の要素、「財務」的要素、そして「ビジネスフィージビリティ（ケイパビリティ、経営資源）」と「リスクマネジメント、強靭性（回復力）」の要素を加えています。いずれも「企業の持続性」「企業価値の向上」にとって不可欠な要素だと考えています。

　診断項目数は「36問」としています。近時、いくつかの金融機関で「ESG診断」「SDGs診断」という名称で診断サービスを行っていますが、質問内容や項目数は非公表のため詳細はわかりません。筆者の推測では50〜60問前後の設定が一般的なのかなと考えていますが、本書では「簡潔にして全体を網羅すること」「受診者・金融機関の負担を軽減すること」「事後の建設的対話につなげること」を、設計の基本的思想として「36問」に絞り込んでいるのが特徴です。

　また、既に「事業性評価を実施している先」が対象になることが多いと考えています。そこで得た「財務・非財務情報」を本診断に加味して、多面的に取引先の実態を把握することで「建設的対話」につなげることが大事だと考えています。つまり、事業性評価との「連携」です。

　評価区分は、診断Iと同じく「水準を上回っている」「水準を満たしている」「水準を下回っている」の3段階としています。これは、評価者ごとのバラつきを極力抑える目的があり、また「水準を満たしている」の判断は単純な「中央値」ではなく、「本当の意味で該当水準にある」レベルと考えています。これは前述の「甘やかさない」「厳しい経営環境を踏まえ経営のレベルを上げる」という考え方を体現するものです。「上回っている」レベルは、「有効事例にあげられる」ような立派な水準をイメージしています。

　総合評価についても、診断Iと同様に5段階です。これは定期的かつ継続的に診断を行うことで、毎年の「成長」を測る基準とすること、そして企業にとってステップアップのモチベーションを得ること、その2つを目的としたものです。ただし、サスティナブル診断IIにとって大事なことは「建設的対話を通じた持続性向上の取り組み」にあるので、総合評価の「結果」に重きを置くというよりは、一歩一歩「ステップアップ」することを重視して診断のフィードバックや対話をしてほしいと思います。

　また、判断理由や具体的な活動内容をメモ的に記載する欄を設けています。

こうしたメモ欄を活用して建設的対話を充実させることを期待しています。

4-3. 診断項目と解説

ここからは36問の診断項目に関する説明を行います。

4-3-1. 企業統治（ガバナンス）

ガバナンスは一般的に「企業統治」と訳されていますが、英語にしても日本語にしても「国や人民を支配する」といったイメージの強い言葉で、何となく強烈な官僚体制を想像するような違和感をもつヒトもいると思います。

本書においては、ガバナンスを「不確実性の高い環境下にあって、難しい課題や多くの選択肢の中から選択を迫られた場合でも、中小企業経営者が長期的な視点から『企業価値の向上や持続性』を高めるために『適切な判断』を行うことができて、会社全体が向かうべき方向に力を集中できる仕組み」と定義づけます。

言い換えれば、「不透明かつ変化の幅が大きい状況」「選択肢すべてにリスクが内在し、決断に迷う状況」にあっても、中小企業の社長が「致命傷を負うことなく、むしろ長期的には会社を成長軌道に乗せるための経営判断を下す」ことができる仕組み・体制があり、同時に「従業員や株主などのステークホルダーが、社長の判断を理解・共有できる組織風土や関係性」によって「従業員の力や経営資源を戦略に向かって集中できる」仕組み、この2つが「ガバナンス」になります。そういった意味では「企業統治」というよりは、ステークホルダーが協力し合い、最適な判断と最適な行動をとるための協業体制＝協治＝といった方がよいかもしれません。

本項では、以上の観点でガバナンス診断を行います。

【問1】戦略・戦術の判断軸となる「企業理念」「経営ビジョン」をもっているか。場当たり的な経営スタンスになっていないか。従業員に浸透しているか

VUCAの時代といわれる難しい時代に経営の舵を取ることは簡単ではありません。判断に迷うことも度々ありましょう。そんな時代だからこそ、経営者の羅針盤となる「判断軸」がどうしても必要です。多様な選択肢、コンフリクトを伴う経営判断を行うなかで、「企業理念」という明確な判断軸を持つ意味は少なくありません。

　また、企業の目指すべき方向性や取り組むべき課題を「経営ビジョン」とし
て明確化することは、経営に「芯」を与えます。SDGs や ESG といった「長
期的な視点」が重視される時代に、自社の進むべき道、貢献の方法等を明確に
することは、自社固有の「差別化戦略」を描くことと同義です。

　このように「企業理念」「経営ビジョン」を経営者が持つことは、企業のサ
スティナビリティを高めるうえで必要不可欠な条件といえましょう。「企業理
念」は「従業員の判断基準」でもあります。現場は常に変化しています。マニュ
アルだけで対応できる時代ではありません。臨機応変に「当社にとって一番良
い行動」を従業員が選択すること、その行動の集合体が企業のパフォーマンス
につながります。適切な行動をとるためには「何を優先すべきか、大事なこと
は何か」が従業員に浸透していることが必要です。一番良い状態は、理念に従っ
て自然に体が動くことです。それが「理念が浸透した状態」といえるでしょう。
このように、企業理念は、従業員が現場で良い仕事をするために必要な判断基
準として機能します。

　本問の「水準を満たしている」状態は、①企業理念が明文化されている、②
企業理念を浸透する施策があり実際に従業員に浸透している、③経営ビジョン
が明文化されている、④経営ビジョンが従業員に説明され、従業員が十分理解
している、の4つを満たす場合です。

　中小企業にとってバーが高い基準と思われるかもしれませんが、経営の基本
であり、実際に企業理念や経営ビジョンが機能するためには、この4つは必要
条件です。ある程度の規模で組織化された中小企業において「共通の価値観」
を持つことは簡単ではありません。会社が一体感をもって、あらゆる変化の中
でも「会社全体の力を同じ方向に集中」させるためには、こうしたレベルを満
たすことが求められるのです。

　また「水準を上回っている」と判断されるレベルは、①組織風土に理念が反
映していることが明らか、②現場の社員が活き活きと働いている、③経営の実
績（数字）に反映されている、といった他社の模範となる状態を指します。こ
ういった状態に持っていくことができれば、変化に強く、逆境にも強靭なサス
ティナビリティの高い企業ということができるでしょう。

【問2】 SDGs や ESG に象徴される世界共通の「環境問題や社会的課題」や
　　　　「自社を取り巻く経営環境の変化」を意識した経営の在り方（戦略・
　　　　戦術）が検討されているか

　ビジネスルールが変わりつつあります。高い収益をあげて優良な財務を構築

しただけでは評価されない時代になりつつあります。高収益や良好な財務といった「結果」の前提として、「人権や環境負荷への対応」を考慮し、こうした社会的課題の解決に貢献することが企業に求められています。いまは大企業セクターを中心に「ESG」といった視点で市場からの評価や監視を受けている段階ですが、こうした流れは徐々に中小企業セクターに展開されるでしょう。サスティナブルファイナンスは、こうした社会的課題の解決を推進するため、個々の企業が自社の強みや特質を活かして問題解決にあたり、それが企業の発展や成長にも寄与する両輪の取り組みを企図したものです。したがって、中小企業といえども SDGs／ESG といった視点を無視した経営戦略を描くことは適切ではありません。むしろ SDGs／ESG の視点をビジネスチャンスと捉えて前向きに経営に組み込むことが求められるのです。そういった意味で、経営戦略・中長期計画に「SDGs／ESG」の視点を組み込んでいるかが、本問のチェックポイントになります。

　同時に、自社を取り巻く「将来の環境変化」を読む、想定する、シナリオを造成することも経営の高度化に必要です。自社の商圏・業界における様々な変化を、例えば、競合者・代替品・新規参入者・売手・買手の視点（5フォース）から分析・予測するのです。あるいは PEST 分析（政治・経済・社会・技術の変化）といった大きな視点から自社の商圏・業界、ひいては自社への影響を考え、シナリオ化してみる方法もあるでしょう。

　もちろん中小企業では、日々のオペレーションに対応するために精一杯で、こうした経営環境分析を行う体制を作ることが難しい面があります。しかし、ここで想定している「地域の中核企業」といったレベルであれば、社長を中心に自社の身の丈に見合う形で「将来の環境変化」を考えることが求められます。経営環境分析の必要性は第2章で説明しましたが、それを行っていなければ「場当たり的経営」となり、常に右往左往してしまうことになりかねません。想定シナリオが当たる、当たらない、といった問題ではなく、将来の環境変化を「最善シナリオ」「標準シナリオ」「最悪シナリオ」といった形で考えてみることが、変化への対応力を高め、仮に想定した事態と変わった場合にも「修正対応」が取れるのです。

　本問の「水準を満たしている」の判定基準は、①何らかの「形式」で将来環境の変化を考えている、②自社の業務と SDGs のマッピング（紐づけ）を行っている、③環境・社会の課題に関する自社の取り組みが明確になっている、の3点を充足することです。この3つの基準も中小企業にとってバーが高いと映るかもしれませんが、「経営の質をワンランク上げる」観点からは下げることができないものです。特に、②を充足する企業が現状少ないと考えられます。

しかし、SDGsやESGに象徴されるという設問の意図には、地域中核企業である以上は、こうした重要な政策を感知・理解して、マッピング（紐づけ）までやるぐらいに経営レベルを高めてほしいという願いがあるのです。

　水準を上回っている場合の判定基準は、①について「明文化」され、複数のシナリオ検討がなされている、②SDGs／ESGの視点での課題が整理され、自社の経営計画に組み込まれ業績に反映され、他の企業に「模範事例」として紹介可能なレベルを想定しています。

【問3】社長が経営判断を行う場合に、多様で多面的な観点から助言し、あるいは、独断・独善を牽制しうる「ご意見番的な存在」や「仕組み」があるか

　社長は孤独だといいます。これは嘘でも何でもなく、経営トップとして常にリスクと向き合いながらオペレーションに眼を光らせ、実績をあげる日常は苦しさを伴うことが少なくありません。もちろん社内には「部下」がいて相談はできると思います。しかし、難しい判断、リスクの高い判断ほど「結果責任は社長が一人で負う」ことになります。これはオーナーであり、経営のトップとしての宿命です。部下は基本的にサラリーマンですから真剣に考えるにしても、責任の重さは明らかに違うので「意識」も含めて一定の乖離が生じることは致し方ないのです。

　そういった意味で、社長が経営判断に迷う場合、特に社運を賭けるような判断、どちらに行くにせよリスクが大きい判断、コンフリクトを伴う判断、自分の得意分野ではない領域の判断、等々については「適切な助言」が必要です。そして、賛成反対を含めて多面的かつ専門的な意見をもらうことができれば、判断の精度は高まるはずです。そういった人材が周辺にいるかが第一のチェックポイントです。

　第二が「牽制役」の存在です。ある程度組織化された中小企業といっても、社長の存在は絶対的なものです。通常は「主要株主」と「経営トップ」を兼ね、絶対的な権限を持っています。中小企業の経営者には人格者も多いのですが、絶対的権限をもった地位に永年君臨することで「私物」的な感覚も生まれます。よく比喩で「竈の灰まで俺のもの」といった感覚です。また、熱量の高い経営者ほど「理想」に向かって突っ走ることが少なくありません。これらは良い意味でも悪い意味でも「中小企業特性」です。

　こうした中小企業経営者の独断・独善を防ぐことは簡単ではありません。もちろん「最終責任を負う」社長が、最終的には判断すべきことなので、独断・

独善の「線を引く」ことは難しい面があります。大事なことは、社長がいったん立ち止まって、冷静かつ視野広く考える機会が得られるか、聞く耳を持てるかです。そうした役割を担える、社長の信頼が厚く、当社の実情に通じ、かつ、社会を広く洞察できる人材が「牽制役」「ご意見番」として存在することは、致命的な誤りを犯さないために必要な枠組みということができましょう。もちろん最近は「民主的な運営」を指向する社長も多いので「経営スタイル」による濃淡はあると思います。しかし、こうした存在が「ガバナンス」に組み込まれていることは「企業の持続性を高める」うえで重要なことに変わりはありません。

　本問の判定基準は、①社長に対する助言者や体制があるか、②ご意見番的な牽制役を果たす存在や仕組みがあるか、の２点です。

　例えば、取締役会が形式ではなく十分機能している状態は、これに該当します。また、生産・購買・企画・営業・総務それぞれの役員が「専門」的見地から、反対意見を含めてしっかりと社長に意見が言える環境であれば、①を充足しているといえましょう。同様に、番頭役の取締役が存在して「社長に直言」できる、あるいは「心理的安全性」が確保された状態で各役員が専門的立場を超えて賛否をしっかりと伝えることができる状態であれば②を充足しています。問題は、ここまで取締役会が機能している中小企業は多くないと推測されることです。筆者の経験から判断すれば、社長にモノを言う、とりわけワンマン色の強い社長にモノを言うことは「進退を賭けなければできない」心理があると思います。ワンマン社長ほど「弁が立つ」「勉強している」「パワーがある」ので、部下も反論できないことが多いのです。こういう場合に、「顧問」「相談役」といった存在やモノ言う「社外取締役」がいれば、一定の牽制機能を果たすことができるかもしれません。注意しなければいけないことは、親族の「前社長」が、会長・相談役といった肩書で「ご意見番」機能を発揮しているケースです。たしかに「大きな牽制役・ご意見番」ではありますが、その内容次第では悪影響が逆に出る場合もあります。現場から遠ざかっているため「時代遅れ」「現場の風向きを知らない」状態で、昔の勝利方程式を持ち出して、社長の経営を抑制するとなると「老害」になる可能性もあります。酷い場合には「親子喧嘩」が頂点に達して、経営そのものがストップ状態、機能不全に陥いるケースさえあるのです。こうなると「牽制」ではなく「妨害」になるので、実態をみて判断する以外ないのです。

　本問は、中小企業特性を踏まえると難易度の高い診断項目ですが、中小企業の経営の質を高め、サスティナビリティを強化する観点からすれば、金融機関として「挑戦すべき項目」だと考えています。大企業のように「理詰めのガバ

ナンス体制」が構築されている必要はなく、「実が取れる」形で助言や意見交換の仕組みがあり、冒頭申し上げた「社長が適切な経営判断ができる状態」が出来ていることをイメージしています。

【問4】経営戦略や経営判断に沿ってスピーディかつ専門性をもって政策実行ができる社内体制があるか

　ビジネスのスピードが上がるなかで、経営戦略の「早期実行」がカギになることはいうまでもありません。加えて「プロらしい仕事」が付加価値を生み、差別化要因になることを踏まえると「専門性の発揮」も必要です。その一方、実務の担い手である従業員の動きが遅く、また、専門性の発揮が行われなければ、どんなに素晴らしい戦略や施策も「絵にかいた餅」で終わってしまいます。

　本問はそうした観点から「従業員」に光を当てた項目です。経営戦略に基づく各種の施策、あるいは社長の判断による改革や新規性のある仕事に対して、従業員が戸惑うことなく進んでいけるかが「スピード」を決定するといっても過言ではありません。理想は、企業理念や経営ビジョンに対する共感、あるいは、処遇や組織風土への満足を背景とした会社へのコミットメント、こういったベースがあっての「従業員の行動」です。あるいは、会社のDNAとして植え付けられた「常識」が疑問なく従業員を動かす場合もあると思います。いずれにしても、施策や改革の実行力が組織として備わっているかを判定するものです。

　また「専門性をもった従業員」がどれだけ存在するかも重要な要素です。本問はガバナンスを問う項目なので、従業員まで問題にするのかと思われるかもしれません。しかし、本書では、ガバナンスを「統治」というよりは「協治」という位置づけで考え、従業員を含めた体制・在り方として捉えています。したがって、スピードだけでなく、付加価値の源泉である専門性をもって「協治」できるか、仕事を実現できるか、という点も重要な要素と見ているのです。製造業であれば、技術的な資格が分かりやすい基準になります。マイスターといった認証も同様です。一方、卸売など非製造業でも「販売士」といった資格も参考になる反面、資格だけでは測りにくい面もあるので実態をヒアリング等で見る必要があると思います。実際、金融機関の職員でも様々な金融スキルに関する資格がありますが、資格を保有することと実際の業務で成果を発揮することは別物ではないでしょうか。そういった意味で、社長へのヒアリングを通して「専門性の高さや判断理由」などを確認することが現実的です。

　本問の判定に際しては、資格保有やヒアリング調査に加えて、年度計画の施

策の実行状況や成果などを総合的に見ることが必要です。結局、施策の浸透や実現のスピードが速い、専門性が発揮された技術対応ができた、といった「実績」がなければ意味がないからです。こういったレベル感で「スピード」「専門性」の２点が充足されていれば「水準を満たしている」ことになります。ただ、実態の判断・解釈に関して幅が出やすいところでもあるので、後日の対話で判断・解釈を共有することが大事です。

【問5】企業の持続性を担保できる後継者が存在するか、後継者育成計画があるか

　事業承継の設問です。大企業のように経営トップが定期的に交代している組織であれば、後継者候補が常に存在するので、事業承継が問題になりません。むしろ「大企業に相応しい経営者」としての「質」を問われることが多いのではないでしょうか。

　一方、中小企業の場合、もはや親族外承継の割合が6割超となる状況であり、事業承継はサスティナビリティと直結した問題になっています。したがって、第一のテーマは「事業承継候補者」がいるか、という点です。候補者が「社内」にいて修行中といった状況が望ましいことはいうまでもありませんが、「社外で修行中」「社外にいるが承継の応諾は得ている」といったことでも後継者はいると判断していいでしょう。

　第二のテーマが「持続性を担保できる後継者」か否かということです。つまり、経営トップを張れるだけの能力があるかです。この見極めは非常に難しいところです。後継者として社内で修行中ではあるが、「経営に関心がない」「意欲がない」「社内の評判が芳しくない」といったケースが少なくないからです。こうなると「後継者あり」だが、「持続性が担保されたとはいえない」ことになってしまいます。

　そういった意味で、第三のテーマである「後継者育成」が重要な意味を持ちます。金融機関では「A社は長男が後継者として入社しているので安心だ」といった単純な理解をすることがありますが、重要なのは「会社が継続できるだけの経営力を、経営を引き継ぐまでに備えられるか」という点です。あるいは「社長になってしばらくは苦労の連続だろうが、意欲・闘志・関心といった素養があるので器に収まるだろう」という言い方をしてもよいでしょう。ある程度組織化された会社であれば、部門のリーダーが存在し、通常の業務は十分彼らで廻ります。しかし、部門のリーダーの指導力等の強弱があるので、社長自ら補完しなければならない場合が多いのが実態です。会社のすべてを引き継

ぐことは不可能なので、「心構え」「行動力」「責任感」といった基本的な素養を身につけてもらうことが「社長の器」として大事です。こうした教育は、現社長が自ら行わなければならない部分もあるし、外部の後継者育成機関などで学ばせる場合もあります。いずれにしても、会社として「後継者を育成する」という意思と、口だけで終わらないための「育成計画」という見える化が重要です。

　本問に関して「水準を満たしている」の判定基準は、①後継者候補の有無、②本人の応諾意思、③後継者の経営に関する意欲・関心、④育成に向けた体制の有無、の4点を充足するかです。後継者候補者がいて、経営を引き継ぐことを応諾しており、加えて当社の経営に対する意欲や関心があって、会社としても教育体制を敷いてバックアップしている、ということが認められれば、水準を満たしていると判定します。細かく煩雑な基準のように見えますが、事業承継を考えるうえで4つの基準を満たしていないのであれば「後継者不在」と同じ状態だということです。

　また「水準を上回っている」基準は、既に「専務」「社長室長」といったような肩書きで社長補佐を行い、「社内の実務全般をローテーションにより習得済」「社内の信望が厚い」「社外にも後継者として紹介されステークホルダーの信任を得ている」ような状況、つまり「いま交代しても、あまり問題がない」状況であれば、事業承継に関する心配はないということです。

4-3-2. 財務

　ESG評価において「非財務情報」の位置づけが極めて高くなっている印象があります。企業価値評価（バリュエーション）においても、財務的要素以上に非財務的要素が重視される傾向にあります。こうした背景には「長期的な視点で企業のパフォーマンスや企業価値を推測する」ためには「過去の財務面の実績」以上に、その企業の「経営資源」「ケイパビリティ」「パーパス・理念」「戦略」といった要素を参考にした方が判断しやすいという考え方があるからだと思います。確かに未来は常に変化し、変数が無限にあります。過去の財務成績の延長線で推察することができる期間は、せいぜい2〜3年先までが限界なのかもしれません。

　一方で「非財務情報のみで将来を説明する」ことも迫力不足といえましょう。非財務情報のもたらす結果を「財務的な数字に置き換える」ことで、具体的なストーリーが見えやすくなります。また、企業価値は結局のところ「キャッシュリターン」に基づいて表現されるので、財務を分析・評価することには大きな意味があります。「これまでの財務パフォーマンス」と「非財務的な要素」を

有機的に結び付けることで「説得力」が増して、当社の経営戦略やビジネスモデルに対する理解や信頼も高まるのです。そういった意味で、サスティナブル診断Ⅱにおいて「財務」面からも診断を行うことは必要不可欠だと考えています。

　これに対して「財務分析」は、金融機関の通常業務のなかで財務評価として対応していることから「サスティナブル診断」の診断項目にわざわざ組み込む必要はない、という考え方もあるでしょう。しかし、サスティナブル診断は、診断そのものに意味があるというよりは「事後の建設的対話」や「対話を通じて創造される経営戦略やビジネスモデル」を通じて、企業や社会のサスティナビリティを高めることに意味があります。したがって、環境（E）社会（S）統治（G）のみに絞って議論するよりは、企業の持続性や企業価値を高めるために何をすればよいか、ということを総合的に話し合う方が分かりやすいし、中小企業にとっても受け入れやすいと考えます。本書のサスティナブル診断に財務を組み込む理由は以上の通りです。

【問6】財務パフォーマンスを評価・分析するためのKPI設定や定期的な分析は行われているか。社長はそれを理解・活用しているか

　KPIは「企業が重視する業績評価指標」です。企業は、自分自身が計画して実施してきた諸施策にどんな成果があったかを認識する必要があります。これは自社の経営戦略・戦術・施策・マネジメントの正しさを確認する手段でもあり、株主・金融機関・主要取引先に対して事業を理解してもらう共通語の役割を果たすものでもあります。「当社はがんばっている」と主張したところで、数字的な成果が出ていなければ、社内の納得も社外の信頼も得ることはできないでしょう。ポーター博士の「CSV（共通価値創造）」理論のなかで「収益」の重要性を指摘する背景には、社会的貢献とともに収益的な価値を創造できないビジネスモデルでは意味がない、という考え方があるからです。

　本問は、第一に「自社の取り組みや戦略の達成度やパフォーマンスを認知する手段」としてKPIを上手に活用できているかを問うものです。

　例えば「管理会計」を導入している企業が、年度当初に経営戦略や経営計画の成果を見るにふさわしい指標を設定し、毎月の部長会・取締役会といった場でKPIの推移、成果評価を行っているようなケースが該当します。仮に財務会計だとしても、戦略や施策と整合性の高い財務指標を「KPI」に設定して、継続的にモニタリングや原因分析をしている状態であれば趣旨に合致します。

　第二が「定期的な分析・評価」です。財務評価を行う目的は、「実績を通じ

て実態や問題点を把握する」こと、「問題点を解決してパフォーマンスを改善する」ことにあります。したがって、1 年に 1 回だけ分析を行えばよいという問題ではなく、KPI の内容や当社の実態に応じて分析頻度を選択すべきです。ここでいう「定期的」とはそういう意味です。当然ですが、評価は「財務部門」だけが行うのでは意味がありません。経営として、財務部門が行う 1 次評価に対して論評し、課題や解決に向けた対策を議論して初めて意味があるのです。これが「上手に活用できている」レベルです。

　第三が「社長（経営者）が理解・活用しているか」です。せっかく KPI を設定し、定期的に分析・評価しても経営トップが、その意味を理解していなければ経営として成り立ちません。よく「俺は財務が苦手なので経理部長に任せている」といった発言をする経営者がいますが、それでは最大の資金調達先である金融機関からの信頼も得られないし、そもそも経営改善も覚束ないことになります。経営を行う以上、自社の実績や原因分析を数字的に行う必要があります。ましてや地域を担う立場にある企業であれば、社長自身が一定の財務知識を持たなければ企業を成長させることなどできないはずです。本問は、決算報告や半期報告での社長の姿勢や説明を聞けば、すぐに判ることです。

【問 7】収益構造に問題を抱えていないか。コスト管理力はあるか。固定費・変動費構造に耐性はあるか

　財務でもっとも重要な要素が「収益構造」です。単純に言えば、売上に関する要素、経費に関する要素です。製品やサービスに付加価値があり、市場での差別化が明確に出来ていれば「利幅を伴った売上」が自然とできるでしょう。また、高い生産効率や原価管理、費用対効果を数字で把握できていれば、利幅を確保できるだけでなく、環境変化に強いコスト構造作りに取り組むことができます。近年のコロナ禍において、人流制限による売上急減が起こった際には、固定費比率の高い業種や企業は非常に苦労しました。あらためて、限界費用、変動費比率に着眼した「不況に強いコスト構造」がクローズアップされたといえましょう。

　本問でいう「収益構造の問題」に関しては、コロナ影響のような「短期的・一時的」問題ではなく、「長期的・構造的」問題を問うています。あくまでサスティナビリティの視点にたって考えることが大事だという考え方です。そういった意味で「過去 10 年間から現在に至る趨勢（トレンド）のなかで見える課題」、そして「今後 5 年先を見据えたときに想定される課題」という視点で検証することを推奨します。

前者の「過去10年間」で言えば、じりじりと「売上高が低下」「粗利益率が低下」している場合を想定して考えてみます。売上低下が続いているとすれば、商品／サービス別に踏み込んで分析する必要があります。商品力の低下、ブランド力の低下、新商品の投入不調等が考えられ、企業として「マーケティング」「商品政策」「営業政策」等を問われることになります。「粗利益率の低下」という場合には、同様の原因に加えて「諸コスト上昇」「生産性悪化」など製造現場や調達問題、人件費問題を考える必要があります。

　後者の「向後5年間」で言えば、「環境変化に伴う柔軟性や対応力」が損益構造にあるか、が問われます。例えば、市場ニーズの変化が想定されるなかで「商品／サービスの開発力」が弱く、新製品等がまったく投入できていない、あるいは投入しているが競争力がない、といった状態では未来を切り拓くことができません。あるいは「固定費」比率の高い損益構造、「少品種大量生産タイプの工場」でメイン商品が落ちているなかで、新たな設備投資やライン組み換えをしないと変化対応できない、といったような場合には、製造ラインの再構成を検討することになります。

　このように「過去10年」「向後5年」といった長期的かつ構造的な問題に着眼して「損益構造の課題」を検証することで、当社のコスト管理力や固定費・変動費割合などを分析することにつながり、同時に「持続性のある収益構造」になっているかをみることができるのです。

　本問に関して「水準を満たしている」という判断基準は、①過去のトレンドで大きな問題がない、②商品の競争力やコスト管理力からみて今後も大きなリスクは想定されない（変化に対応していける）、という2点を充足することです。強い「損益構造」を備えていることは、会社の総合力が高いということに他なりません。常に市場と向き合い、顧客と向き合い、そのニーズに適合した商品を投入し続けること。常に生産性や品質を高めるための努力を怠らないこと。これらを実現するための、マーケティング、人材育成、設備投資、ノウハウ磨き上げなどを行っていること。そういったことが相まって強い損益構造ができるのです。したがって「水準を上回っている」レベルとは、こうした体制が定着し、業界水準を「はるかに超えるような収益力」を長期間維持し続けている状況が想定されます。つまり「強い損益構造を証明し続けている」ということです。

【問8】バランスシートに問題（不良債権・簿外・簿価割れ等）を抱えていないか

　収支マネジメントは中小企業でも行われています。月次決算など、売上や利益管理を中心に「黒字・赤字」の判断は経営の基本だからです。

　一方で「バランスシートマネジメント」を行っている中小企業はまだ多いとはいえないでしょう。もちろん売掛金の回収管理といった個別作業を行っている企業はあると思います。しかし、実際には「バランスシートマネジメント」というより「キャッシュフロー（資金繰り）マネジメント」の側面が強いのではないでしょうか。

　経営の高度化を図るうえで「安全性・効率性・流動性・均衡性」といった観点で「バランスシートマネジメント」を行うことが不可欠です。本問は「バランスシート」のチェックを行いつつ、中小企業のバランスシートマネジメントを促す意図をもった項目です。ここで大事なことは「短期的・一時的」問題なのか、「長期的・構造的」問題なのか、そして企業に与える「影響」の大小を分析することです。サスティナブル診断は「中小企業の持続性」「持続的な成長」を促進するためのものなので、出来るだけ「構造問題に切り込む」ことが重要です。

　バランスシートがなぜ重要かと言うと「会社の事業は、会社の資産を活用して行う」からです。例えば、いざというときに「帳簿上100あった在庫が、実際には10しかない」となれば、販売に大きな影響を与えます。「本来100あれば十分に商売できるのに、実際の在庫が300あって資金負担が重くなっている」となれば、資産効率が悪いという話です。あるいは「遊休地100を売却して借入金返済に充当しようとしたら全く売れない（価値0＝流動性のない）土地だった」となれば、資金調達に問題を生じます。このように、バランスシートマネジメントは、事業に大きな影響を与えるだけでなく、資金繰りや財務指標の悪化などいろいろなところに関わるテーマなのです。それでは、どんなマネジメントが期待されるのでしょうか。

　第一が「安全性」で、簿価を実際の価値が下回っていないか、という観点でみます。下回っている場合に、どの程度の価値になるのか、毀損の程度はどのくらいか、ということです。ここで重要なことは「長期的な視点」で見た場合に、影響が大きい科目は何かということです。言い方を換えれば「企業の持続性に支障を来す要素」は何か、です。さらには「その毀損原因は何か」です。

　例えば、売掛金の3割が固定化（回収できない状態）している。しかも逓増している。内容を吟味すると回収見込みが立たない状況にある。こんなケース

を考えてみます。その要因を探ってみると、「売上拡大」を指向する営業方針の下で、売ることには熱心だが「回収は放置」されている営業実態がありました。ここでの安全性低下は「構造問題」であり、放置しておけば「長期的に資産の悪化が続く」ことを意味します。逆に、こんなケースもあります。売掛金の1割が焦げ付いてしまった。しかし、この売掛先企業について5年来マークしているので、順次「売上を絞る」対応により「2割⇒1割」にシェアダウンを図っていた。しかも「引当金の積み増し」や「倒産防止共済の積立増額」など、不測の事態にも準備をしている。売掛金1割の処分は痛いが、準備万端であり、構造的には「リスクマネジメントの高さ」が伺える内容となっています。このように「安全性」を判断する場合に、表面的な金額だけでなく、その要因や対応を分析することで「構造的」な問題を把握することができるのです。あくまで「持続性」の観点から分析するのです。

　第二の「効率性」も近年重視されています。例えば、総資産営業利益率（ROA）といった財務指標は、事業に活用されていない資産が多いほど「低下」します。資産を効率的に活用して、収益を上げる構造を作り上げることが求められているのです。その背景に「資金調達」問題があります。事業資産は、貸借対照表の右側（借方）をみれば分かるように、必ず「資金調達」を伴います。資産が膨らめば、調達も膨らむことになります。中小企業の場合、調達は銀行借入が中心になるので、金利負担はもちろん調達限度に達していないかという視点でも考えなくてはなりません。

　中小企業では「流動資産」、特に「売掛金・在庫」といった営業資産に対する見直しが進んでおり、近年このような営業資産の回転率は好転する傾向にあります。一方で、固定資産の見直しはまだこれからといった印象があります。例えば、工場が都市部にある場合に、騒音悪臭などの「苦情問題」の発生が懸念されますが、「収益効率の高い土地活用」という観点でみれば、郊外に工場を移転して、工場跡地は商業ビルを建設するといった考え方もあるわけです。有形固定資産や投資資産が「効率的に活用されているか」といった視点は、まさに「長期的かつ構造的視点」です。もちろん「CCC（キャッシュ・コンバージョン・サイクル）」といった観点から、営業資産の効率性についても「構造的（マネジメントの仕方）」に最適化されているかという点を検証するといいでしょう。

　第三の「流動性」はマネジメントの基本です。資産を保有する理由のひとつに「必要なときに処分して資金化する」ことがあります。教科書に「流動比率は100％超が望ましい」などと書かれている背景には、流動性確保の重要性という観点があるからです。経営者によっては「資産効率は無視しても、流動性

を高める観点から売上高の6か月分を普通預金でもつ」という方針を掲げている場合があります。このように「流動性」に関しても「構造（考え方）」をみることがサスティナビリティの観点からは重要です。

第四の「均衡性」は、資産負債のバランスです。例えば、固定資産が大きいのに、その調達を短期借入で賄っているとすれば「運用と調達の期間ミスマッチ」を生じます。固定長期適合率といった指標があるように、資産と調達の期間のバランスを取ることは安心して経営を行ううえで欠かせません。また、自己資本比率が高い企業において、資産運用の大層が定期預金で行われているといった場合に、収益面のみならず「成長戦略として投資をどう考えているのか」という、安全性や成長性のバランスを資産面から見ることも必要です。

本問の「水準を満たしている」の判断基準は、上記4点に関して「構造的な問題が見られない」ことです。ただし、経営の質を高め「持続性の高い企業」になってもらうためには、継続的なマネジメント力向上が求められるので、建設的対話においてバランスシートマネジメントについて議論を深めることが大事です。「水準を上回っている」ケースは、バランスシートマネジメントが「経営に組み込まれている（取締役会で評価され施策に反映され、数字的にも改善している）」ことが明確で、関連財務指標も良好な水準を継続して維持・向上しているレベルを想定しています。

【問9】キャッシュフローマネジメントはできているか。問題を生じていないか

財務において「収支マネジメント（損益管理）」「バランスシートマネジメント」「キャッシュフローマネジメント」は基本となる3本柱です。ただし、中小企業の場合は「キャッシュフロー計算書」の作成が義務付けられていないこともあり、キャッシュフローマネジメントのレベルは十分とはいえないと感じています。そういった意味で、本問は経営の質を高める観点から「キャッシュフローマネジメント」について議論してもらう意図があります。

キャッシュフローの創出力は「企業価値評価（バリュエーション）」と直結する問題です。事業承継の6割超が親族外承継となるなかで、M&Aの機会も今後さらに増加することが予想されます。あるいは、成長性や収益性を図る共通基準としてキャッシュフローの推移や創出力に対する関心が高まることが想定されます。そういった意味でも、キャッシュフローを意識した経営を指向することは「企業価値向上」や「持続性の高い企業作り」をするうえで重要な観点となるのです。

本問の「水準を満たしている」レベル判断は、①全体のバランスがどうか、②営業CFの創出状況はどうか、③投資方針（計画）と営業CF／財務CFのバランスがどうか、④マネジメントのレベルはどうか、の4点からチェックするといいでしょう。

　第一の「全体バランス」とは、営業CF・投資CF・財務CFの3部門が、バランスの取れた構成になっているか、という観点でみます。このバランスについては単年度で見るのではなく、例えば10年単位といった「長期的な趨勢」でチェックします。例えば、数年にわたって「営業CFがマイナス」「投資CFもマイナス」「財務CFはプラス」が継続しているようなケースを考えます。営業CFがマイナスという状態は「商売がうまく行っていない」証左です。また「投資CFがマイナス」かつ「継続している」ということは、何らかの手を打とうとして設備投資等を毎年行っていることを示しています。しかも資金は「財務CFプラス」＝借金＝で賄っています。つまり、商売がうまく行かない状態のなかで、あれこれ策を打って投資もしているが、商売が改善することなく借金だけが増加している状態を示しています。これは「極めてバランスが悪い」状態です。キャッシュフローの3部門のバランスを長期的スパンで見ることで「構造的な問題がないか」を検証するのです。前述の例で言えば、こうした状況を招いている原因は経営にありますので、方針転換を図る、別途の再建策を検討する、といったことが求められます。

　第二の「営業CFの創出状況」は、営業のエンジンがしっかり機能しているか、という視点です。企業で最も大事なことは「本業でキャッシュを創出する」ことです。これが全ての基本です。したがって、営業CFが芳しくない状況は「本業で利益が出ていない」「回収・支払の管理が悪い」ことを示しているので、経営そのものを問われる事態です。しかも長期的な趨勢なので「構造問題」化していることになります。

　第三の「投資方針（計画）と営業CF／財務CFのバランス」は、設備投資の在り方を問うものです。設備投資は「将来への投資」なので、企業活動に欠かせません。一方で、「投資」をする以上は、近い将来において「営業CFが増加する」ことが不可欠です。将来のCFの増加を企図して行う投資がキャッシュを生まないのでは、投資の回収さえも覚束ないことになります。また、設備投資には借金が伴うことが通常ですが、問題は調達原資の構成に「自己資金」を一定割合投入しているのか、数年後から財務CFはマイナス（借金返済）に向かうのか、というバランスです。これも単年度で判断するというよりは、数年を見て判断します。一番大事なことは「投資計画（方針）」が、こうした点を考慮して作成されているか、場当たり的な投資になっていないか、をチェッ

クすることにあります。

　第四の「マネジメント状況」は、そもそもキャッシュフロー経営の観点を
もって管理しているか、「CF計算書」を作成するなど体制整備を行っているか、
という観点です。キャッシュフロー経営とは、キャッシュの創出を重視する経
営の在り方です。黒字倒産という言葉があるように、会計上黒字でも「銭足ら
ず」という事案は起こり得るのです。手元にしっかりとキャッシュが残るよう
な経営を心掛けているかという「経営方針」の有無が第一の課題です。次に、
文字通り「マジメントの有無」、管理体制があるかです。実際にCF計算書等
を作成して、定期的にキャッシュの効率化やバランス改善を行っているような
管理体制があれば、マネジメントができている状態といってよいでしょう。

　本問において「水準を満たしている」判定基準は、上記４つの観点に関して
「特に問題のない」状況、「実施されている」状況があることです。ただし、冒
頭の通り、中小企業ではまだキャッシュフローマネジメントは道半ばの状態で
あり、４つをクリアする企業は少ないと思います。それはそれで改善につなげ
ることが「診断項目」設定の企図ですので、建設的対話で啓蒙していただけれ
ばよいと思います。

　「水準を上回っている」基準は、４つの観点がマネジメントとして「経営」
にしっかり組み込まれ、KPI（重要業績指標）の設定・活用といった形で具体
的な成果目標があり、マネジメントのPDCAが明確に廻っていること、つま
り「良好なキャッシュフロー経営を実現しているケース」を想定しています。

【問10】 付加価値労働生産性は右肩上がりのトレンドにあるか

　中小企業にとって「付加価値労働生産性（付加価値額÷社員数）」の改善は
長年の宿題です。バブル崩壊以後、平均的な中小企業は、30年以上の時間を使っ
てもバブル前の水準をクリアすることができませんでした。付加価値労働生産
性（以下、「労働生産性」とします）を改善することは、中小企業最大の課題
といっていいでしょう。

　中小企業が「労働生産性」を改善する意義は、４つあると考えています。

　第一が「儲けの底力が強化される」ことです。労働生産性を改善するために
は付加価値額を増加させる必要があるので「収益率の改善」が必要です。一時
的でなく、継続性のある収益率改善のためには「収益構造」の見直しが必要で
あり、これが「底力」をつけるエンジンになるのです。

　第二は「根拠をもった社員の処遇改善」です。生産労働人口の減少や働き方
改革の必要性に鑑みれば「社員の処遇改善（所得改善・労働時間改善）」が不

可欠であり、人手の確保や定着率改善にも貢献できます。例えば、所得改善を「労働分配率の引き上げ」のみで対応することには限界があります。タコ足配当と同様に、原資が増えないのに給与だけ引き上げても継続性に乏しいからです。やはり「労働生産性を継続的に高める体制を作る」ことで「根拠」をもって処遇改善を行う必要があります。

　第三は「投資や研究・開発を行う資金確保」です。不透明な時代だからこそ「新機軸（イノベーション）」が必要です。そうした新機軸創出のための投資や研究開発には資金が必要です。この種の資金を「借入金」で対応することはリスクが大きく、可能な限り「自己資金」から捻出したいところです。そういった意味で付加価値額を上げることは、研究開発のための自己資金の確保にもつながります。

　第四は「経営の高度化」です。不透明な時代に「付加価値額」を上げることは簡単ではありません。効率化促進、人材投資（教育）、差別化戦略など様々な取り組みが必要です。労働生産性を上げることは、種々の創意工夫を重ねることを意味し、それらが「経営の高度化」につながるのです。

　少し説明が長くなりましたが、労働生産性の継続的改善を「財務の診断項目」に組み込んだ理由をご理解いただけたと思います。この項目において「水準を満たしている」の判定基準は「継続的に労働生産性が改善されている」ことです。「継続的」の期間については、最低3年は欲しいところです。さらに「水準を上回っている」という場合には「5年以上の継続」と「同規模企業の平均水準超（労働統計要覧で従業員数規模別に算出可能）」を想定しています。

【問11】　グループ会社、海外部門がある場合に、財務管理を適切に行っているか

　本問は、グループ会社や海外拠点（含む海外現地法人）を保有する企業に対する診断項目になります。したがって単体企業の場合は除外して構いません（総合評価を判定する場合は3点減じた基準で判定します）。

　中小企業においても「関係会社」を保有する場合が少なくありません。例えば「支店機能」を関係会社が担うケース、「製造部門」「購買部門」を子会社が担うケース、「持ち株会社」の下で複数の部門がぶら下がるケースなど様々です。

　このような関係会社をもつ企業グループにおける「財務管理の状況」をチェックすることが本問の企図です。筆者の経験則からすると、グループ企業全体の財務管理が完璧に出来ているケースは多いとはいえません。特に、海外拠点において「そもそも正確な帳簿・会計」が行われているか、本社に監査機

能があるか、という点で問題が多いと考えています。意外に思われるかもしれませんが、自社グループであっても海外拠点の財務把握・実態把握は簡単ではないのです。そもそも少人数体制の中小企業において、海外拠点に人材を派遣する場合、工場であれば技術系の人材を派遣します。経理に関しては基本的に現地に任せ、半期ごとに経理部長が監査に行くといった形態が多く、必ずしも「本社と同レベル」でマネジメント出来ていないと考えるべきです。

また、国内のグループ会社管理も、会社数の多寡や本社経理部門の体制等に影響を受けることもあり、しっかりとした連結決算を作成しているレベル、簡易な合算調整レベル、特に作っていないレベルと様々です。また、決算月が異なるとグループ間取引の実態が見えにくくなり、それを決算の調整弁に使うようなケースもありうることから、関係会社を含む全体像の把握は簡単ではありません。

本問は「金融機関への情報開示レベル」を参考に判断します。「水準を満たしている」と判断する場合には、個社毎の会社概況や財務諸表に加えて、最低限「単純合算レベル」での「グループ連結財務諸表」が作成されていることが必要です。その場合、加減の調整理由等まで明示していれば、なお分かりやすい情報開示ということがいえます。「水準を上回っている」レベルは、①システムの統合などにより、ある程度リアルに近い形で子会社の実態把握が可能な状況、②連結決算書の作成、③本社による監査体制と監査精度（監査法人監査、地場専門コンサルの関与等）が良好である、等を充足する場合を想定しています。

【問12】 資金調達力は十分か（調達方針、調達余力、金融機関との関係、事業性評価の有無）

資金調達は財務における重要なテーマです。「資金調達力」と企業の持続性や成長性には大きな関連があります。ここでは、長期的かつ構造的な観点で「資金調達」に関する当社の力を診断します。

診断の観点としては、①当社の資金調達に対する考え方（方針）、②調達余力、③金融機関との関係性、④事業性評価の有無、⑤プロジェクトに関する企画推進力、の5点で判断します。

第一の「調達方針・考え方」は、当社が自身の資金調達力や調達方法をどのように考えているかです。例えば「正常運転資金は信用貸しで対応してもらう」「設備投資に関しては当該関連施設に限定して入担する」「入担条件や過去の実績に基づいて同程度のクレジットラインを期待する」「新規PJはそのPJの収

益を返済原資とし、担保も当該物件に限定する」等々です。

通常の中小企業は「現在の担保や保証条件に基づき既往実績内の融資額を期待」「新たな設備投資に関しては当該物件を入担し、返済はコーポレートで対応」といった形態が多いと思います。また、大型投資ではシンジケートローンのように担保物件を紐づけして対応する場合もあります。この問いの意図は「場当たり的ではなく、当社自身の調達実績や調達力を踏まえて、自社に有利な調達の方法を考えている」「金融機関にとって応諾しやすく、かつ支援の得やすい手段を考えている」といった方針や計画を持っていることです。こうした考え方の有無で、金融機関との交渉や対応の方法も変わってくるので、極力合理性があって金融機関の納得を得やすい方針が必要です。

第二の調達余力は、「担保余力」「未利用の空枠」「財務評価からみた調達余力」といった観点です。これも状況が変われば余力があるとは言えなくなる可能性があります。しかし、こうした自社のクレジットラインを普段から考えておくことで、資金調達に関する「難易度」も明らかになります。一種の準備体操的な観点ですが、円滑な資金調達を考えるうえでは「保険的な要素」も踏まえて考えておくに越したことはないのです。

第三は「金融機関との関係性」です。ある意味では評価者側が当社をどう見ているか、ということでもあります。中小企業の場合、金融機関と個別交渉して資金調達をするので、良好な関係を築くことが資金調達に影響します。例えば、「情報開示の程度」「コミュニケーションの濃淡」「トップ同士の会談」「事業性評価の有無」「取引の歴史」等によって金融機関の取引先に対する信頼は違うものです。金融機関に阿る必要はまったくありませんが、良きパートナーシップをどう築くかという視点をもった企業は、自然に信頼度も高まるのです。何か大きな資金調達や後ろ向きの資金調達が必要になった場合でも、真摯に耳を傾け、親身に助言や融資対応をしてもらうためにも、良好な関係を構築する必要があります。

第四は「事業性評価の有無」です。金融機関では近時「事業性評価」に力を入れており、これがリレバンのベースになっています。事業性評価を実施している取引先であれば、財務的評価以外の非財務的な要素を見てもらえるはずです。企業の将来は「非財務的な要素」である経営資源や強み弱み、ノウハウなどケイパビリティの側面から生み出されるので、しっかりとした事業性評価の実施対象企業であれば「金融機関の事業性理解も深い」ので、資金調達の面でもプラスになると考えられます。

第五は「プロジェクト企画推進力」です。これは大型の設備投資を行う場合や、不動産業・倉庫業・船舶業など多額の投資が必要となる企業において特に

重要です。この種の案件は「プロジェクト内容」が重視され、「担保・返済原資もプロジェクトに限定」されることが大半です。つまり、そもそもプロジェクトの企画力・組成力が高い企業は「リスクも低減」される（＝失敗するリスクが低い）ので、金融機関も対応しやすくなります。また、企画だけでなく、遂行能力や管理力が高い企業であれば、プロジェクトに関する一定の不確実性をカバーすることができます。これも調達を決断するうえでの加点材料になります。

　本問の「水準を満たしている」判定基準は、①〜⑤について基本的な問題がないと判断できることです。資金調達に関しては、時の金融情勢、景気動向、当社の業績内容、申込み資金の内容など「変数」が多いので、確定的な判断が難しいと思います。しかし、①〜⑤のような「基礎」を備えている企業であれば、環境に応じた適切な調達交渉が可能なので「調達力あり」と判断してよいと思います。

　サスティナブルファイナンスの領域では、今後「脱炭素」が大きなテーマとなり、その移行資金や物理的リスクへの対応のための設備投資など多額の資金調達が課題になります。金融機関でも、グリーンボンドなどの名称で環境対応投資への支援を強化するはずです。そうした中にあって、①〜⑤の条件は「基礎力」として不可欠な要素です。本問は、そうした観点も踏まえて、建設的対話のテーマとして相互理解を高めることを期待するものです。

4-3-3.　ビジネスフィージビリティ
　企業の持続性や成長性を高めるためには「ビジネスモデルの強化」「サプライチェーンのなかでの存在感アップ」「競争優位をもたらす経営資源、差別化要素」「将来に向けた経営戦略」等が重要です。持続性の高い事業・ビジネスモデルを実現するうえで「必要な要素」を診断することが本項の目的です。

【問13】ビジネスモデルに特長があるか。商品／サービスに競争力が認められるか

　ビジネスモデルを簡単にいうと「儲けを出す仕組み」です。企業である以上、「儲け」は持続性の源泉であり、競争力を表象するものです。ビジネスモデルをもう少し詳しく説明すると、「誰をお客様として、どんな商品／サービスを、どんな価格やルート（チャネル）で届けるか」です。

　中小企業のみならず、不確実性の高い時代に「確固たるビジネスモデル」を構築している企業は少ないのではないでしょうか。ビジネスモデルを構築する

うえで大事なことは、第一に「自社の強み」を活かすこと、第二に「他社とは異なる特長（差別化）」を持ったモデルを作ること、です。

　本問では、受診企業のビジネスモデルを再検証することで、持続性を高めるヒントを得ることを企図しています。再検証にあたっては、①お客様（市場）、②商品／サービスの特徴、③価格（プライシング）、④チャネル（物流）、の4点を検証します。

　第一の「お客様（市場）」は、ビジネスモデルを設計するうえで基本になります。誰をお客様にするかで「提供する商品／サービス」「価格」「届け方」は変わります。B to B、B to C など「法人」「個人」によっても対応は変わります。金融の世界でも「業績不振に陥った企業群」の再生（ターンアラウンド）が「未開拓の有望な市場（ブルーオーシャン）になる」といった表現をされることがありました。従来は信用リスクの高い取引先を敬遠する傾向にありましたが、資金需要が低迷し、金利競争が激化するなかで「取引市場の見直し」が行われ、「再生候補企業」を新市場として位置付けたのです。これは一例に過ぎませんが、「お客様（市場）」の設定は「商売の基本」であり、自社が定めた市場に対して、どういった立ち位置（ポジション）を築くかがマーケティングの腕の見せ所でもあります。

　第二の「商品／サービス」は、もっとも付加価値をつけられる部分です。強い「商品／サービス」を持っていれば自然に競争優位に立てるので、儲けも出やすく「強固なビジネスモデル」といえましょう。アップル社の iPhone などは典型かもしれません。一方、明確に差別化可能な「商品／サービス」を持つことは簡単ではありません。中小企業の多くが「圧倒的な差別化商品」で勝負するというよりは、付随する要素（総合力）を含めて「僅かな差」で勝つビジネスモデルではないかと思います。そういった点で「僅差」の付加価値を見出すことが重要です。

　第三の「価格（プライシング）」も重要な要素です。ここ十数年のデフレ経済下で、企業のプラシングの自由度はかなり低下し、儲けや付加価値を生みにくい状況が続いています。この「値付け」においても、「どんな市場」で「どんな客層」を選択して、どんな「立ち位置（ポジション）」でビジネスを設計するかで「方法」は変わります。商品／サービスに大きな差がない場合は、どうしても価格競争に陥ることが多く、価格決定権を持てないことが多いのが実情です。逆に価格決定権があるとすれば、その背景に「商品等の特長」が隠されているともいえるでしょう。価格は「利幅」を決める要因にもなります。そういった意味で、立ち位置を含めて価格決定権を持てるようなビジネスモデルが設計できれば、強固なモデルということができるのです。

　第四の「チャネル」は、実際に買う人に「モノを届ける方法」です。アマゾンのビジネスモデルにおいて「物流」が大きな強みになっているのはご存知の通りです。同じ商品であっても、物流を巧みに組み立てることで「早く安く届く」といった強みを構築することができます。そういった意味で、物流の組み立てもビジネスモデルの大きな要素として検証する必要があります。

　本問において「水準を満たしている」判定基準は、①～④いずれかに「特長」が認められることです。その「特長（付加価値）」を深堀りすることで、ビジネスモデルの「強さ」や「柔軟性」を知ることができます。建設的対話を行ううえで「ビジネスモデルにどんな付加価値があるか」「それは強固なものか、脆弱なものか」を議論することで、ビジネスモデルの「補強」や「再構築」につなげる狙いがあります。「水準を上回っている」判断基準は、①～④のいずれかにおいて「高い付加価値」をもっていて、そう簡単には崩れそうもないようなケースを想定しています。

【問14】 サプライチェーンのなかで一定の存在感があるか。付加価値は低下していないか

　中小企業の多くが「何らかのサプライチェーン（供給網）」に組み込まれています。自動車産業は極めて分かりやすい事例で、トップに君臨するメーカーの下に「複層」の部品製造業が並び、材料を供給する企業あり、物流や販売を担う企業あり、といったピラミッド構造を作っています。さらには、自動車整備業からタイヤやアクセサリーなど販売後のケアをする会社、ガソリンスタンドなど大きなサプライチェーンが形成されています。例えば、自動車部品を製造する「ティア3」に属する中小企業が生き残るためには、当然ながら供給網を形成する一社として「価値」「存在感」を持つことが必要です。「代わりはいくらでもいる」状況であれば、極めて不安定なビジネスといわざるを得ず、持続性や成長性を語ることなどできないといってもいいでしょう。

　そういった意味で、本問のポイントは「サプライチェーン」のなかで「当社ならでは」という存在感を示す「何か」を持っていることを検証することです。例えば、物流を担う「トラック運送業」であれば、極端な話「トラックと運転手」がいれば、どんな企業であってもサービス提供は可能です。しかし、サプライチェーンのなかで「確固たる地位を築いているトラック業者」が必ず存在します。輸送品質の高さ、顧客応答性、GHG（温室効果ガス）排出削減に向けたEV車の導入、コスト競争力、等々のさまざまな要素があります。これを言い換えれば「お客様から見た便益」をいかに数多く提供できるか、という

ことです。サプライチェーンを構成するなかで「お客様から見た便益」が明確であればあるほど「当社ならでは」となりますし、「代わりはいない」ことにもなるのです。

ただし、留意すべきことがあります。それは「付加価値は移ろいやすい」という点です。ある強みが環境変化によって競争力を失い、最悪それが当社の変革を妨げ足かせとなる場合さえある（コア・リジディティと呼ぶことがあります）のです。本書は「持続性」の観点から、常に「長期的視点」「構造的視点」でモノを見ます。そういった意味で、「現在の強み」を明確にするだけでなく、「その強みに継続性はあるか」「徐々に強みが薄れないか」といった視点で検証することを重視しています。

本間に関して「水準を満たしている」判定基準は、前述のような「サプライチェーンにおけるお客様から見た便益」が十分認められることです。そして「その強みを失うリスクは少ない」と判断できることです。さらに「水準を上回っている」基準は、「お客様からみた便益が極めて大きい」ことと、「その存在が失われるとサプライチェーンに大きな痛手が出る」といったケースを想定しています。言い換えれば「かけがえのない存在」になっているということです。

【問15】競争力のある経営資源を持っているか。それらを磨き上げる投資（人材・設備・研究開発・ノウハウ）を継続的に行っているか

本問は「競争力」の源泉となる「経営資源」を確認する項目です。

中小企業であろうが、大企業であろうが、「継続して商売が成り立つ」状態は「一定の競争力を保持」していることを意味します。競争力は「企業の経営資源」から生まれます。したがって、企業の「持続性」を考えるうえで「競争力につながる経営資源」が何かを明確にする意味は大きいものがあります。本問は、企業にあらためて自社の「経営資源」を考えてもらうこと企図しています。

企業が競争力を「維持する」ためには、「強みを鍛錬する」「強みを増強する」「足らざるを補う」といった努力が不可欠です。どんなに環境が変わったとしても、自社が持つ強みや競争力を失うことなく、それを武器に闘っていく以外に、企業が生き延びる術はありません。よって「経営資源」を磨き上げるための「継続的な投資」を行っているか、現状に甘んじていないか、を確認することが、本問の第二の狙いになります。

本問に関しては「経営資源の保有→○」「投資の実施→○」といった表面的

な診断にとどまることなく、具体的な「経営資源の内容」まで追究することが必要です。表面的な○×をつけても建設的対話や戦略の共創に役立たないからです。

　経営資源の追究において「VRIN資源」の観点を用いると発見に役立つでしょう。具体的には、①価値（Valuable）、②希少性（Rare）、③模倣困難性（Inimitable）、④代替不可能（Non-Substitutable）、の4点です。例えば製造業において「匠（マイスター）」といわれる職人を各部門で抱えているようなケースでは、①高い技術的価値を持った人材が複数いる、②しかも各部門に配置されている希少性、③そう簡単に「匠」は育たないというなかで複数名が存在するという模倣困難性、④このような企業を他で探すことは難しい（代替不可能）、といったことを考えると「すべて充当」しているケースと考えられます。

　本問の第一基準に関する「水準を満たしている」判定基準は、①〜④のすべて充当する必要はありませんが、①を前提として、②〜④のいずれかを充足することが条件と考えています。価値があって、プラス希少性・模倣困難性・代替不可能のいずれかをもっていれば「競争力のある経営資源」と判断できるからです。「経営資源」には、人材・設備・資金・知的資産ノウハウ・情報・時間など様々なものがあると言われていますが、人材・知的資産（特許・商標など）・無形資産（ノウハウ・技術・マニュアル・システム・業務設計・ネットワーク・組織風土など）・設備（機械、生産ライン、旅館の内装設備外観など）・情報（収集力・分析力）などケイパビリティとして「未来を作るために役立つもの」という視点で考えるとわかりやすいと思います。第一基準の「水準を上回っている」基準としては、①〜④のレベルが高く、誰が見ても「すごい」と思えるようなケースが考えられます。前述の例もそうですが、従業員や組織風土の独創性・挑戦性などは「未来を作る」うえで大きな力になることは間違いないでしょう。

　次に第二基準の「継続的投資」ですが、これは文字通り「継続して強みを磨く投資を行っている」ことです。これが出来ていれば「水準を満たしている」と判断できます。かつ「後進が育っている」「新たな技術が生まれている」といった「付加部分」が生まれていることが着眼点として重要だと思います。継続的投資は「現状維持」のためだけでなく、ブラッシュアップという観点で行うものだからです。第二基準に関する「水準を上回っている」判断は、「弱みを強みに変えるような投資」「強みを一段階上げる投資」といったケースを想定しています。

【問 16】 システムの導入・整備状況は十分か。システム投資に対する方針や計画はあるか

　システムは「経営の高度化」「生産や業務の効率化」「品質の向上」などに不可欠な要素であり、クラウド等によるコスト低下もあって導入が容易になった現在、システムを有効に活用することが競争力を決定する大きな要因になっています。本問では「システムをどんな領域において、どんな目的で導入しているか」「活用のレベルや成果はどの程度あるか」といった点をまず確認します。

　第一の「導入領域と目的」では、経理・営業・業務・生産・物流・品質など様々な自社の業務領域が想定されます。さらには、それらを「統合」して「一元管理やシステム連携」ができる形に高度化している場合もあるでしょう。導入目的としては「業務改善」「事業強化や開発」「経営高度化」等が想定されます。業務改善では「生産性向上」「品質管理向上」「全体の統制強化」、事業強化や開発においては「顧客満足度の向上」「マーケティング強化」「研究開発」「設計」、経営の高度化では「業務データの活用」「経営成績の見える化」「情報共有・連携」などが考えられます。

　第二の「活用レベルと成果」では、工場に「IoT」を導入することで生産管理が1割向上できたとか、苦情該当性を効率的に判断するために「AI」を導入して自動抽出を行う体制を築いた、結果「顧客対応」をきめ細かくすることができるようになり顧客満足度が2割改善した、といった様々なケースが想定されます。「活用レベル」に関してはシステム自体が優れたシステムである、自社開発して独自性がある、といったケースもあれば、「一般に売られているシステム（例：Office）」ではあるが「使い方が上手」で成果が具体的に上がっている、といったケースも中小企業の場合大事だと思います。

　本問の後半部にある「システム投資に関する方針・計画」については、文書として明文化している中小企業は少ないと思います。例えば「年次計画」のなかで「今年度は、経理・営業・生産と別々のソフトで対応していたが、これらのデータ連携ができるように「統合」を進める」といったような記載でも十分です。あるいは、社長やシステムを担当している総務部長等の話を聞いて「方針・計画」が分かれば形式を問うことはしません。

　システム方針や計画があるということは、システムを「経営に活かす姿勢」が明確で、それが具体的に実行に移される見込みが高いということです。また、計画があるということは全体像を考えている場合が多いので、課題も整理されている可能性が高いことを意味します。本問全体を通して確認したいことは、「攻め」「守り」を問わず、システムを積極的に活用して、当社の仕事のレベル

や判断のレベルを上げようとしている姿勢です。このテーマに関しては、金融機関・支援機関とも大きな関心をもって検証すべきです。それほど会社の競争力に影響を与えるテーマです。

さて、本問に関して「水準を満たしている」の判断基準は、①3領域（経理・人事・営業・生産など）以上でシステムを利用していること、②導入目的（改善・強化・高度化）に即した一定の成果が出ていること、③今後ともシステム利活用や投資を進める見込みであること、の3点を満たす場合です。また、①に関しては「自社のホームページをもっている」ことは必須条件だと考えています。ホームページを持たない企業がシステム利用について合格水準とはいえないという考え方です。さらに「一定の成果」については、解釈の幅が出ることは致し方ないところです。これはヒアリングを通して実態から判断する以外にないと考えています。「水準を上回っている」レベルは「明らかにシステムが武器になっている」「同業他社ではない独自性がある」「AI／IoT／ドローンなどを活用して高度な業務設計や情報収集ができている」といったイメージです。ある意味で、DX（デジタルトランスフォーメーション）のレベルに達している状況です。

【問17】顧客基盤を含めた十分な「関係資産」をもっているか、パートナーシップの構築を積極的に行っているか。地域と良好な関係にあるか

本問は、無形資産（インタンジブル）のうち「関係資産」に着眼した項目です。関係者（ネットワーク資産）には、「顧客」「ビジネスパートナー（協力先・連携先・支援先）」「地域社会」の3者を想定しています。この質問を設定した意図は、自社のビジネスの持続性を高めるうえで「ステークホルダー」との関係強化、良好な関係構築が不可欠だからです。

第一の「顧客」は中核的なステークホルダーです。顧客なしに糧を得ることはできず、事業を成り立たすことは不可能です。世の企業は、いかに優良な顧客基盤を構築するかで頭を悩ませています。そして、良い顧客層を維持・継続するために、様々な取り組みや事後フォローを行っています。また、新規顧客の開拓が営業の大きな仕事であることはご承知の通りです。基盤の新陳代謝を図ることは時代の変化に対応する意味もあるからです。

第二の「ビジネスパートナー」も事業の維持・発展・強化に不可欠の存在です。「仕入先」「下請け・協力業者」「物流業者」「共同開発・研究者」「販売協力先」「技術支援者」「税理士・弁護士・弁理士・社会保険労務士」「システムベンダー」「金融機関」「支援機関」などキリがないほどです。これらの先とい

かに Win-Win の関係を作れるか、資源補完を行えるか、が自社の事業の付加価値を高めることにつながります。また、「事業性評価」の観点に立った場合に、インタンジブルである「関係資産」は「強み」として評価しうる部分です。極端な例かもしれませんが、自動車メーカーが作り上げたピラミッド構造のサプライチェーン全体を評価すれば、非常に稀な「VRIN 的関係資産」ということができると思います。

第三の「地域社会」と良好な関係を築き、納税・雇用・購買など様々な形で貢献することが、持続性を高めることにつながります。地元から嫌われてしまえば円滑な事業継続などできるはずがありません。騒音・悪臭・汚染などの公害、物流関係の待機自動車の道路占拠や交通事故、など住民から大きな苦情が出れば、事業を続けることさえ難しくなる場合があります。逆に、街づくりや各種イベントへの協力、ボランティア活動、経済団体への参加・牽引といった貢献が顕著であれば、地域からリスペクトを受けて「地元貢献度の高い企業」といったブランドを得ることも可能です。そういった意味で、地域社会との関係性を軽視することはできません。

本問で「水準を満たしている」判定基準は、この3つの観点に関して「良好な関係を構築している」と判断できることです。しかし「良好」は抽象的で解釈の幅が出やすい基準です。そこで、出来るだけエビデンスを以て判断することが大事です。エビデンスとは「具体的な事例」です。例えば、B to C 企業であれば「ファンクラブ」を作って「特典」「新商品情報」などを提供し、会員数が増加し売上貢献が大きいといった事例です。あるいは新規事業を行うために、共同開発や販売ルートを強化するための「提携先」を作り、そのネットワークが奏功して事業が軌道に乗ったという場合もあるでしょう。要は具体的な事例で「良し悪し」の判断をするのです。

加えて「長期的な視点・構造的な視点」からみて、「太い関係」になっているか、「発展性のある関係」になっているか、を検証するといいでしょう。「太さ」は、信頼関係の深さ、成果の大きさ、取引量の大きさ、共創の状況など様々な観点で測ることができます。

本問は、いま保有する「関係資産」が、当社の持続性や企業価値向上という「未来」に向かってどう貢献するものかを知るためのものなので、こうした視点から3つのステークホルダーとの関係性を考えることが重要です。

4-3-4. リスクマネジメント＆レジリアンス

持続可能性を高めるうえで「リスクマネジメント」を欠かすことはできません。また、自然災害など大きな危機に直面し、事業停止を余儀なくされた場合

等に、早期に事業復旧を行う「強靭性（レジリアンス）」も重要な要素といえ
ましょう。

　大企業に比して体力や経営資源が限られる中小企業にとって「致命傷を負わ
ない」こと、被害にあっても「早期に回復させる」こと、こうした「リスクマ
ネジメント力」と「レジリアンス性」に関して本項で確認します。

【問18】　リスクマップの作成、BCP におけるリスク評価、SDGs／ESG と自社業務のマッピング（紐づけ）等の方法を通じて、自社の「リスク」を明確にしているか

　本問は、リスクマネジメントの基本である「リスクの洗い出し」「リスクの
明確化」を問うものです。リスクマネジメントの第一歩は「リスクの見える化」
です。それが出来ていなければ「予防」「発生時対応」「事後対応」を検討する
こともできません。自社にとって、どんなリスクが存在するのか、どの程度の
発生頻度が見込まれるのか、どの程度の影響があるのか、を明らかにするから
「どのリスクを優先して対処するか」「どんな対応が求められるか」を検討でき
るのです。これがまさに「リスクマネジメント」です。

　本問に関して「水準を満たしている」判定基準は、「リスクの洗い出し」が
「見える化されている」ことです。この点に関しては、様式は問わないものの
「ペーパー」で作成されていることが求められます。その理由は、社長の頭で
整理されていたとしても、会社全体でリスクが共有されていなければ、具体的
な行動に移すことができないからです。中小企業では BCP（事業継続計画）
の作成が進んできたので、BCP のシナリオ選定の前提として「リスクの洗い
出し」が行われていることが多いと思います。BCP の一環としてリスク洗い
出しがなされ、優先順位が明確になっているのであれば全く問題ありません。
ただし、大地震等の「天災」中心のシナリオ造成が多かったので、SDGs／
ESG の視点まで網羅した幅広い範囲でリスクの洗い出しを行っているかが重
要なポイントになります。「水準を上回っている」基準は、①発生確率による
順序付け、影響度の数値化など「見える化」の精度が高いこと、②洗い出しに
基づいて「対応策の優先順序」が明確かつ計画されていること、この2点が充
足されているようなケースを想定しています。

【問 19】 BCP（事業継続計画）が策定され、毎年バージョンアップが行われているか。復旧力は認められるか

　リスクの洗い出し、対応の優先順序が明確になっていれば、次のステップはそれに基づいて「予防・事前準備」「発生時の緊急対応」「事後対応」といった復旧・正常化への手段・方法が策定されていることです。具体的には、「BCP（事業継続計画）」が策定されているかです。

　ただし、BCP は「生きたもの」「使えるもの」でなければ意味がありません。そのためには、計画に基づいて「発動訓練」を定期的に実施し、問題点を洗い出し、BCP のバージョンアップに努める必要があります。また、復旧時間が早ければ早いほど「取引先への影響を軽微に抑える」ことができて、営業基盤を失わずに済みます。仕事によって糧が得られることは「従業員の流出を防ぐ」ことにもつながります。そういった意味で、復旧時間を「より早く」できるような工夫をする必要があります。

　本問における「水準を満たしている」判定基準は、①BCP が策定されている、②想定復旧時間が妥当なものである、③訓練が定期的に行われている、④計画の改定が行われている、⑤復旧時間の短縮など強靭性が増している、の5点を全て満たすことが必要です。⑤は、バージョンアップの証左として入れています。「水準を上回っている」判断基準は、①事業継続性の高さ、②リスクの洗い出しを情勢の変化を踏まえたバージョンアップのレベルが高い、③リスクシナリオを増やしている、④社内への浸透度が高い、といった「有効事例」として評価できるレベルです。不確実性を増す世情にあって、リスクは常に変化しています。「大規模地震」「水害」「インフルエンザ」といったリスクシナリオが多いと思いますが、「システムの停止」「ハラスメント・人権侵害」「材料の価格上昇」「GHG 削減対応」など様々な要因が企業のリスクとして増えています。そういった意味で、定期的にリスクの洗い出しを実施し、自社への影響度を見極め、優先度の高いシナリオに対する対策を用意し、社内に浸透させ、継続的にバージョンアップを図ることが自社を守ることになるのです。

4-3-5. 社会（Social）

　本項は、ESGで言うところの「S（社会）」に関する課題です。SDGsの「People（人）」「Prosperity（繁栄）」「Peace（平和・公正）」等のゴールとも関連するテーマです。

　近年「人権」の問題が世界的にクローズアップされています。英国の現代奴隷法（2015 年）や、欧州タクソノミーフレームワーク規制における「ミニマム・

セーフティガード」としての人権憲章の遵守、そして日本でも人権デューデリがクローズアップされ、経済産業省が「人権尊重ガイドライン（「責任あるサプライチェーン等における人権尊重のためのガイドライン」）」の策定を行っています。またSDGsでも「誰一人取り残さない」という人間に対する尊厳が理念となってゴールやターゲットに反映されています。

　人権は普遍的テーマではありますが、時代背景によって注目度が増したことも事実です。このように「社会的課題」は時代背景や政治的背景などを含めて常に変化するので、固定的にとらえるのではなく、「普遍的に対応する課題」と「時代の変化に応じて対応する課題」を認識する必要があります。本項では、中小企業にとって重要な課題について診断項目としていますが、常に情勢変化を踏まえて見直しすることが求められます。

　また、各項目に対する「判定」は、全体的に難しい面があります。社内制度をはじめ「会社の内情」に関する項目であるため実態の把握が難しいこと、包含する内容が多岐にわたるため包括的に判断せざるを得ないこと、他社との比較が難しいこと、等がその理由です。したがって、結果＝評価区分＝に拘るのではなく、「建設的対話の材料」と捉えて、まずは実態把握に努めるとともに、社内体制の強化のための材料集めと心得ることが大事です。

【問20】経営者の「人権・遵法・不正腐敗防止」を重視する姿勢は明確か

　中小企業において「経営者の存在感や影響度」は極めて大きいので、その価値観や認識は自然に経営に反映されます。そういった意味で、人権等に関する経営者の認識が不十分であれば、そもそも対応が取られないか、取られても表面的形式的なもので終わってしまうリスクがあります。近時、人権・遵法（コンプライアンス）・不正腐敗に関する問題は、発生事案によって「業務停止」にまでつながる重大なものです。したがって、経営者の認識や本気度をしっかりと確認する必要があります。

　確認の方法は簡単ではありません。自己診断を前提とした場合に、本問を「×」と回答する経営者はまずいないでしょう。また「○」が間違っていると言えるだけの情報を取ることも難しいと思います。本問に関する確認の仕方としては「経営者本人へのインタビュー」「従業員への側面調査」「制度や施策の内容」「ステークホルダーの風評」といった方法が考えられます。いずれも時間と手間を要するものですが、本問の重要性に鑑みれば乗り越える必要があります。

　第一の「本人インタビュー」は、①人権・コンプライアンスに関する世の中

の動きをどう受け止めているか、②経営者自身がどう考えているか、③会社の制度や施策にどう反映させているか、を確認します。例えば①に関して「世情は厳し過ぎる」「行き過ぎ」「中小企業だから難しい」といった「本音」が出るとすれば、②の回答如何に関わらず、認識不足という結論になります。また、③について、採用や研修、人事運用、営業体制等に関して「具体的な事例・配慮」が示されないようであれば「口先だけ」という可能性もあります。

第二の「従業員側面調査」は、仰々しく行うというよりも「訪問時のちょっとした雑談」のなかで「最近はハラスメントが世の中で問題になっていますね」といった話題を振ることで当社の状況を聞くといった手法です。ただ、これも行き過ぎると経営者との信頼関係が毀損するので注意が必要です。しかし、社内の実情を見るうえでは有効な方法です。

第三の「制度や施策の内容」については、人事・総務部長といった立場の人に「ハラスメント研修・人権研修の状況」「過重労働等健康管理の状況」「採用上の留意点」といった形で聞くことで対応状況が分かります。

第四の「ステークホルダーの風評」は、業界団体や経済団体など「自然に聞こえてくる」ようなレベルでの確認です。敢えてヒアリングするまでの必要はないでしょう。

本問の「水準を満たしている」判断基準は、前述の観点や調査を通じて「特に問題がない」状況であることです。特に「経営者インタビュー」「社内運用や制度」を中心に見るといいでしょう。「水準を上回っている」基準は、人権DDを実施している、人権イニシアティブなどに参加し積極的に活動している、ISO26000の取得を行っている、社内制度やルールに明確に反映されている、といった「積極性」「具体的な社内への反映」が明確である場合を想定しています。

中小企業においては「改善の余地」が大きい領域であります。また、厳しいビジネス環境のなかで従業員にシワを寄せるといった実態も少なくありません。一方、致命傷を負う可能性のあるデリケートな課題であることから、本診断の結果のみならず、建設的対話において様々な議論ができることを期待しています。

【問21】従業員の満足度や働き甲斐を高めるための具体的な取り組みを行っているか

企業の持続性を高めるためには、従業員の満足度を高め、帰属意識を促し、働き甲斐のある環境を作ることで「活き活きと働いてもらう」ことが一番の方

策です。従業員が虐げられ、悪環境下で不満に満ちている状態であれば、お客様に最高のサービスをしよう、良い製品を作ろう、といった気持ちになるはずがありません。自分自身が会社に満足し、働き甲斐を感じられるからこそ、感謝と貢献の気持ちで「良いパフォーマンスを発揮してくれる」のです。

　そういった意味で、従業員の満足度向上や働き甲斐のある環境（ディーセントワーク）を作ることは「人間の尊厳」「人権の重視」といった社会的課題の解決に貢献することであり、自社の業績や企業価値の向上に直結する取り組みということができます。中小企業では「従業員を家族とみなす」ファミリー経営を重視する企業が数多くありました。そういった意味で、本問の条件を満たす「何らかの土壌」はどの企業にもあると考えられます。一方で、従業員の価値観の多様化、ワークライフバランスの重視、女性の働く意欲の向上、共働きの増加等、従業員の意識や環境は大きく変化しています。したがって、こうした変化を認識したうえで「従業員の満足度」「働き甲斐のある組織風土」「人間関係」「人事制度」「教育制度」等を構築する必要があります。

　本問については「水準を満たしている」判断基準が難しいところです。なぜならば「満足度」「働き甲斐」という、抽象的なもの・内的なものを客観的に測る必要があるからです。「サーベイ」を実施している企業であれば、業界との比較や実績のトレンドなどから「満足度が高い」「満足度が上がっている」「働き甲斐を感じている従業員が多い」といった判断ができます。しかし、そうでない企業について「満足度」「働き甲斐」を証明することはなかなかできないことになります。そういった意味では、診断結果に拘るというよりも、まずは「実態」「理由」を、建設的対話を通じて掘り起こすことが大事ではないでしょうか。言い換えれば、まずは自己診断に任せ、実態把握は対話を通じて行っていくのです。

　本問に関して「幸福度調査」「モラルサーベイ」などを定期的に実施している企業があるとすれば、その事実だけでも「経営者の姿勢」は明確です。そして、サーベイの結果に基づいて、社内制度や運用に何らかの対応策を反映させているのであれば、順次「満足度」「働き甲斐」は上がっていくことが予想できます。実際の事例として、事業承継を機に新社長が定期的にサーベイを実施し、古い体質の改善や従業員の満足度向上に役立てている企業があります。この企業では、課題を優先順序付けて、その対応策を打ち、施策の効果を「サーベイ」の結果で確認するといったPDCAを廻しています。従業員も「サーベイの結果」が、制度や運用に反映されることで「経営者の姿勢」「サーベイの意義」を感じることができます。それが「満足度の向上」につながっています。この事例のような取り組みであれば「水準を上回っている」と判断して差支え

ないでしょう。

【問22】 適切な労務管理・安全衛生管理が行われ、労使関係は良好か

　人権に関する各種イニシアティブや評価機関の評価項目として、「労働者」の雇用環境や雇用条件の「整備」があります。国連グローバルコンパクト10原則においても労働関係が4原則を占めるなど「労働問題」は、世界的な重要課題です。労働環境や雇用に関する課題としては、過重労働や労働災害の予防、健康診断や感染症予防措置、メンタル面への配慮、衛生的な職場環境、時間外手当の適正な支払い、労働組合活動を認める、社会保険等への適正な加入、雇用条件の明示、等々があります。こうした労働者の人権や健康を守ることは企業の「社会的責任」であり、同時に従業員の満足度や働き甲斐を高める「貢献」ともいえるでしょう。

　本問は、かなり広い範囲で労働管理や安全衛生管理の状況を確認する項目となっています。言い換えると「人事部や安全管理部署の仕事はしっかりやれていますか」という立て付けです。したがって、ある程度「網羅的な判断になる」ことは致し方ないと考えています。細かくテーマを設定すれば数限りなく設問数は増えます。それは本書の設計思想と相容れません。本章で想定する一定レベルの中小企業であれば、結局「人事部」「労働安全部」といった部門のパフォーマンスによって労務管理や安全環境の水準は決まるので、乱暴に見えるかもしれませんが「仕事はしっかりやれていますか」という立て付けにしたのです。細かく実態把握をしたい場合には、後述の「サスティナブル診断Ⅱの補足診断」を活用していただきたいと思います。

　労務管理という観点では、「就業規則の策定・改訂」「労働の内容や条件の提示・管理」「労働時間（出退勤・勤怠）の管理」「給与・時間外給与・賞与・特別手当等の適用・管理・支給」「最低賃金管理」「福利厚生」「健康管理・メンタルヘルス」「社会保険・労働保険」「異動」「産休・育休・介護休暇」「労働組合対応」「男女雇用機会均等」など様々な仕事があります。法的な観点でいえば、「労働基準法」「最低賃金法」「労働組合法」「男女雇用機会均等法」「育児・介護休業法」「パートタイム労働法」などへの遵守が求められます。

　安全衛生管理という観点では、労働災害を防止するための「労働者教育」「管理者・推進者の選定」「衛生委員会等の設置・運営」「施設・設備・機械に必要な危険防止」「健康障害防止措置」「環境測定」「作業管理」「健康管理」といったことがあげられます。法的には「労働安全衛生法」がベースになります。

　こうした問題への対応を「義務」と理解する傾向がありますが、企業サイドのメリットとして「労働者の安全衛生確保に伴うモチベーションアップ」「コスト削減や効率性向上」「コンプライアンス意識の向上」などがあります。リスクマネジメントの観点からは「行政処分」「法律違反」「損害賠償」、結果としての「信用失墜」といったことを回避する効果が期待されます。したがって、義務だからと下を向かないで、前向きな気持ちで対応することが必要です。

　これらが一定の効果を上げていると判断する材料として「労使関係の円満さ」があります。労務管理が杜撰で、労働災害が頻発している。時間外手当が払われないばかりか、深夜労働が常態化している。こういった状態が「労使円満」を導くはずがありません。結局は「労使関係を良好な状態に保つ」ことが重要になるのです。会社は従業員あって成り立つものであり、従業員の気持ちの持ち様が成果に反映されます。その基礎が「労務管理・安全衛生管理の適切さ」です。「労使関係が良好」であることは、会社の雰囲気をみるだけで感じ取ることができます。また、労使関係が良い企業は「会社行事」も多く参加率も高い印象があります。

　本問の判定基準については、大きな問題を感じないのであれば基本的に自己診断に任せ、建設的対話のなかで状況を聞くようにすればよいでしょう。きちんと「法対応」が出来ており、目立った労働災害も発生してないような状態、労使関係も問題のない状態であれば「水準を満たしている」と判断して良いと思います。ただし、労働災害が頻発している、離職率が高い、雰囲気が悪い、といったような場合には背景をしっかり見ておく必要があります。「水準を上回っている」基準は、法対応は当然のこととして、従業員が働きやすい「働き方」「職場環境」「給与等の処遇」の整備は非常に前向きで、従業員のモチベーションが極めて高いこと、労働災害の発生が長期にわたってゼロであるような状態が確認できること、そんなレベルを想定しています。

　いずれにしても、本問に関する実情は極めて内部のものであることから、実態把握は難しく、なかなか本当のところは分からない、というのが正直なところです。したがって、○×関係なく、こうした問題を経営者がどう考え、どう対処し、それを実践部署である「人事部」がどう実現しているかを捉えることが大事だと思います。

【問23】 雇用に関して、障害者・高齢者・女性の雇用に熱心か。こうした人を雇用するための環境整備を行っているか。地元の高校・大学からの雇用を継続して行っているか

　本問は「雇用」に着目した項目です。SDGsでも「全ての人々の完全かつ生産的な雇用」というゴールがあるように、雇用は「所得」と「生き甲斐」をもたらす糧であり、生活の安寧に不可欠な要素です。また、生産労働人口が減少し続ける環境にあって、企業は障害者・高齢者・女性を活用することで「持続性」を高める必要があります。同時に、多様な人材を雇用することがダイバーシティの推進につながり、仕事に新たな付加価値をもたらす起爆剤になることも多いようです。また、地元の学生を「継続的に雇用」することは、地域に「生活者」を根付かせることになるので「大きな地域貢献」につながります。雇用がなければ学生は域外に流出します。所得はもちろん働き甲斐のあるディーセントワークを提供できる企業があれば、人口減少に大きな歯止めをかけることができます。これほど大きな地域貢献はないといってもいいでしょう。

　障害者雇用に関しては「法定雇用率」をクリアすることに大きな意味があります。大企業に比べて中小企業では、雇用率や意識の面でも障害者雇用に消極的だとの調査結果があります。これは「人員に余裕がない」「適した仕事や環境を用意できない」「業務効率が悪い」「周りとのコミュニケーションに問題がでる」等々を理由とするようですが、これこそが社会的課題といってもいいでしょう。中小企業が、障害者雇用に挑戦することは「社会的課題」に真正面から取り組むことを意味します。大企業だけでなく地域の中小企業が障害者雇用を増やすことは、大きな地域貢献でもあります。そういった意味で高く評価して良い項目です。

　高齢者雇用は「待ったなし」の状況です。生産労働人口減少のなかで、スキルと経験を持った高齢者を雇用することは「即戦力」として重要です。いまの高齢者は「元気」な人が多く、何等かの貢献をしたい、毎日を充実させたいと考えている人も多いはずです。中小製造業のなかには、技術伝承の観点から「指導役」として、あるいは職人としての技を活かすために「現役」として働いてもらうことで成果を上げている企業が少なくありません。また、サービス産業においても、多くの経験を積んだ高齢者の接遇や社会常識を活かしてもらう仕事があるのではないでしょうか。高齢者を雇用するためには「働き方」「ポジション」「処遇」「環境」を整備することが重要です。さらに、新しい仕事に挑戦したい高齢者もいるので「再教育」の機会を作ることも雇用促進上のエンジンになると思います。彼らの知識・技能・経験を活かす「役割」をしっかり作

れば、大きな戦力となるでしょう。

　女性雇用も近年増加しています。共働きはもちろんのこと、専業主婦と言われた層の社会進出が増加しています。しかし、まだ何らかの事情で「家庭」に縛られている女性も多いと思われます。「育児」や「介護」が主な理由ですが、「働く時間帯」「育児の支援」「在宅勤務」などいろいろな方法を考えることで、さらに労働市場へ引き戻すことができると思います。中小企業は、大企業ではできないような「柔軟性」が持ち味です。女性の購買力も高まっているなかで、女性目線の商品やサービスの観点、問題解決の視点、など活かすべき場所が数多くあることを考え、女性雇用をさらに推進することが社会貢献と自社の戦力向上につながります。

　本問の「水準を満たしている」判断基準については、ここまで説明してきた内容について「前向きに取り組み、一定の実績があがっている」状態です。特に「障害者雇用」に関しては社会的な意義も大きいことから、法定雇用率のクリアといった事実は大きなポイントになります。

　さらに、知的障害をもった方を含め「一歩踏み込んだ障害者雇用」あるいは「新たな障害者の働き方」を創造している企業であれば「水準を上回っている」と考えていいでしょう。当然、法定雇用率を大幅にクリアしている企業もこれに該当します。高齢者雇用であれば「年齢不問」「定年なし」といった実力本位の雇用や、「高齢者の新たな職務開発」といったことも有効事例レベルであり、この基準に該当します。

【問24】セクシャルハラスメント、パワーハラスメントなどの人権侵害防止や、自社の業務に応じて外国人・LGBT・女性の活躍を促すような環境整備を行っているか

　本問の主眼は「人権侵害防止」と一歩前に進んだ「人材活用」にあります。

　まず人権侵害防止の観点です。オーナーシップかつトップダウン型統制が主流の中小企業においては、経営者に権限が集中しやすく、「支配意識」を生みやすい条件が揃います。また、「内部通報制度」等の相談窓口も未整備であるため、上司部下関係で問題があった場合でも「経営者に伝わらない」ことも想定されます。セクハラ・パワハラは「従業員のメンタル」を破壊するだけでなく、職場の雰囲気や生産性にも大きな悪影響を及ぼします。さらに外部に露呈した場合には「企業イメージ悪化」「信用失墜」を招く可能性が高く、「中小企業こそが留意すべき問題」です。

　したがって、本問は「ハラスメント」に関して、①発生事案がないか、②予

防措置としてどんな対策を講じているか、③モニタリング体制はあるか、④経営者自身の防止策はあるか、といった視点で確認することになります。

第一の「発生事案の有無」は、外部から窺い知ることはできないので、ヒアリングで単刀直入に確認することになります。しかし、真実を話してもらえなければ知ることはできません。調査が難しい項目です。

第二の「予防措置の内容」についてもヒアリングを通じて確認しますが、基本的には「経営者・幹部への研修」「従業員への研修」「通報・相談窓口の有無」がメインになります。中小企業の場合、ハラスメントの啓発が遅れている面も否定できないので、事例を含め、発生した場合にどんな処罰が下るかといった点まで突っ込んで教育する必要があります。

第三の「モニタリング体制」は、隠れてしまうハラスメントを「どう監視し、発見につなげるか」という仕組みの問題です。これも「ハラスメント窓口」を請け負っている外部企業と連携しているような場合には発見も容易ですが、組織が小さく毎日顔を合わせざるを得ない中小企業においては「声を上げにくい」のが正直なところです。経営者がどのような気配りや配慮を行っているかが事実上の焦点になります。

第四の「経営者のハラスメント防止」については、経営者本人の意識や対策についてヒアリングすることになります。実際「支配意識」が起こりやすい中小企業においては「経営者のハラスメント事案」も少なくないと思われます。経営者自身がハラスメントを起こせば致命傷を負うといっても過言ではないので、リスク管理の観点からも十分チェックすべき項目です。

本問の判断基準は、①の「事例なし」を前提として、②～④について組織規模や経営実態を踏まえて問題がない対応をしているかで判断します。①で「事例あり」の場合には、どんな事例があったのか、それに対してどんな対応策を作ったかが大事です。対応策を含めて②～④に十分な措置が講じられていれば「水準を満たしている」と判断してよいでしょう。当然ですが、後半部にある「外国人・LGBT」に対する人権侵害も本件に含まれています。すべての従業員・パート・研修生に対しても、その尊厳を忘れず、平等な取扱いをすることが必要です。特に、ハラスメントは「弱い立場にある人」に向けられる可能性が高いので、こうした層にも十分な検証が必要です。

「水準を上回っている」ケースは、ハラスメント防止が組織に浸透している状態、それが経営者や従業員の雰囲気を見て伝わってくること、さらに種々の防止策が明確になっている場合で、油断することなく「継続して対策が打たれている」ことが必要です。

本問の後半部分の「外国人・LGBT・女性の活躍を促す」は、前半部のハラ

スメント対策がしっかりと行われていることを前提として、「プラスアルファ」として設問しています。つまり、多様性を活かすような経営や仕事の在り方を環境として作っているとすれば、それは社会的課題への大きな貢献であり、現状の一般基準と比較すれば「先進企業」という位置づけになるからです。中小企業だからこそできる、「多様性を活かした経営」が実践されている企業であれば「水準を上回っている」という判断ができます。

【問25】従業員教育を重要政策と位置付け、具体的な対応を行っているか。技能承継、SDGs、IT リテラシー等の各種教育研修を実施しているか

　中小企業においても「人材投資は最重要施策」です。その理由はシンプルです。第一は「従業員一人の重みが違う」からです。組織が小さく、「一人の役割が相対的に大きい」中小企業において「従業員のパフォーマンス」が成果を決めるといってもいいのです。第二は「労働集約型の仕事が多い」です。機械化・自動化・IT 化が進み、効率的なオペレーション構築が進んでいる大企業とは異なり、中小企業は「すき間産業」的な要素が強く、基本的には「ヒトが動いてナンボ」の世界です。したがって、「より賢く働く」ことが「労働生産性を上げる」秘訣です。第三は「人材の成長余地が大きい」です。大企業に比べると、中小企業の人材投資はまだまだ不十分であり、「現場の OJT」を中心に「見て覚える方式」が主流です。IT リテラシー教育、技能教育、生産性研修など様々な角度から人材育成を行う余地があります。伸びシロが大きいといってもいいでしょう。そういった意味で、中小企業だからこそ「人材投資」に力を入れるべきなのです。同時に、こうした人材投資を行うことは、SDGs の関連ゴールの達成に直結しています。

　一方で、経営者の考え方には「幅」があります。大企業に負けないぐらいの様々な人材投資をしている経営者もいれば、旧来型の OJT で済ませて「現場が動けば十分」と考えている経営者もいます。教育は速効性があるものばかりではないので、粘り強く継続する必要があります。また、コンプライアンス、情報セキュリティ、人権等の「ビジネスの基礎」となる研修をすることで、組織も締まってくるものです。「お金にならない」からといって、こうした研修を放置すれば人権侵害や情報漏洩等思わぬところで足を引っ張られる可能性もあります。そういった意味で、人材投資をどう考えるか、どういった価値観を経営者が持っているかは重要なチェックポイントです。

　本問は「経営者の人材教育に対する考え方」と「その考え方が具体的にどんな形で実施されているか」を問うものです。

第一の「人材投資・教育に対する考え方」は、ヒアリングで確認します。人材投資や育成に熱い想いをもった経営者は「話が止まらない」ほど語るものです。ここは経営者の哲学が如実に表れます。仕事を通して人間作りをする、と本気で従業員を愛し、鍛える経営者を何人も見てきました。あるいは、社内に「アカデミー」と称して、リベラルアーツを含む幹部教育をする経営者もいました。本当に様々な考え方や哲学を知ることができます。

第二の「具体的な形」は人材投資がどんな形で行われているか、です。これもヒアリングを中心に、具体的な研修や投資、やり方について確認します。同時に、そうした研修・投資がどんな成果を生んでいるかについてもヒアリングすべきです。それが、第一の考え方の「熱さ」「深さ」を裏付けることにもなります。教育投資にかける予算をヒストリカルに捉える方法もあります。

本問について「水準を満たしている」判定基準は、経営者が重要性を認識し、具体的な施策を実施し、一定の効果があがっている状態です。定性的テーマであり、明確な基準を設定することはできませんが、こうした水準が継続されているのであれば、人材は着実に育ち、持続性は高まっているということができるのではないでしょうか。内部教育だけで済ますのではなく、セミナーや出向など外部資源の活用もチェックポイントです。要は効果を上げるために、どれだけ創意工夫を行っているかです。

水準を上回っているレベルは、有効事例としてあげられるような内容と成果を上げているケースです。例えば、製造業において高い技術資格を取得するために、技能研修だけでなく理論研修など多面的な方法でカリキュラムを組み大学の教授に来てもらって受講するとか、実際に多くの資格取得者を輩出し、自社の製造技術の高い評価につながっているとか、幹部育成のため夜間大学や特定の外部コース、出向などをさせて、幹部候補生の母集団が確実に広がっているとか、いろいろなケースが想定されます。

【問26】自社の製品・サービスに対して良好な品質や安全性を担保しているか。品質偽装や反社会的勢力との取引等、不正腐敗や法律違反はないか。クレーム処理体制はあるか

企業にとって「社会のニーズに適合した安全安心で良質な商品やサービスを提供」することは、基本的な責任であり、大きな社会貢献でもあります。当然サスティナビリティの「決め手」でもあります。また「GRI（Global Reporting Initiative）」が示す「サスティナビリティに関する国際的基準」においても、「製品責任」が示されており、重要な項目として認識されています。

リスクマネジメントの観点からいえば「製造物責任」を問われ、損害賠償やブランド毀損に陥らないためにも、良好な品質や安全性を確保することが必要です。

　本問は、こうした世界的なサスティナビリティ基準や国内法、あるいはブランド維持、リスクマネジメントといった様々な観点から重要な意味をもつ「製品・サービスの品質や安全性」を問うものです。あわせて、品質偽装／反社会的勢力との取引等の不正腐敗・コンプラ違反への対応も確認します。さらに、品質や安全性に関する「顧客の相談窓口」という意味で「クレーム体制」をチェックすることにしています。

　第一の「製品・サービスの品質や安全性」の確保については、①設計思想はどうか、②「品質管理体制」はどうか、③不良品の発生率やクレーム発生率はどうか、④問題になった事案があるか、について確認します。

　設計思想に関しては、利益を優先し安全を軽視していないか、という点が問われます。品質管理体制については、製造業では必ず担当部署があります。検査員の数など体制面や、不良箇所発見のための機器利用等、いかにして不良品の発見に努めているかを確認します。企業によっては、製造過程において、AIやカメラ監視装置を使って不良品を次工程に送らない工夫をしているところもあります。また、販売業の場合は、商品選定にあたって「品質・安全性」をどう確認しているか、納品時のチェック体制を確認します。次に、不良品発生率・クレーム発生率（件数）については、そもそもの水準の多寡、減少傾向か増加傾向かという趨勢について確認します。不良品の発生率が低減していない場合には、原因分析や対策の検討が不十分であることが推定されます。会社として、どういった体制で削減に努めているかを確認すべきです。さらにクレームに関しては、クレーム処理の体制が十分なものであるか、クレーム発生を「顧客満足度を高める機会」に変えようとしているか、といったことまで確認するといいでしょう。問題事例は、クレーム内容だけでなく、その後の対応、製造や品質管理体制をどう修正したかという点が重要です。

　第二の「品質偽装／反社会的勢力」などの不正事案については、外部からは容易に発見しにくく、露見して判明するといったことが大半です。したがって、本件については社内のコンプライアンス研修体制、従業員へのコンプライアンス意識の浸透、ノルマの強弱など不正の発生土壌はあるか、といったことを確認することになります。

　第三の「クレーム処理体制」に関しては、前述の通りですが、特に大事な点は「経営トップ」に悪い情報が素早く上がる体制があるかです。中小企業では最後は経営者が決め手になるので、悪い情報がすぐに経営者に上がる体制に

なっていれば、経営者の意識も高いことが分かります。また、会社全体の各部門がクレーム内容を共有し、全社的な品質改善運動のような動きができているか、といった点も「クレーム機会を活かす」観点で重要です。

本問に関して「水準を満たしている」判断基準は、前述の３点に関して「問題なく対応できている」ということです。特に「不良品発生率」「クレーム発生率（件数）」といった実績の大小は、客観的なエビデンスなので、十分留意して「問題ないか、あるか」を検証するべきでしょう。「水準を上回っている」レベルは、不良品の発生率やクレームの発生率が低いだけでなく、そういった悪い情報が社内で共有され、会社全体で解決する意識・仕組みとして完成されているようなケースです。当然、品質管理体制も設備投資・体制・従業員教育を含めてレベルの高いものであることが必要です。言い換えれば、高水準で「品質管理体制」が構築できているケースです。

【問27】地元における「産学官連携」「産業振興に関する具体的な寄与」「地元企業を優先した購買」「地元ブランドの共創」「ボランティア活動」など、地域産業の持続性向上に貢献しているか

本問は、ステークホルダーとの関係、とりわけ所在する「地域への貢献」「地域産業の持続性への貢献」を視点においた項目です。日本ではSDGsが言われる以前から「地方創生」が重要なテーマになっていました。東京一極集中といった言葉が流行し、東京だけが栄えて、地方から若者が吸い取られ、商店街はシャッター通りとなる。インバウンド誘致による観光の再興、経済特区など様々なアイディアが出されました。そういった意味で、地方創生は日本の悲願であり、持続性の高い地域を作るための「地元企業の貢献」が、より強く求められている領域です。

本問で大事なことは、①経営者の地域貢献に対する考え方、②具体的な貢献内容、③取り組みの継続性、④自社のメリットとの連動、です。

第一の「地域貢献の考え方」は、表面的なものではなく「行動」として具現化される背景にあるものです。地域貢献を否定する経営者はまずいません。しかし、具体的な行動として何をやろうとしているかが明確でない場合も多いのです。それは、経営者の「地域に対する想い」ともリンクします。経営者ですから、要はやるか否かです。そのエンジンとなる考え方を確認するのです。

第二の「具体的な貢献内容」は、何をやっているかです。貢献内容が見えないことには測りようがありません。さらに、その活動や取り組みが地域に与えるインパクトを「見える化（定量・定性を問わず）」できると分かりやすくな

ります。単年度の評価だけでなく、積み重ねることで現れる成果にも注目すべきです。

　第三の「継続性」は「経営者の考え方」を反映します。単年度で終わってしまっては効果の薄いものになります。小さな取り組みであっても継続は力となります。要は、どんな活動を、どのくらいのスパンで継続して行っているかです。

　第四の「自社のメリット」も絶対に必要です。地域に貢献することと自社が儲かることは矛盾しません。企業が社会的課題の解決に熱心に取り組む動機として「儲かる」があっていいのです。いや、株式会社である以上「儲け」と「貢献」が両輪で廻ることが自然です。また、「儲かる」以外にも、いろいろなメリットがあると思います。そうしたメリットの存在が、さらに活動の範囲や濃度を増す動機付けとなります。

　本問における「水準を満たしている」判断基準は、①〜④について明確に確認できることです。もちろん貢献が大きいに越したことはありませんが、身の丈に合った活動を継続して行うことも中小企業では褒められるべきです。「水準を上回っている」判断基準としては「貢献の大きさ」が顕著であることです。ある意味で、行政や地域住民が「地域中核」「地域の柱」といった認識を持ち、それが一種のブランドになるようなレベルが考えられます。

4-3-6. 環境（Environment）

　気候変動問題、とりわけカーボンニュートラルへの取り組みは「サスティナブルファイナンス」においても「喫緊かつ中核的課題」として位置づけられています。「サスティナビリティ」が環境用語であったこと、環境負荷を考えた持続可能な開発について議論が始まった経緯があることを踏まえると、環境に関するテーマは、「サスティナブル診断Ⅱ」においても重要項目です。

　一方で、環境問題のテリトリーが広いことや取り組み方法も多様であることを考えると、あまり細かい項目設定にすると「質問数」を数多く用意する必要があり、診断負担が重くなります。そこで、本書では「基本的な部分」に絞り込んで診断を行う扱いとしました。そして、一段階細かいことまで知りたい場合には、次項「社会（S）／環境（E）補足診断」を参考にしていただきたいと思います。

【問28】 経営者は、気候変動 (温暖化) 問題・カーボンニュートラル問題に「強い関心 (経営上のマテリアリティ)」があるか

　本問は、気候変動問題に関する経営者の関心を問うものです。その理由は、中小企業において経営者がこうした問題に関心を持つか否かが決定的に重要で、関心がなければ新たな取り組みや経営に組み込むといった話にはならないからです。

　ここで「強い関心」とした理由は、「経営として取り組む意思があるか」を問うためです。いくら個人的に関心をもっていたとしても、会社として取り組むことがなければ、この診断の意味がないからです。本書におけるサスティナブル診断は、企業の持続性を考えるうえで、様々な角度から実態を浮き彫りにすることに意味があります。したがって「企業」として気候変動問題に取り組むことがポイントなのです。

　本問の「水準を満たしている」判断基準は、①気候変動問題やカーボンニュートラルに関する情報を積極的に入手し、この問題の重要性を理解していること、②自社に対する影響について具体的に考えていること、③対策として具体的な取り組みがあること、あるいは検討中のアイディアがあること、この3つが該当条件だと考えています。

　第一の「情報と理解」については、まず気候変動問題とは何か、基本的な情報を積極的に取得する姿勢が問われます。最低2℃／1.5℃水準問題や日本政府等のカーボンニュートラル宣言は知っていて欲しいし、できれば主要取引先の本件に関する対応や対応方針まで理解していることが求められます。そして、「重要性を理解」していることがポイントです。重要性を理解しているからこそ、経営の重要課題として取り扱う気持ちになるのです。

　第二の「自社への影響」については、そもそもの「物理的リスク」や、取引先や法制等との関係で起きる「移行リスク」を前提に、自社にとってどんなことが問題になりそうか、リスクになるか、について考えていることです。明文化されているに越したことはありませんが、ヒアリング等において「経営者の頭が整理できている」＝優先課題の明確化＝と判断できれば、それでも問題はありません。可能であれば、「数字」的に問題の大きさを把握できていることが望まれます（例：5年以内にGHGの5割削減が必要）。

　第三の「具体的な取り組み」については、実際の動きがあるかです。気候変動問題を理解し、自社への影響まで整理できていれば「優先課題」が明確になります。そして、何らかのアクションにつながるはずです。タイミングの問題もあるので「取り組み中」とまでいかなくても「取り組み計画・予定がある」

ことが、必要なレベルだと考えています。経営のマテリアリティ（重要課題）としたのは、自社の影響を踏まえて、まずは「再生可能エネルギーから一部導入しよう」「GHG排出量が把握できる体制を作ろう」といった具体的施策まで考えなければ「強い関心」とはいえないからです。

　本問において「水準を満たしている」の基準は、この3つの点を充足することです。第二の「自社影響」に関しては「精緻」である必要はありませんが、リスクについて複数列挙し、そのなかでの優先順序がついている程度は必要だと考えています。「水準を上回っている」基準は、第二の部分において「SDGsと自社業務のマッピング（紐づけ）」「環境（E）問題における自社のバリューチェーン影響のマッピング」が行われ、優先順序が明確につけられていること、第三の部分において「具体的な活動計画・方針」が明確になっていること、そして、その対応が先進的であること、そんな有効事例レベルを想定しています。

【問29】経営者は、脱資源（資源の有効活用や使用削減）に関する「強い関心（経営上のマテリアリティ）」があるか

　本問は、テーマを「脱資源」に変えただけであり、基本的な視点は「前問と同じ」です。

　環境に関するテーマのなかで、「脱炭素」「脱資源」の2つが、特に重要だと考えています。したがって、前問で「脱炭素（気候変動）」を取扱い、本問で「脱資源（持続可能な消費生産形態）」を問うこととしています。

　脱資源に関しても「経営者の意思」「経営として取り組むこと」が重要です。したがって、前問同様「強い関心」を質問のキーワードに据えています。強い関心を持っていると判断する要件も、①脱資源に関する情報の積極的取得や理解、②脱資源に関する自社への影響を何等かの形で考えていること、③脱資源対策として何か具体的に取り組んでいること、または検討中のアイディアがあること、の3点としています。これも前問の基準と同様です。

　第一の「情報と理解」に関しては、前問の温暖化問題に比べると「幅が広い」ので、自社に関係する問題についての情報取得や理解で十分だと考えています。具体的には「循環型経済（サーキュラーエコノミー）」に関する知識と理解があるかです。

　まず、循環型経済の実現はきれいごとではなく、企業にとって「リスクマネジメント」「チャンスメイク」の2つの視点があることを理解していることが重要です。リスクという観点では、原材料に用いる資源が減少することで「調達に難」を来して、あるいは供給難に起因する価格高騰＝「コスト増」＝とい

う問題に直面することです。エネルギーを例にとれば、化石燃料・天然ガスは政治問題も絡んで、調達量や調達価格が上下するリスクがあります。チャンスという観点では、製造方法のイノベーション、原材料の代替、新たな消費の提案、新しいビジネス創造といったことが考えられます。

　また、「貢献の類型」に関する理解も必要です。欧州タクソノミーフレームワーク規制を参考にすると「原材料の効率的な使用」「耐久性・修理・アップグレード・再使用を向上」「リサイクル性能の向上」「有害物質の削減」「長期使用・リユース・リマニュファクチャリング・シェアリング」「再生原材料の使用、質の向上」「廃棄物の削減」「廃棄物の再利用」「自然エネルギーの効率利用」といった類型を踏まえて、自社がどんな貢献ができるか、その選択肢について考えることです。特に、近時「プラスチック問題」がクローズアップされていることから、関連業種については強い関心と理解が必要です。

　第二の「自社への影響」の検討・整理も重要な要件です。そもそも気候変動におけるGHG排出問題も、悪意なき外部不経済の問題でもあることを考えると、自社が利用する資源について多面的に問題点を洗い出すことは、自社の事業継続性を高めるうえで不可欠な行動です。自社が利用する資源について、「どんな将来見通し」「価格や調達量のリスク要因」「代替品の可能性」などを探っているかをヒアリング等で確認します。

　第三の「具体的な行動」に関しては、前述の2要件を踏まえて、どんな行動を起こしているかをチェックします。多くの中小企業が「再生エネルギーの利用」「省エネ」「原材料の効率的利用」といったことに着手していると思います。しかし、できれば「一歩踏み込んだ行動」を期待したいところです。従来の延長線上での行動ではなく、新機軸での活動が検討され始まっていることが、SDGs／ESGの趣旨にも合致するからです。特に、自社のバリューチェーンにおいて、どの部分で「脱資源に対する貢献が大きいか」を検討すること、具体的な対策にインパクトを持たせること、そういった観点が重要だと考えています。

　本問に関する「水準を満たしている」等の判断基準は前問と同様なので省略します。

【問30】経営者は、生物多様性、陸生態系、海洋資源の保全といった「自然保護」に関する「強い関心（経営上のマテリアリティ）」があるか

　SDGsゴール14・15に関連するテーマです。一見すると「中小企業の事業」とリンクする部分が少なく、ボランティア的な貢献を連想するテーマかもしれ

ません。しかし、長期的な視点で考えた場合に、生物多様性の確保、陸生態系・海洋の保護や資源利用は、農林水産業の基礎であり、一般の企業であっても何らかの形で恩恵を得ているはずです。また、企業においては「公害」「環境破壊」といったことと無縁ではないはずです。法律違反ではないものの、自然環境に悪影響を与えている場合もあるかもしれません。そういった意味で、本問も「E（環境）」を語るうえで外すことの出来ないテーマだと理解しています。

　本問についても前2問と同様の観点でチェックすることになります。特に、農林水産業・関連製造業・関連販売業など「自然の恩恵」を受けている企業にあっては軽視することなく、当社自身で出来ることを行うことが必要です。

　第一の「自然保護に関する知識・理解」については、農林水産関連産業・飲食業については自社が活用している資源の現状や見通し、観光業など自社周辺の自然から恩恵を受けている業種においては周辺環境の状況についての知識や理解です。同時に、どういった自然保護の形があるのか、といった対策についての理解も期待したいところです。

　第二の「自社への影響」については、調達・価格問題だけではなく、「自社がどんな悪影響を与えているか」といった観点で考えられていることが必要です。自然からの資源が枯渇する、量が減れば価格が上がる、それは当然のことです。一方で、「原材料の廃棄が多い」「乱獲をもたらしている」「他国の森林資源を破壊している」といったことにも想いを致す必要があります。

　第三の「具体的な行動」に関しては、会社全体で自然保護活動のボランティアをしているといったCSR的な取り組みはもちろん、事業のなかに「保護につながる活動」が組み込まれるような努力があることが期待されます。蠣養殖をされている事業者が、海につながる森林保護活動を行っているとか、製材業を行っている業者が「間伐材の伐採促進が進む」目的で、間伐材の新たな利用方法を考える、工業排水をしている製造業者が浄化したうえで川に返す、といったことです。

　本問の診断基準についても前問と同様なので省略します。

【問31】 会社として SDGs／ESG を推進する何らかのイニシアティブに参加し、活動を行っているか。第三者の認定・認証や表彰を受けたことがあるか

　本問は「経営としての踏み込み具合」を問う項目です。

　上場企業では「TCFD（気候関連財務情報開示タスクフォース）」「国連グローバルコンパクト（ローカルネットワーク）」「企業と生物多様性イニシア

ティブ」等々のイニシアティブに参加するケースが増えています。これは「サスティナブル問題」に関する企業の姿勢を示すものであり、環境変化の中でも生き残るための「リスクマネジメント」「チャンスメイク」を加味した経営戦略を策定するための情報取得の機会を得るためでもあります。

　一方、中小企業においては「SDGs／ESG」そのものの理解が深くないこともあり、イニシアティブへの参加はまだまだ少数です。もちろん「SDGs」に賛同し、企業活動に取り組み、ホームページで活動を公開している企業については「イニシアティブに参加」と看做して良いと思います。また、世界的に高名なイニシアティブだけをイニシアティブとする理由もありません。例えば、国内において経団連が「チャレンジ　ネットゼロカーボンイノベーション宣言」といった取り組みを行っていますので、こうした運動に賛同し参加することも本問に合致します。また、近時ローカルSDGsとして地方公共団体で「SDGsへの取組方針やKPI」を掲げている地域もあり、そうした運動への参加も想定されます。あるいは、所属する事業協同組合でSDGsの旗を立てて活動している場合もあるでしょう。中小企業においては、身の丈にあった「イニシアティブへの参加の仕方」があるはずです。したがって、そういった観点で、経営として明確に旗を立てて取り組んでいるのであれば「一歩踏み込んだ姿勢」といっていいでしょう。

　また、「第三者の認定・認証・表彰」は分かりやすい基準であり、経営として本気で取り組んでいる証左だと思います。市町村で「SDGs推進企業」といった認定をしている場合があります。ISO14001（環境マネジメントシステム）、エコマーク制度、森林管理に関するFSC認証、シーフードに関するASC認証、建物に関するBELS認証などキリがないほどです。また、国が実施する「ジャパンSDGsアワード」等、各種表彰制度もあります。表彰制度は地方でも行われていますので、調べてみるといいでしょう。

　いずれにしても、認証や認定、表彰へのトライをしている企業は「本気度が高い」ことは間違いありませんし、経営として対応しなければ対応できないことです。第三者の認証や表彰を受けるということは「評価」に晒され認められたものですので、一定以上のレベルにあると考えていいでしょう。

　本問において「水準を満たしている」判断基準は、上記2点を充足している場合です。また、「水準を上回っている」ケースは、例えば受賞を受けて有効事例として国や地公体のHPに掲載されブランドアップにつながっている、エコマークを付した製品販売により売上高が増加している、等の模範事例を想定しています。

【問32】 SDGsやESGの「E」に関する「社内教育」「社内への浸透策」を行っ
　　　　ているか。全社的な環境意識は高いか

　本問は「経営者」のみならず「従業員」を含めて、会社全体における「環境問題に対する意識や理解」が高まっているかを確認するものです。

　中小企業の多くは「経営者発の取り組み」であろうことは想像に難くありません。しかし、その取り組みの「質」を上げるためには、従業員の理解や共感、そして協力が不可欠です。従業員自身が環境問題を理解し、共感することで様々なアイディアも生まれます。また、各部門における課題抽出や改善策の策定にもつながるはずです。やはり「会社全体の取り組み」にまで展開できるかが、効果の高い環境活動を行うカギになります。

　第一の「教育・浸透策」については、ヒアリングを中心に確認します。具体的には「指導者」「教材」「時間」「実施頻度」がどうなのか、現状の「浸透度」をどのように考えているか、について確認します。よくある問題としては「部門格差」「個人格差」が生まれることです。製造部門は、サプライチェーンのなかで「GHG（温室効果ガス）」の問題や対応に迫られているので全員が理解している。しかし、営業部門は関心も薄く、価格引き上げにつながるようなコスト増は避けて欲しいと思っている、といったような部門間の温度差です。どこかの部門が理解していても、会社全体で温度が一定でないと必ず問題を生じます。会社の仕事はつながっているからです。また、同じ部門であっても、個人の理解差や共感差を生じやすいので、組織として一体感のある取り組みをするためには「温度差を埋める」努力が必要です。

　教育や浸透を進めるうえで「テキストを読む」「専門家の話を聞く」「関連ビデオを視聴する」といったことも有効ですが、「考えさせる」「議論してもらう」ことが更に有効です。前者は「受け身」です。視聴といっても受け止め方は様々です。そのまま放置すれば教育効果は薄れます。賛成・反対・問題意識を素直にぶつけ合う場があってこそ「理解は深まる」のです。視聴と併せて議論をすること、さらには「当社にとっての影響」「当社は何をすべきか」といったことまで展開できれば相当程度「温度差」は解消されるはずです。

　第二の「環境意識」は「浸透度」といってもいいでしょう。要は、従業員ひとりひとりが環境問題を理解し、自社への影響や自社が行うべきことを整理できている状態です。あるいは、環境問題に対応することが、自社のビジネスにおけるリスクマネジメントやチャンスメイクにつながっていることまで理解できているかが重要です。さらに一歩踏み込むとすれば「自分の立場・役割で何ができるか」まで理解していることです。

これらの確認はヒアリングが中心になるので難しい面があります。しかし、意識の高さは「掲示板」「各部門の活動」「推進体制」「貢献目標の作り方」といったところに出るものです。そういった点に注意しながら確認することで実態把握に役立つと思います。

　本問に関して「水準を満たしている」判断基準は、上記２点を充足することです。環境問題に関する教育・啓蒙が単発ではなく、定期的かつ創意工夫をもって行われているか。その結果として、従業員は「環境問題の重要性」「当社への影響」を正しく理解し、行動の動機付けになっているかという点が第一です。そのうえで、具体的な活動が始まっているといった「浸透の深さ」を示す具体的な実態があることが求められます。「水準を上回っている」状態は、活動が活発に行われ、具体的な成果が明確に上がり、それがビジネスとしても評価できるようなケースを想定しています。

【問33】自社のサプライチェーンにおける環境影響を評価・分析し、課題の抽出を行っているか

　本問は、サプライチェーンに焦点を当てた項目です。その理由は「全体が見えているか」を問うためです。さらに言えば「気づき」を与える項目といっていいでしょう。

　企業がビジネスを行ううえで、必ず「サプライチェーン」を形成しています。例えば、自動車部品製造業であれば、大手自動車メーカーのサプライチェーンの一角を占めています。メーカーの環境政策はサプライチェーン全体に及ぶので、具体的な指示の有無は別として、高い意識をもって情報収集や準備に当たる必要があります。あるいは、自社自身でサプライチェーンを形成している場合もあります。メーカーに部品を供給するために、材料調達・生産製造・輸送・販売管理といった供給連鎖を作っています。当然多くのサプライヤーや協力業者が関係しています。そういった自社だけでなく、サプライチェーンを意識した「全体観」をもって環境負荷を考えることが必要なのです。

　その理由は、サプライチェーン全体のなかで「どの過程に最も環境負荷がかかっているか」「どの程度の負荷なのか」「どういった貢献策や対策が有効なのか」を考えることで、全体観を踏まえた優先順序をつけることができるからです。サプライチェーンにおいて有効な対策が打てれば、社会貢献度も大きく、自社にとってのメリットも大きいはずです。

　本問に「YES」と答えられる中小企業は相当レベルが高いことが想定できます。なぜならば「サプライチェーン」という視野を持っていること、「環境影

響を評価・分析」する体制があること、そこまでのレベル感であれば「課題抽出＝対応計画」まで立てている可能性が高いこと、等が理由です。しかし、大半は「NO」が想定されますが、それを気にする必要はありません。本問はYESを求めることに主眼があるのではなく、本問を通して「視野を拡げる」ことに目的があるからです。仮に「まったくできていない」としても、事後の「建設的対話」のなかで金融機関がサプライチェーンの動向、世の流れや方向性を説明することで、「まずはGHGの排出量が測定できるようにしましょう」といった具体的な提案を行うことで、改善に向けて前進する可能性があります。サスティナブルファイナンスの意義は、中小企業を啓蒙しつつ移行措置に取り組んでもらうこと、その実装のための資金供給や本業支援を行うことにあります。したがって「YES」という答えをもらうだけでなく「啓蒙につながる」項目設定も必要であり、本問はそうした役割を果たすものです。

　本問における「水準を満たしてる」判断基準は前述の通りです。まさにサプライチェーンにおける環境負荷に関する情報を積極的に入手し、自社への影響をしっかりと考えていること。さらに、もっともインパクトのあるプロセスがどこになるか課題を整理したうえで優先課題を特定し、対応策まで検討していること。これらが充足基準になります。

【問34】気候変動問題に関連する具体的な対応（GHG、緑化、再エネ、省エネ、グリーン購入、環境配慮設計、等）を行っているか

　本問は「問28」と一体の項目です。問28では、経営者として「気候変動問題」に関する「強い関心」、すなわち経営課題として捉えるレベルの情報収集や理解に努めているかを問いました。本問は、「関心」から発展して「具体的な対応」を取っているかについて問います。

　具体的な対応として、GHGの排出抑制、事業所等の緑化推進、再エネの利用比率向上、省エネの推進、グリーン購入の拡大、環境に配慮した設計・デザイン・企画などの「取り組み」が想定されます。活動には幅があるので「身の丈」にあった活動ができていれば良いと思います。

　本問の「水準を満たしている」基準は、まさに「具体的な対応」を実施していることです。ただし、「SDGsウォッシュ」に留意する必要があります。具体的には「以前から行っている、新規性のない活動」をもって「具体的な対応」とは看做さないことです。

　SDGsでは「変革」が理念になっており、「ビジネスアズユージャル（代わり映えしない旧来行動）」を嫌います。まして「強い関心（問28）」があるこ

とが、本問の前提になっています。強い関心に基づき「経営課題」として取り上げて対応する以上は「新たな取り組み」であることが必要です。以前からやっていたことを、SDGs が話題になっているので当社はこれをやっているとアピールしよう、では水準を満たさないのです。あくまで「活動の新規性」が重要です。かつ、SDGs／ESG の世界では「活動の成果」を「見える化」することが重要です。「炭素排出抑制のための活動をしています」だけでは「物足りない」表現になります。「当社は年間何トンの GHG を排出しているが、今年度製造プロセスの見直しや最新機器導入により何トン排出削減ができました。結果、3 割減を達成しました」。このように「誰が見ても分かる」成果の伝え方が求められます。今後中小企業であっても、徐々にこうした環境対応に関する情報公開が求められるようになるはずです。そういった点も踏まえて「定量的」な活動成果の伝え方も推進していきたいのです。

　本問において「水準を上回ってる」基準は、他社へ紹介可能な「有効事例レベル」です。具体的には、活動の「先進性」「成果の大きさ」「ビジネスとの関連性・メリット」などが顕著であるケースを想定しています。

【問35】脱資源に関連する具体的な対応（廃棄物の削減・抑制、リサイクル、省資源、代替資源、簡易包装、製品寿命延長、リユース、リペア、二次原料使用、リマニュファクチャリング等）を行っているか

　本問も前問同様「問 29」の補完質問です。問 29 では「強い関心」の有無を問いましたが、本問では一歩進んで「経営として具体的な取り組みを行っているか」に焦点をあてています。

　脱資源に関する取り組みなので、対応領域の幅は相当広いと思います。本問を考えるうえでは、自社のバリューチェーンに着眼して、その仕事の流れのなかで「脱炭素」に取り組みやすいプロセスはどこか、成果が大きく出せるところ（貢献度大）はどこか、といった投げ掛けをしてみると発見しやすいと思います。

　本問に関しても前問と同様に、「変革」をベースに「新規性」が問われます。ビジネスアズユージャルな対応を「具体的な活動」と看做して「水準を満たしている」とすることは避けていただきたいと思います。また、成果に関して「定量化」といった科学的かつ客観的な視点で示せるような工夫をすることも推進していきたいと思います。

【問36】自然保護に関連する具体的な対応（森林認証・漁業認証品の利用、排水管理、化学物質の処理、大気汚染対策、環境負荷の測定・チェック、間伐材利用、周辺自然環境の保全対策等）を行っているか

　本問も「問30」の補完質問です。質問に例示されている取り組みは代表例であり、様々な内容が想定されます。本問に関しても「変革」「新規性」があるか、つまり「強い関心」に裏付けられて、経営として取り組む以上はビジネスアズユージャルであってはならないのです。この点についてもご留意ください。

4-4. 社会（S）／環境（E）に関する「詳細補足診断」（資料4-4）

　サスティナブル診断Ⅱの社会（S）／環境（E）設計思想は、「骨格となる重要な項目」に絞って実態把握を行うものです。一方、SDGsのゴールやターゲットでもわかるように、これらの領域は数多くの課題が山積しています。したがって、もう少し詳しく診断したいといったニーズや、気づきや議論のテーマとして具体的な内容が欲しいといったニーズがある場合に、補足する診断項目があると便利です。また、社会（S）／環境（E）の課題に取り組みたいのだが、何から始めれば良いか分からないといった企業にとって、この診断項目を参考にテーマを決めることもできると思います。本項の補足診断は、このような観点で活用していただければよいでしょう。

　捕捉診断は51問で構成されています。内容的には見ていただければわかるものばかりなので、特に解説は付していません。また、診断にあたっての充足判断は、シンプルに「やっているか、いないか」という観点で行えば結構です。また、補足診断ですので総合評価といった取扱いは入れていません。

4-5. サスティナブル診断Ⅱの活用促進のために

　診断Ⅱ（応用タイプ）の適用先については、本章冒頭で示した通り「中小企業のなかでも一定の規模感があり、経営レベルも一定以上である企業」です。こうした取引先層に対して、サスティナブル診断Ⅱを実施し、建設的対話につなげることが「サスティナブルファイナンス」の推進につながることは言うまでもありません。

　一方で、中小企業セクターにおいて「サスティナブルファイナンス」「SDGs／ESG」の認知度は高いものとはいえません。それは本章で想定している層に

資料 4-4

サスティナブル診断Ⅱ　―社会（S）／環境（E）に関する補足診断

No	領域	評価項目	判定	判定根拠・具体的な活動内容等
1		貧困状態にある子供の就学等の学習機会、食事など栄養不良の解消に関する支援を行っているか		
2		店舗、待合スペース、就業場所等における分煙・禁煙などタバコによる健康被害防止の措置を行っているか		
3		従業員の過労防止のため適切な労働時間管理と健康管理を行っているか		
4		交通事故を防止・減少させるために、社内の安全教育、車両の安全装置装備・労働体制整備・健康管理等の措置を行っているか		
5		非正規社員に対して最低賃金を上回る処遇を行っているか。有給休暇の付与、社会保険の加入など適切に行っているか。同一労働同一賃金の趣旨を尊重しているか		
6		外国人技能実習生が債務労働となっていないかの確認を含め、技術習得や語学支援などを行っているか		
7		労働組合の設立を妨害することはないか。労働組合との団体交渉に誠実に向き合っているか		
8		原材料購入に際して「原産地」を意識して、また「児童労働」「原住民抑圧」の問題がないか、関心を持っているか		
9		地域の学校向けに、インターシップの提供、職場見学の機会提供、出張授業などの教育支援を行っているか		
10		女性の活躍を阻害するような人事制度・人事運用を止め、女性の管理職登用や経営への参画を推進しているか		
11		社員にとって働きやすい人間関係、組織風土の醸成に努めているか。こうした問題点を発見できる仕組みを作っているか		
12		採用を公正で差別のない形で行っているか（年齢・性別・障害・人種・民族・出自・宗教等）		
13	社会 (Social)	製造業等において有害な化学物質の排出抑制や使用量の削減、安全管理に努めているか		
14		自社製品の安全性の確保や品質向上に努め、購買者に悪影響がないようにしているか		
15		同一機能に対して原材料の使用量の最少化に努めているか（省資源）		
16		自社製品の長寿命化、グレードアップの容易さに努めているか		
17		リサイクルやリユースに取り組んでいるか		
18		ペーパーレス運動や、紙の再利用、再生紙の利用などに取り組んでいるか		
19		グリーン購入を意識し、購入率の向上に努めているか		
20		自社製品の簡易包装化、運搬におけるパレット等の再利用、など省資源に努めているか		
21		エコマークの取得など環境配慮した商品設計やマネジメント標準化などに努めているか		
22		地元ブランドの推進に協力しているか		

23		地産地消に努めているか		
24		地元における産学官連携を進めているか		
25		地元の産業振興に寄与する活動をしているか		
26		社会貢献活動を会社として行っているか		
27		自社の GHG（温室効果ガス）の排出量が把握できるようにしているか		
28		自社の GHG（温室効果ガス）の削減に取り組んでいるか		
29		自社の車両のハイブリッド車・EV 車化を進めているか。公共交通機関の利用を促進しているか		
30		社内の緑化、断熱・遮熱などの設備対応を進めているか		
31		自社製品、購入する部品等について環境負荷を把握できるよう努めているか		
32		環境負荷の少ない資材や原材料を使用するよう努めているか		
33		大気汚染防止、悪臭・騒音・振動防止に努めているか		
34		自社の建物等におけるアスベスト管理を行っているか		
35		排水の汚染低減や浄化に努め、汚濁を管理する仕組みを構築しているか		
36		土壌汚染を防止しているか		
37		電気の使用量削減に会社全体で取り組んでいるか（節電）		
38	環境 (Environment)	環境負荷の少ないエネルギー利用を推進しているか		
39		産業廃棄物の削減に努めているか		
40		使い捨て製品の使用量を削減しているか		
41		社内食堂の食べ残し削減、あるいは再利用（たい肥化）に取り組んでいるか		
42		2 次原料の活用（切替）、あるいは品質の標準化などに取り組んでいるか		
43		自社に関連するプラスチック問題に取り組んでいるか（使い捨て、マイクロプラスチック等）		
44		カーボンキャプチャー＆ストレージ（CCC）の拡大や使用に努めているか		
45		欧州タクソノミーフレームワーク規制、各国 ZEV の内容について情報収集しているか		
46		自社が生物多様性に与える影響を考えているか		
47		脱炭素宣言など環境に対するコミットメントを発表しているか		
48		環境に関する自社の負の影響や、削減に向けた取り組みに関する情報開示を行っているか		
49		環境会計を実施しているか。準じるような会計管理に取り組んでいるか		
50		グリーンボンド、サスティナブルリンクローンなど環境に関連した資金調達方法を導入しているか		
51		環境を中心としたサスティナブル問題に関する建設的対話を金融機関と行っているか		

評価区分は「A（水準を上回っている）」＝ 3 点、「B（水準を満たしている）」＝ 1 点、「C（水準を下回っている）」＝ 0 点の 3 段階

おいても例外ではありません。したがって「サスティナブル診断Ⅱをしてみませんか」と提案した場合でも、「いいね！」と言って即断してもらえるとは限りません。そこで、サスティナブル診断Ⅱを、狙った対象層で活用するためのマーケティングや説明ツールについて本項で説明します。

4-5-1. 本タイプを活用する適合先

サスティナブル診断Ⅱは、36項目で構成されています。項目数からすれば、ある程度割り切って行えば「30分程度で自己診断できる」ものです。したがって、お客様の負担はさほど重いものではありません。しかし、自己診断を受領した後、金融機関（支援機関）が確認に要する時間は相応に重いものがあります。本問で想定したレベルに達しているか否かは、ある程度「情報補完」をしなければ判断できないからです。そうなると金融機関・お客様相互に一定の時間、コストを覚悟する必要がでます。

したがって、「中小企業のなかでも一定の規模感があり、経営レベルも一定以上である企業」であれば、どんな先でも対象にするという運用方法では、浸透を図ることが難しいと思います。そこで、サスティナブル診断Ⅱを活用する取引先をしっかりと選定する必要があります。選定条件は「診断実施⇒結果の共有⇒建設的対話⇒戦略・戦術の共創⇒戦略実現のための本業支援」といったサスティナブルファイナンスのフローを受け入れてくれることです。具体的には「経営の質を高めたいと考えている」「成長戦略に関心がある」「情報開示に理解がある」「腹蔵なく対話ができる」「双方にとってメリットがある」の5条件になります。

第一の「経営の質を高めたい」を条件とする理由は、そういう層であれば「サスティナブル診断Ⅱ」の意図や内容が理解されやすいからです。経営の質を高めたいと考えている経営者は、役立つことであれば先入観を持つことなく話を聞いてくれます。サスティナブル診断Ⅱとは何か、経営にとってどういう意味を持つのか、診断後どうなるのか、そういった全体像を理解してもらえば、前向きにサスティナブル診断Ⅱを活用していただくことができます。

第二の「成長戦略に関心」がある経営者は、サスティナビリティの問題を「機会（チャンス）」と受け止めてくれる確率が高いと思います。本項で想定するような経営者は情報収集や察知能力が通常より高く、世の流れを理解し、自社の成長とどう結びつけるかを常に考えています。そういった経営者にとって、サスティナブル診断Ⅱを起点とするサスティナブルファイナンスのフレームワークは「成長に役立つ」と見えるはずです。

第三の「情報開示」は必要条件です。サスティナブル診断Ⅱは非財務情報か

ら判断する項目が多く、ヒアリングや情報提供をしてもらうことで成り立つものです。したがって、情報開示に消極的で、実態を教えてもらえないとすれば、サスティナブル診断Ⅱを実施する意義が半減します。情報開示があってのサスティナブル診断Ⅱなのです。

　第四の「腹蔵なく対話できる」も必須条件です。サスティナブルファイナンスの根幹は「建設的対話」であり、その基礎資料として「サスティナブル診断Ⅱ」があります。サスティナブル診断Ⅱだけで付加価値を生むことはありません。あくまで、実態や課題を共有し、将来の方向性や戦略を共創することで「企業価値」を高め、結果として「持続性」を強固なものにすることが「価値」なのです。よって、腹蔵なく意見交換ができなければ、より良い成果を生むことも難しくなるのです。

　第五の「双方のメリット」は、この仕組み（サスティナブルファイナンス）が持続性を持つためのエンジンとして、お客様・金融機関双方のメリットがあることです。お客様にとっては「企業価値」「持続性」の向上、金融機関にとっては「顧客の成長を通じた基盤強化」「地域の活性化」「収益メリット」「職員のやりがい」といったメリットがあってこそ、もっとやりたいという動機付けになるのです。メリットがなければ持続性のある仕組みとして機能しないでしょう。

　以上を踏まえて、やみくもにサスティナブル診断Ⅱをばら撒くのではなく、十分取引先を吟味したうえで選定を行い、やる以上は成果が上がるように「心を込めて行う」ことが成功の素です。

4-5-2. サスティナブル診断Ⅱに関する説明書

　本項では、診断Ⅱを実施する際に、お客様に説明するツールとしての「説明書」の一例（資料4-5-2）をお示しします。本診断書を活用する際に、お客様に説明するツールとして活用してください。ただし、表現等は、自行の考え方を踏まえて加筆修正などして適切に使われることを推奨します。

サスティナブル診断Ⅱのご活用にあたって（説明書）

1. サスティナブル診断とは

・サスティナブル診断は、企業の「持続性を高める」ため、お客様と金融機関とする診断書です。したがって、本診断の結果が貴社の「建設的な対話」をされるための基礎資料とすることにあたるものではありません。

・診断は、企業が持続するうえで必要な「企業戦略（ガバナンス）」「財務」「ビジネスフィジビリティ（リスクマネジメント＆レジリアンス）」「社会（的課題）」「環境（的課題）」の6つの側面から行います。

2. 各項目の説明

①企業戦略（ガバナンス）

経営者に代表される選択肢のなかでも、中小企業経営者が「長期的な視点」「企業が持続できるための選択肢」に沿って「適切な判断」を行うことが「持続性」を高めるうえで欠かせません。また、経営者の決定を踏まえ、経営方針に沿うべき方向に力を集中できる仕組みが必要です。こうした経営の体制・在り方を企業統治（ガバナンス）と位置付け、関連する質問を組み込んでいます。

②財務

決算書に代表される財務諸表を活用して行う分析を「財務分析」といいます。本項目は財務の構造に関する診断です。具体的には「収支構造」「バランスシート（キャッシュフロー）」のマネジメント、「資金繰り」「管理・分析」といったものです。持続性、長期的な視点、構造的な視点から評価を行うのが特徴です。

③ビジネスフィジビリティ

企業の「持続性」や「成長性」を高めるためには「ビジネスモデルの強化」「サプライチェーンのなかでの存在感」が欠かせます。間接価値をもたらす経営資源、現在から将来に向けた経営戦略の改定が重要になります。ビジネスフィジビリティといった言葉では、ビジネスモデルを実現するうえで必要な要素を診断します。

④リスクマネジメント＆レジリアンス

持続可能性を高めるうえで「リスクマネジメント」を欠かすことはできません。また、自然災害など大きな危機に直面した場合に早期に事業復旧を行う「強靭性（レジリアンス）」も重要な要素になります。大企業に比べて経営資源が限られる中小企業にとって「致命傷を負わないリスク管理」、被害を被っても「早期に事業を回復させる」こと、こうしたリスクマネジメントとレジリアンスに関して本項で実態を種診します。

⑤社会（Social）

社会的な課題に対する企業の取り組みを各問う項目です。近年、国連で採択され国際的において も政府が推進する「SDGs（持続開発可能な目標）」において「企業」に求められる中「People（人）」「Peace（平和・公正）」「Prosperity（繁栄）」といった形で整理されています。具体的には、労働・人権・

教育・製造責任・地域貢献に関するテーマです。

⑥環境（Environment）

温暖化問題に代表される環境問題に対する企業の取り組みを各問う項目です。人類が将来受けるであろう大きな負荷を考え、それが温暖化問題、資源問題など「環境問題」として世界的に共有され、優先度の高い問題として認識されています。国内でも政府がカーボンニュートラル宣言を行い、脱炭素に向けた取り組みが加速しています。世界的に脱炭素政策・脱資源の取り組みは、新たなビジネスルール・法規制となって企業経営に重大な影響を与えることになります。本項目では企業の取り組みや企業の在り方を問う内容となっています。

3. 診断の方法

・診断については「自己診断」を前提にしています。自社の取り組みを踏まえて「ありのまま」をお答えいただくようにお願いします。

・各質問を踏まえ、回答は「水準を上回っている」「水準を満たしている」「水準を下回っている」の3段階のいずれかを選択してください。

・総合診断は、水準を上回っている＝3点、水準を満たしている＝1点、水準を下回っている＝0点、として合計点を算出するものです。

4. 診断にもとづく対話

・自己診断を踏まえ、その理由等を点がら内容の確認等をさせていただきます。

・確認事項を並行して、貴社の経営が持続性を高められるための対話」を行われることを期待したいと思います。

・この対話は、診断によって診断されるものの状況を踏まえ、貴社の経営改善や持続性・成長性について助言いたします。金融機関の知見や助言機能に基づいて意見交換を踏まえ「経営戦略」「具体的取組み」「優先順位」等について助言します。

・また、連携部署を通じて貴社の持続性向上につながる活発本業支援についても、金融・本業支援の観点から検討いたします。

サスティナブル診断に関するお問い合わせは

〇〇銀行　〇〇支店　担当　〇〇
TEL〇〇〇〇〇〇〇〇〇〇〇〇〇〇〇

【コラム 5】カーボンプライシング

　カーボンプライシング、最近よく耳にする言葉です。具体的な手法には、炭素税、国境炭素税、排出量取引制度、カーボンクレジット等があります。

　それでは、どうしてこんな考え方が生まれたのでしょうか。カーボンプライシングを直訳すれば「炭素の値付け」です。炭素を金額化することです。炭素に値段をつける必要があった理由には「外部不経済」の問題があります。外部不経済を例示すると、ある企業が経済活動を行うプロセスで大気汚染を発生させたとします。この大気汚染の代償を払うことなく企業は市場で製品を販売しますが、その市場外で近隣の住民が迷惑を被る現状があるのです。つまり、ある経済主体が行う経済活動の外側で、市場原理に基づかない不利益を第三者が受けることを「外部不経済」といいます。

　この不利益について、発生させた当事者に負担をさせることを「内部経済化」といいますが、そのために「負担部分を金額換算」する必要があるのです。炭素排出による市場外の悪影響を、炭素税のような形で発生元の企業に負担させるために「カーボンプライシング」といった仕組みが考えられたのです。

　これらの手法は、炭素排出を抑制する観点から、今後ますます拡大することが予想されます。政治的な問題もあって紆余曲折する可能性はありますが、大きな方向感は揺るがないでしょう。例えば、「国境炭素税」が欧米で拡大すると、世界の工場と言われる中国や東南アジアの国の製品は実質的な値上げになるので、販売面で大きな影響を受けるでしょう。税率が上昇すれば、競争力さえ失う可能性があります。国内においても、いまは比較的低額である"炭素税"が引き上げられて、ガソリン価格が「300 円／ℓ」といった日が来るかもしれません。

　こうした炭素排出量抑制を強力に推し進めなければならない状況になったときに、

　① 3 キロ圏内は「徒歩」での移動が義務付けられる
　② 1 時間圏内の飛行ルートはすべて廃止
　③ 自家用車は廃止。EV のシェア利用制度が法制化

といった事態が起こるかもしれません。そうなると「江戸時代」のお伊勢参りのように、数か月をかけて「徒歩で旅行」することがブームになるかもしれませんね。健康体でないと、これからの時代に生き残れないかもしれません。

　バブル時代や利便性の高い時代に育った人たちにとっては、「利便性低下」が今後長く続く可能性があります。しかし、未来に生きる人たちから「お前たちのせいで、こんなに苦労している」と言われることも辛いものです。環境対策は「世代間調整」の問題でもあります。相互が痛みを共有しつつ、持続性のある社会を作らなければなりません。前述のお伊勢参りのように、利便性低下を楽しめる感覚が必要なのかもしれません。

第5章
サスティナブル診断Ⅲ
（小規模企業向け）

　現在、いわゆる小規模企業の数は約300万社といわれています。中小企業の大半は小規模企業です。したがって、小規模企業向けのサスティナブル診断Ⅲは、最も市場規模が大きく、活用余地の大きいセクターといえます。

　地域金融機関・信用金庫・信用組合など多くの金融機関の「主要顧客層」にあたるので、この層にサスティナブルファイナンスの薬効を届け、持続性や企業価値の向上に貢献することは、地域創生や経済基盤の維持に役立つものといえましょう。

　また、「小規模企業向け」としていますが、ある程度の規模の中小企業に対しても十分適用できる内容なので、建設的対話につなげる観点から本診断を使うことは全く問題ありません。ぜひ有効に活用していただくことを願っています。

5-1. 診断Ⅲの基本的な考え方と構造（資料5-1）

　診断Ⅲは、できるだけ多くの小規模企業に対して「サスティナブルファイナンス」を享受していただく観点から「平易・簡易」を基本思想として作っています。一方で、平易・簡易とはいいながらも、「持続性を高める観点」で質問項目を設定しています。

　全18問で構成していますが、診断Ⅰ・Ⅱ同様に「ガバナンス（企業統治）」「財務」「ビジネスフィージビリティ」「リスクマネジメント＆レジリアンス」「社会」「環境」の6つの観点で設問している点は変わりません。相違点があるとすれば、「組織」というよりは「チーム」色の強い経営形態に適合するような「質問方法」を心掛けた点です。

　診断項目の判定については「〇×」の2択としています。その理由は、通常オペレーションに組み込まれている忙しい経営者を悩ませることなくシンプルに回答してもらいたいからです。総合評価は、8割以上をA評価、6割以上を

資料5-1　サスティナブル診断Ⅲ

サスティナブル診断Ⅲ（小規模企業向け）

No	領域	評価項目	判定	判定根拠・具体的な活動内容等
1	F	青色申告をしているか。自社の損益計算書（＋貸借対照表）を理解しているか		
2	F	自社の財務的な課題を理解し、何か対策を考えているか		
3	F	資金繰り表を作成しているか。資金繰りは安定しているか		
4	G	場当たり的な経営判断によって、問題を生じているケースはないか		
5	G	ご意見番、番頭役といった形で助言をしてくれる人はいるか		
6	G	金融機関と良いコミュニケーション、良い関係ができているか		
7	B	商品・サービス・技術など「当社ならではの強み」はあるか		
8	B	顧客基盤はしっかりしているか（顧客数・来客数が減少していないか）		
9	B	IT化・システム化に関心があるか。システム導入をしているか		
10	R	後継者はいるか。不在の場合の対応を考えているか		
11	R	社長が長期不在の場合でも事業が継続できるか		
12	R	地震・大雨など天災に対する対策はあるか		
13	S	近隣住民、商店街や工場団地の仲間と仲良くやれているか		
14	S	従業員への処遇や対応で揉めていないか。労使関係は良好か		
15	S	地域へ何らかの貢献をしているか		
16	E	環境問題（脱炭素・脱資源・環境保護）について一定の知識はあるか		
17	E	環境問題について、自社として貢献できる取り組み（再エネ・省エネ・省資源等）をしているか		
18	E	自社の商品／サービス等に「エコ（環境負荷への貢献）」を採り入れようとしているか		
総合評価				○＝1点、×＝0点

F：財務　G：ガバナンス　B：ビジネスフィージビリティ　R：レジリアンス　S：社会　E：環境
A＝15点以上、B＝11点以上、C＝9点以上、D＝6点以上、E＝5点以下

B評価、5割以上をC評価、3割以上をD評価、それを下回るものをE評価としています。

　本診断においても重要なことは「建設的対話」につなげることです。あるいは診断項目を通じて「気づき」を与えることです。したがって、その企業にとって最も優先される経営課題を考えながら、ポイントを絞った対話を行うことが大切です。本診断を行う層について多くの時間を投じることは「効率性の観点」から難しいと思います。むしろ「ワンポイント対話」という形で、ひとつでもいいから「経営の質を高める」ことを目指してほしいと思います。

5-2. 診断項目と解説

【問1】青色申告をしているか。自社の損益計算書（＋貸借対照表）を理解しているか

　本問の狙いは、①青色申告（最大65万円控除）を行うことで「複式簿記」による経営が行える、②そのうえで「自社の財務」について理解する、の2点です。青色申告のメリットは「特別控除」「専従者給与」「赤字繰越」などありますが、複式簿記を通じて「経営を少しでも高度化する」ことにあると考えています。仕訳帳・総勘定元帳はもちろん会計ソフトや税理士の作成資料などを通じて財務データや指標をチェックできることもメリットです。

　決算書や関連データを理解することができれば、「問題の発見」⇒「経営改善」といったステップを踏むことができます。したがって、複式簿記を前提に自社の損益計算書・貸借対照表の状況や意味を理解することが重要な意味を持つのです。「理解している」ということは、「問題点を説明できる」ことなので、経営者が決算書の内容、損益の背景等を説明できれば「○」ということになります。

【問2】自社の財務的な課題を理解し、何か対策を考えているか

　本問は、前問を踏まえ、さらに経営が高度化されているかを確認する項目です。財務諸表の意味を理解できれば、「課題」を認識することもできます。課題が認識できれば「対策」の検討も可能です。家族経営、小規模経営において「自社の財務で、何が問題かが分からない」ということが結構あります。債務超過であっても意に介さない経営者さえいます。これでは「持続性」を高めることができません。

　したがって、本問では「自社の財務的課題」と「その重さ」を経営者が理解していることを重視します。これが「○」に該当する第一条件です。次に、「対策」については正直考えつかない場合も多いと思いますが、「このままではまずい」という認識さえあれば、「金融機関・税理士の助言」を素直に聞くことで「経営改善を図る」ことができます。さらに「自分自身で対策を考える」ことができれば、答えが見つからないまでも財務的な理解が深まるので、金融機関の助言に対する取り組みもさらに意欲的なものになると考えられます。家族経営・小規模経営では、経営者自身がオペレーションの中心であることが多く、

財務的な知識や理解、関心が深くないことがあります。しかし、財務的な課題を知らずして経営をすることはできず、企業の持続性を高めることもできません。そういった意味で、財務知識についても身につけようとする姿勢が求められます。本問はそうした機会を作る企図もあります。

【問3】資金繰り表を作成しているか。資金繰りは安定しているか

資金繰り表を作成している小規模企業は多いとはいえないでしょう。もちろん「支払日・支払金額」「入金日・入金金額」を頭に入れつつ対応しているとは思います。しかし、これでは月単位の見通し、週単位の見通しが精一杯で「短期的な資金繰り」のみの視点になってしまいます。

資金繰り表は通常「半年単位」の様式になっていることが多いので、「計画的な視点」「長めの視点」が生まれます。こんなちょっとしたことが「経営のレベルを上げる」のです。この半年単位の資金繰り表に慣れれば、1年単位の資金繰りを考えることもできます。設備投資をする場合に、現状の資金繰りを踏まえて「増収」と「支払い増加」をシミュレーションすることで、無謀な計画を抑制することもできます。

このように、資金繰りは企業経営の基本であり、キャッシュフロー経営の出発点でもあります。そして経営者に必要なのは「先を見通す」こと、長期的な視点です。半年単位、1年単位の資金繰り表作成は、そうした視点を財務に付加するのです。これは、家族経営・小規模経営の質を高めるうえで効果の大きい取り組みです。本問は、小規模企業に「資金繰り作成」を普及させたい意図もあって設定しています。

【問4】場当たり的な経営判断によって、問題を生じているケースはないか

やや直截的な質問になりますが、オブラートにくるんだ表現では分かりにくいと判断して、こうした表現にしています。

本問の意図は「計画性」「戦略性」の視点を持つことです。家族経営であっても、小規模企業であっても「計画性」や「戦略性」が必要です。その理由は「先を考える」ことにつながるからです。こうした話をすると「小規模企業は小回り良く臨機応変にやるしかない」といった声を聴くことがあります。しかし、そうした経営姿勢は「持続性」を高めることになるのでしょうか。

中小企業が小回り良く臨機応変に動くことは、長所として活かすべきです。それがスピード感にもつながります。一方で「計画性」「戦略性」は、「将来・

先行き」を考えることです。自社の課題は何か。将来、自社を取り巻く業界は
どう変化しそうか。商店なら地域はどう変わりそうか。こういったことを考え
てこそ「自社の在り方」「事前準備」が可能になります。「その場その場で臨機
応変に対応」すべきことはたくさんありますが、「準備をしなければ、対応で
きない問題」もあります。特に、自社の経営課題の解決や弱みの克服には一定
の時間を要します。そういった意味で、「計画性」「戦略性」をもつことが「持
続性」を高めるのです。

　本問では、問題を生じたケースが仮にないとしても、「○」で終わることな
く、前述の観点から建設的対話を進めることが期待されます。サスティナブル
ファイナンスとはそういうものです。

【問5】 ご意見番、番頭役といった形で助言をしてくれる人はいるか

　本問は「ガバナンス」のなかでも、経営者をどう律するか、という点で重要
なポイントです。家族経営・小規模経営において、社長は絶対的存在であり、
家長を兼ねる場合もあるので、さらに役割は大きく、その経営判断が企業経営
に大きな影響を与えます。

　こうした大きな権限や指揮権をもつ経営者が「暴走」「独善」に陥ると、経
営は大きなリスクに晒されます。そういった意味で、社長を律する「ご意見番」
や「大番頭」がいる企業は一種の「牽制が効く」ので、「リスク低減を図る枠
組み」があるといえます。もちろん、経営者自身がバランスの取れた人であれ
ば問題を生じるケースは少ないかもしれませんが、それでも経営者が悩むとき
に助言を与えてくれる存在がいれば、経営体制は強化されるでしょう。

　本問は、事実として「そうした存在の有無」を確認するとともに、経営者に
「そうした存在を置く」ことの重要性に気づいてもらう意図があるのです。あ
わせて、経営者は「独善・暴走」に陥る可能性がある、過信は禁物である、と
いうメッセージも込めています。

【問6】 金融機関と良いコミュニケーション、良い関係ができているか

　本問は「資金調達」を問うものです。家族経営・小規模企業において、代々
続いている企業では不動産担保を提供し、比較的安定した調達体制ができてい
る場合が多いのではないでしょうか。あるいは「保証協会保証」を活用して資
金調達している場合もあるでしょう。しかし「借店舗」「借事務所」などで営
業し、資産背景を持たない企業も少なくありません。あるいは町工場などで設

備投資する場合に「担保評価を超える調達を行う」ケースもあるでしょう。

　こういったケースを想定した場合に「金融機関と良好な関係が構築できている」かが重要なポイントになります。近時、金融機関も効率的な営業体制を志向し、営業担当者も十分な訪問やコミュニケーションを行う機会が減っています。こうした関係の薄弱化は、いざ「通常範囲を超えた資金調達」「業況悪化時の資金調達」をする場合に障害となる可能性があります。そういった意味で、金融機関側のコミュニケーション努力は当然として、企業側にも「意識して金融機関とコミュニケーション機会を作る」ことを心掛けてほしいのです。それは、金融機関の「企業理解」が深まることにつながります。良好なコミュニケーションが出来ていれば、企業の現状もわかりますので「ある日突然の融資申出」が減り、業況・資金繰りに応じた事前相談が増えることになります。そういった意味で、経営者に「金融機関とのコミュニケーションの重要性」を再認識してもらい、自社の資金調達パイプを太くすることを考える機会とすることが本問の狙いです。

【問7】商品・サービス・技術など「当社ならではの強み」はあるか

　本問は端的に「自社製品の強み」を確認する項目です。同時に、経営者に「自社の強み」を考える機会にする質問でもあります。

　中小企業にあっては「自社の強み」を明確に意識できている場合もあれば、「何となくわかっている」「あまり意識したことがない」場合も少なくありません。しかし、企業の「持続性」を高めるうえで重要なことは「強み」を明確にして磨き続けることです。経営環境の変化にあっても、自社の強みを失わないように対処することが必要です。例えば、商店街にある「お菓子屋さん」の顧客の年齢層が少しずつ変化し、嗜好が変わってくる場合があるかもしれません。そうした場合に、おいしいお菓子作りの知見や技術といった強みを活かすために、顧客ニーズを理解する「マーケティング的要素を補完」することが大切です。顧客ニーズを把握できれば、新しい商品作りをすることができて「売上減少を防ぐ」ことにつながります。

　自社の強みが分かっていれば、「新しい仕事」を見つけることもできます。例えば、自動車関係の部品作りをしている町工場が、EV車の増加で徐々に発注が減ってきた場合に、自社の独自の切削技術を上手に表現できれば、別の会社から発注を取ることも可能になります。金融機関側も強みの技術が明確になれば、対象を絞り込むことでマッチングがしやすくなります。そういった意味で、強みを明確にする、言語化することは「持続性」を高めるうえで不可欠で

す。本問は、家族経営・小規模経営の企業であっても、こうした点を認識し、自社の強みを探索してもらう機会にすることを企図しています。

【問8】顧客基盤はしっかりしているか（顧客数・来客数が減少していないか）

　小規模経営において「売上」が特に大事です。大企業では数多くの商品群を揃え、ターゲット市場をベースに「崩れにくい売上構造」を構築しています。一方、小規模企業においては「特定の企業の下請け」「地元が商圏」といったように一点集中型が多いので、「代替や補完可能性の低い売上構造」になっています。したがって「顧客」の動向については注意深く見る必要があります。

　本問の「顧客基盤の強固さ」ですが、B to Bであれば「発注企業数の変化」「発注量の変化」に注目します。特に1社に売上が集中している場合には、その企業の動向が大きなリスク要因になるので、その企業の経営状況や方針に留意する必要があります。

　また、B to Cであれば「地域の人口」「主要顧客層の数」「来店客数」に着眼します。個人相手の商売では、商品／サービスの商品力が極端に落ちた場合や強力な競合店が出店したような場合を除けば「変化は緩やか」なことが多いはずです。逆に、変化に気づいたときには大きな痛手を負って「大手術」が必要になることがあります。こうした微妙な変化に合わせて、常に新商品を試すなど顧客ニーズの確認や新顧客の開拓に努めることが「持続性」を高めることにつながります。

　本問は、分かっているようで日常に慣れて気づきにくい「売上の重要性」「変化への対応」を経営者に理解してもらう企図があります。

【問9】IT化・システム化に関心があるか。システム導入をしているか

　家族経営・小規模経営だからIT導入やシステム化が遅れているとは限りません。この種の対応は「経営者のセンス」や「関心」が大きく影響するからです。しかし、一般的にはIT活用が遅れているセクターが小規模企業です。

　小規模経営の場合、従業員数が限られるので「従業員廻り（人事）」の効率化をITで図る効果は少ないと思います。一方で、「ホームページによって受注機会を増やす」「Eコマースを構築する」「顧客データの分析により商品企画や生産量の管理に活用する」といった営業面でのIT化は効果が期待できる領域です。今回のコロナ禍で人流制限がかけられたときも、ホームページがないために弁当を始めたことを伝えられなかった、受注機会を得られなかった飲食

店が多いと思います。小規模経営だから IT 投資をしなくて良い時代ではなくなりました。ビジネスの基本的なインフラを IT が担う機会が増えるので、むしろ小規模企業こそ IT について真剣に考える必要があります。

　本問は、小規模企業に対して IT に関心をもってもらうこと、具体的な検討を始めてもらうこと、を企図したものです。したがって、システムに関心がない、導入していない、といったお客様に対して、本問を通じた啓蒙を進めていただきたいと思います。

【問 10】 後継者はいるか。不在の場合の対応を考えているか

　本問は事業承継に関する質問です。家族経営・小規模経営の一番の悩みが「後継者不在」です。実際、年間 6 万社の中小企業が廃業などを理由に減少しています。その主たる層が零細企業です。したがって、経営の「持続性」を考える場合に「後継者の有無」は最初に確認すべきことです。本問は、事業承継の確認を起点として「それでは今後どうするか」について話し合う契機とするものです。

　特に経営者の年齢が 60 歳を超えている企業については喫緊の課題です。家族経営・小規模経営においては、経営・オペレーションの両方において経営者がメインプレイヤーになることが大半なので「後継者」がいたとしても「育成」の時間を考えると「早めに準備」する必要があります。街で知られたお寿司屋さんであっても、後継者の調理技術習得がうまく行かなければ繁盛できないはずです。小規模企業の事業承継が難しい背景には、経営プラス「技術」の承継問題があるのです。

　金融機関においても事業承継は力を入れている領域です。事業引継ぎセンターの活用はもちろん、後継者がいない場合に「意欲のある第三者」をマッチングできる体制作りも進めなければなりません。本問は「持続性」を問ううえで重要な項目です。

【問 11】 社長が長期不在の場合でも事業が継続できるか

　本問は家族経営・小規模経営にとって大黒柱である「社長の長期不在時」のリスク管理を考えてもらう企図があります。

　社長の役割は企業によって微妙に違います。例えば、社長が「一人料理人」の飲食店であれば、本件の場合「休業」せざるを得ません。町工場で社長自身も工場で職人として働いているが、他の職人で社長の分をカバーできる場合も

あるかもしれません。このように、社長の「現場」「経営」における役割は企業毎に微妙に異なるので、各社の事情に合わせて本問を考えてもらうことが大事です。

　事業を継続するためには「オペレーションを止めない」だけでなく、「資金の確保」「取引先との交渉」「銀行との交渉」といった様々なことを考える必要があります。何も考えていない企業は「出たところ勝負」にならざるを得ず、右往左往することが予想されます。しかし、こうした事態を事前に想定して「資金の準備」「従業員の担当できる仕事を増やす」「2人で銀行交渉を行う」といった準備をしておけば「危機時の対応力」が格段に高まり、企業の強靭性・持続性が増します。

　家族経営・小規模企業では、社長が倒れたために業績が傾くことが起こりがちです。そういった意味で、経営者の長期不在時の対処を考える、準備することの重要性に気づいてもらうもので、一種のBCP（事業継続計画）策定の起点となる質問といえるでしょう。

【問12】地震・大雨など天災に対する対策はあるか

　本問は「事業継続計画（BCP）」の策定に関する質問で、企業のリスク管理やレジリアンス（強靭性）を確認します。近時「温暖化の影響」なのか、台風や水害が増加しています。また、地震も各地で発生し、南海トラフ地震・首都圏直下地震が懸念されています。小規模企業であっても「サプライチェーンを止めない」「ライフラインの役割を果たす」ことが求められており、「早期復旧」「事業継続」について考えることが、社会的な信用を得るうえでも重要です。

　事業継続計画（BCP）を具体的に作成できれば一番良いことです。B to B企業であれば計画を取引先に説明することで、サプライチェーンにおける信頼も高まります。しかし、計画策定ができない企業も少なからずあります。こういった企業にあっては「文書化」できないまでも、事前準備すべきことや、発生時に優先してやることが共有できていれば「持続性」が格段に高まるはずです。本問を契機に経営者と意見交換を行い、自社の事業継続の在り方を考えてもらうことが大事です。

【問13】近隣住民、商店街や工場団地の仲間と仲良くやれているか

　本問は「地域との関係性」を問うものです。近時「善良なる市民」としての企業が問われています。地域において「悪評やトラブルが目立つ」ようでは、

「持続性の高い企業」とはいえないでしょう。特に小規模企業は「ヒト」としての側面や関係性が出やすいことから留意が必要です。

　Ｂ to Ｃ企業にとって、近隣住民は「顧客そのもの」であり良好な関係が求められることは当然です。また、地元商店街や団地組合の仲間とは「相互扶助の関係」にあり、共同でイベントや事業を行うことも少なくないはずです。そういった意味で、良い関係を築くことでパートナーシップ（連携）も高まり、自社に良い影響がもたらされるはずです。

　Ｂ to Ｂ企業では、近隣住民から苦情が増えれば「事業上の支障」を来すことになります。騒音・振動・悪臭などの公害については「操業差し止め」の訴えに至る場合さえあるでしょう。また、運送のトラックが頻繁に往来するような地域では、迷惑駐車や自動車事故など苦情リスクが高まります。近年市民パワーが強まっており、近隣住民との関係性は無視できません。また、商業団地や工業団地などで事業を行う場合には、前述の通り、共同事業やイベント実施で協力し合う機会も多く連携が不可欠です。

　こういった点に無頓着な経営者、独歩を好む経営者もいますが、事業を長く続けるためには近隣や地域と上手にやっていくことが必要です。「長期的な視点」「相互扶助の観点」で関係性について考える機会としたいものです。

【問14】従業員への処遇や対応で揉めていないか。労使関係は良好か

　家族経営や小規模企業において「経営者と従業員の関係」は、通常以上に「近い」ものです。また、少人数がゆえに「人間関係」が仕事に大きな影響を与えます。そういった意味で、経営者が従業員とどう接しているか、ハラスメントがないか、過重労働やノルマによって心身の健康を害していないか、等々の問題は非常に重要です。むしろ家族経営・小規模経営の強みは「労使の一体感」にあるといっても過言ではないので、そうした「強み」を失うことにもなりかねません。本問は、こうした点を踏まえ、社長の従業員への接し方、社内の雰囲気づくりについて問うものです。

　また、小規模経営がゆえに「給与・賞与」「休暇」「福利厚生」といった処遇面では、大企業に劣る部分が多いと思います。だからこそ「人間関係の暖かさ」「きめ細かい配慮」といった小規模ならではの強みを確実に活かすことが、社員の満足度向上や定着率アップにつながり、ひいては企業の「持続性」を高めるのです。労使関係を見るうえでは「定着率」が重要な指標になります。また、社内の雰囲気（明るさ、活気、社長への言葉遣い等）を見れば、従業員の満足度の一端を知ることが出来ます。本問のテーマについては、小規模経営者自身

が一番理解して心掛けている部分だとは思いますが、いったん崩れると業績への影響も大きいのでしっかりと検証する必要があります。

【問15】地域へ何らかの貢献をしているか

　本問は「問13」とも関連しますが、ダイレクトに「貢献」を問う内容としています。多くの家族経営・小規模経営の企業は「地域と密接につながっている」ので、「清掃活動」「イベント支援」「歳末等の寄附」などの形で地域貢献をしている場合が多いと思います。

　そういったなかで、敢えて「地域貢献」の質問を設定した理由には、今後ますます「地域への貢献」の重要性が高まることを自覚してもらうためです。多くの地域で、人口減少や少子高齢化に伴う市場の縮小や経済の停滞が問題になっています。もちろん行政も産業振興策や地域創生に力を入れていますが、官頼み、他人任せでは限界があります。むしろ地域に根差し、地域から従業員を預かる小規模企業だからこそ「自発的な貢献活動」が求められるのです。

　1社だけで出来ることには限りがあるので、小規模企業は協働して様々な貢献企画を考えて実施する必要があります。金融機関は、自らがリーダーとなって地域創生や活性化に向けた活動を主導するだけでなく、サスティナブル診断Ⅲを契機として「経営者の自覚」を促し、地域が活性化するために、誰もが動き出すような環境整備を進めることが必要なのです。

【問16】環境問題（脱炭素・脱資源・環境保護）について一定の知識はあるか

　中小企業のSDGsの認知・理解度が低いことは説明した通りです。いきなりカーボンニュートラルの対応をとっているか？といった問い掛け方をしても「距離感」があります。そこで、本問では「環境問題」という大きな枠組みのなかで「一定の知識の有無」を問う形にしています。

　本問は「脱炭素」「脱資源」といった世界的な問題が、SDGsやESGといったイニシアティブに形を変えて日本でも進行しつつあるということを、小規模企業に理解してもらうことを企図しています。

　もちろん「温暖化」「資源の枯渇」といったことは小規模経営者でも理解していると思います。しかし、ここでいう「一定の知識」は、①企業にとって環境問題がどういう影響を与えるか、②政策・法律やビジネスルールが今後どう変わる可能性があるか、③自社の業界や仕事において具体的にどんな環境問題があるか、について正確に理解することを期待して設定しています。

経営者が高齢化するなかで「それは若い世代が考えること」と、逃げ切り姿勢にある経営者も実際にいます。また「大企業が対応することで、小規模企業は余裕がない」と無関係を装う経営者もいます。しかし、それでは「社会の持続性は低下する」一方です。外部不経済の問題は、小規模企業であっても関係する問題です。善良なる市民としての自覚を促す必要があります。また、気候温暖化や脱資源の問題は「身の丈に合った対応」ができる領域であり、小規模企業だから何にもできないことはありません。

本問を通じて「SDGs」「気候変動」を勉強する機会にすることが大切です。そして、サスティナブルファイナンスにおける金融機関の役割は、こうした小規模企業を「啓蒙」することでもあります。

【問 17】環境問題について、自社として貢献できる取り組み（再エネ・省エネ・省資源等）をしているか

本問は、前問を踏まえて一段階「上位レベル」での設定としています。具体的には「環境問題を理解する」だけではなく、「具体的な行動に移す」ことです。小規模企業だからこそ、節電・節水といったコスト削減につながる取り組みを従来から行っているはずです。また、「過重包装の廃止」「廃棄削減への取り組み」を行っている企業もあるでしょう。

この質問を通して「実際の取り組み」について知る機会になるかもしれません。有効な取り組みがあれば、金融機関で共有し、地域の小規模企業に情報提供することで、その取り組みを展開することもできるはずです。また、すでに幾つかの取り組みをしている意識の高い企業であれば、さらに取り組みを充実させる機会としても利用できます。

本問は、小規模企業が「環境問題へ具体的な取り組みを始める機会」としてもらうために活用する狙いがあります。この場合、企業にとって新たな取り組みであることに留意してほしいと思います。

【問 18】自社の商品／サービス等に「エコ（環境負荷への貢献）」を採り入れようとしているか

本問も前問と重複する部分がありますが、あえて「商品／サービス」としている点が重要です。つまり「本業そのもの」に「環境の視点」を組み込む意図があるのです。

商品やサービスを提供して売上をあげるので、最も重要な商品／サービスに

環境の視点が入ることは大きな変革につながります。また、それが「エシカル消費」等の動きと合致すればビジネスチャンスになる可能性もあります。そういった意味で、自社の製品・商品やサービスと環境問題をうまく組み合わせることができないかを考えることは、自社のバリューチェーンについて考える機会にもなるので、付加価値の高いビジネス創出をするチャンス作りの側面があるのです。

【コラム6】「長期政権」を中小企業は活かせ！

　中小企業の強みに「長期政権」があります。大企業であれば「後進に道を譲る」必要があり、創業社長でもない限り「長期政権」を築くことは難しいでしょう。また、中小企業の政権は「株主」と一体であることから、極めて「安定的な政権」でもあります。大企業の経営者から見れば、こうした特質は「垂涎の的」ではないでしょうか。

　一方で、中小企業の経営者にとっては、長期政権が当たり前の事実すぎて「そんなに素晴らしいことなの？」と不思議に思うかもしれません。それは、とても勿体ないことです。30年に渡る長期政権の価値を意識して経営するのと、意識せずに経営するのでは明確な差が生まれると思います。

　企業変革には「時間を要する課題」があります。また、「実現したい夢」には、一足飛びには届かない、一歩一歩進むべきものがあります。5年単位、10年単位で「重要な経営課題」や「夢」を実現するために、「ストーリーを持って取り組んでいける長期体制」が中小企業にはあるのです。いまの時代、これがどれほど素晴らしい価値をもつか…。

　したがって、中小企業には2つのことを意識して、長期政権を活かしてほしいのです。

　第一が「抜本的な経営課題」の発見です。企業の継続性（サスティナビリティ）を高めるために、時間をかけて変革する必要のある課題です。この課題を発見するために「強みの強化」「弱みの克服」「新たな挑戦」の3つの角度から経営を考えてみることをお勧めします。

　キーワードになるのが「デジタル対応」、つまりITの推進です。いま流行の「DX」は中小企業には格好良すぎる言葉だと思っています。まずは、デジタルを活用して業務の効率化、オペレーションの変革に徹底的に取り組むことです。そして攻めの観点では「BD（ビッグデータ）」を活かして、マーケティングや顧客との関係強化を図ること、新市場創造のヒントを得ることなどが考えられます。

　キーワードの2つ目が「環境対応」です。具体的には「脱炭素・脱資源」で

す。この問題は、中小企業であっても必ず直面する課題であり、リスク管理上絶対に必要です。しかし、恐れるだけでなく「機会創出」に活かすことが大切です。自社の経営資源を活用して「脱炭素・脱資源」につながる「商品化やサービス化」について検討するのです。チャンスの多い領域だと思います。

第二に意識していただきたいことが、「夢（経営ビジョン）」を持つことです。不透明な時代は、既往の枠組みが壊れていく時代でもあります。右肩上がりの前例踏襲の時代には、既往のシェアを乗り越え新規参入することが難しかったと思います。しかし、これからの時代は「誰もが勝つチャンス」を持った時代です。この時代を生きる者として、チャンスを活かさない手はありません。

そのために必要なものが「夢」＝「経営ビジョン」です。当社は何をするためにこの世にいるのか、自社は何を武器に闘い、何で貢献するのか。それを徹底的に考え抜くことです。自己否定さえ厭わない姿勢が必要です。新機軸を打ち出すとき、必ず既往の体制やスタイルが破れるものです。その破れる側にいて、古い体制に固執していれば「変わる」ことができません。時代の流れや技術の革新、人間の意識の変化を止めることなどできないのです。止められない環境で経営をする以上は、自らが先頭に立って改革の波に飛び込むか、あるいは、改革を避けて「身の丈にあった環境適合の仕方」を考えるか、いずれかを選択せざるを得ないのです。

大企業では大きな変革をする場合、社内外の「取引コスト（調整負担）」を多大に支払います。中小企業は、その取引コストを抑制できる体制があります。それがオーナーシップであり、長期政権で使える時間です。不確実性の高い時代は、中小企業に利のある時代です。長期政権のメリットを再認識して、夢に突き進んでいってほしいと思います。

第6章
サスティナブル診断Ⅳ
（事業協同組合向け）

　金融機関の職員であっても「組合」に関して十分な理解を持っている方は少ないのではないでしょうか。組合というと"オールドファッション""高齢者サロン"といったイメージを持つ方もいるかもしれません。しかし、再び「協同組合」に光があたる時代が来たといっても過言ではありません。本章で協同組合向けのサスティナブル診断Ⅳを提示する理由も「パートナーシップの時代」に、このビークル（器）が威力を発揮し、中小企業にとって大きな力となることを確信するからです。

　時代は「パートナーシップ（連携）」を求めています。日本が長期停滞から脱して、新しい資本主義を実現するためには「イノベーション（新機軸）」がカギになります。中小企業は、オーナーシップ型の経営形態であり、オーナーの腹ひとつで「グッドリスク」を取れる環境にあります。言い換えれば「リスクを恐れない中小企業」こそが「イノベーションの創造主」になれる可能性を秘めているということです。しかし、中小企業の「経営資源」は大企業に比べて限定されたものです。新機軸を創造するためには、ダイナミックケイパビリティでいうところの「共特化（経営資源の補完）」が不可欠であり、その共振の場を「協同組合」に求めることは自然な流れです。その理由は、①組合がヒトを重視した結合体であること、②独特のガバナンスを有すること、③中小企業の各種施策の受け皿になりうること、④税的優遇があること、等です。

　第一の「ヒトの結合体」という意味は、株式会社が「資本（カネ）」の多寡で意思が決まる組織であるのに対して、組合は「出資」はするものの「限度額（総額の4分の1）」という制限があり、加えて組合員一人ひとりが平等に扱われる「1人1票の議決権」という意思決定構造になっています。つまり「相互扶助の精神」がビークルに現れているのです。

　第二の「ガバナンス」は、前述の「1人1票」の議決権・選挙権はもちろん、利益をあげた場合の配当は「利用分量」「従事分量」で行うという「事業の活用」が基準になっています。つまり、一人ひとりの意思が尊重され、利用や貢献に

応じて配分も受けられる仕組みなのです。

　第三の「施策の受け皿」は、大企業に比較して経済的に弱いとされる中小企業が、手を携えて共同事業を行うという目的や体制に対して、「国の手厚い中小企業支援策」が用意されており、組合がその受け皿となることが多いという意味です。

　第四の「税的優遇」は、一般の株式会社より低い税率が適用されています。これは組合の相互扶助や中小企業の結合によって経済成長に貢献する点が配慮されているからです。

　これらのことを「イノベーション」との関係で整理すると、アニマルスピリットに富んだ中小企業者が、何か新しい技術や製品、あるいは市場開拓や共同生産などを行うために、お互いの経営資源を活用する目的で組合を活用する場合に多くのメリットがあるのです。まず、新機軸を創造するためには腹蔵なく議論をし、知恵や技術を持ち寄ることになります。これは「経営者同士の信頼関係」がなければできないことです。まさに「ヒトの結合体」が活きるのです。また、お互いが知恵や技術を持ち寄って新たな創造を行う場合の経営判断を「1人1票」で行うことです。多くカネを出したから決められるのではなく、経営資源を活かして相互扶助するのですから、これほど合理的な意思決定の在り方はないはずです。また、新しい挑戦にはお金や支援が必要ですが、国や県、あるいは中小企業団体中央会といった公的機関の支援を受けることができます。そして、いろいろ再投資や研究を行うために資金の流出を抑えるためにも税率優遇が活きます。

　さらに「SDGsの時代」に、中小企業が1社だけでゴール達成を目指すよりは、連携して取り組むことでパワーアップできます。SDGsゴール17は「パートナーシップ」ですが、組合が一体となって取り組むことはこの趣旨にも合致します。実際、ジャパンSDGsアワードで商店街組合が受賞している例があります。

　このように金融機関の職員は「組合」に関する理解や関心を深めるべきです。ここでは、組合の代表格として「協同組合」をあげていますが、同様に「企業組合」「協業組合」「商工組合」など様々な形態があります。それぞれ「経済事業」「事業の改善発達」など目的が違う面もあるので、違いやメリットを十分確認して、大いに活用することを推奨します。

　本章では、協同組合に関するサスティナブル診断を提示します。現在でも4万あるといわれる協同組合は、地域や業界の経済団体としても大きな役割を担っています。こうした協同組合がさらに成長・発展することで、イノベーショ

ンや地域創生の大きな力になると考えられることから、本診断書を通じて「建設的対話」を進めるとともに、連携に関する相談があった場合の「選択肢」として協同組合の活用を検討してもらいたいと思います。

6-1. 診断Ⅳの基本的な考え方と構造（資料 6-1）

サスティナブル診断Ⅳは、協同組合の特徴を踏まえたうえで、持続性につながる要素を考えて設計しています。例えば、基本理念である「相互扶助」が活きる運営とは何か。また、組合員は、1社1社は独立した企業であり、そうし

資料 6-1　サスティナブル診断Ⅳ

サスティナブル診断Ⅳ（事業協同組合向け）

No	領域	評価項目	判定	判定根拠・具体的な活動内容等
1	G	「相互扶助」「組合員への奉仕」という考え方が、組合全体に浸透しているか		
2	G	理事長のリーダーシップ、行動力はあるか		
3	G	理事会は機能しているか、各種委員会は機能しているか		
4	G	事務局の事務管理能力や企画・推進力は認められるか		
5	G	組合員の自由な意見・不満を吸い上げる体制や風通しの良さがあるか		
6	G	設備の再整備など「長期的な視点」で組合のビジョンや計画が作られているか		
7	F	組合の財務・財政に大きな問題はないか		
8	F	共同事業を行っている場合、事業リスクを吸収できる仕組みや管理はあるか		
9	F	安定収入はあるか。賦課金の水準は適切か		
10	B	SDGsへの取り組みは検討されているか、何か取り組んでいるか		
11	B	組合員共通の新たなニーズに対する「新事業」の検討・研究は行われているか		
12	B	組合員の「IT/システム化」や「事業承継」に資する取り組みは行われているか		
13	S	組合員の従業員の教育・処遇・人権の向上につながる研修や取り組みは行われているか		
14	S	組合員の生産性向上・経営安定・基盤強化・事業再構築に関わる支援の取り組みは行われているか		
15	S	組合として地域への貢献に関する施策は検討されているか、実施できているか		
16	E	組合自身で環境問題に貢献できる取り組みを行っているか		
17	E	組合員に対する環境問題（脱炭素・脱資源・自然保護）に関する情報提供は行われているか		
18	E	組合が共同生産・共同加工を行っている場合に、環境負荷の低減の取り組みを行っているか		
総合評価			○＝1点、×＝0点	

G：ガバナンス　F：財務　B：ビジネスフィージビリティ　S：社会　E：環境
A＝15点以上、B＝11点以上、C＝9点以上、D＝6点以上、E＝5点以下

た企業を束ねて組合運営を行う理事長・理事会の在り方はどうか。尊重される
べき組合員企業の意見吸収が円滑に行われているか、といった観点です。また、
組合員に奉仕することが組合の目的なので、組合員のニーズを吸収した事業が
行われているか、あるいはSDGsやイノベーションへの取り組みはどうか、と
いったことも組み込んでいます。

　診断項目数は18個とシンプルです。まさに、協同組合のサスティナビリティ
に必要な要素に絞り込んでいるのが特徴です。また、回答も「小規模企業向け
診断」同様、○×の2択方式としています。これも回答負担とメリハリを重視
するものです。総合評価もAからEまでの5段階としています。本診断にお
いても、診断後の「建設的対話」が重要であることは他の診断と同じです。

　近年、組合員数が減少傾向にあり、共同事業も落ち込んでいるケースが増え
ていますが、本来の組合の利点やあり方を見直してもらうことで、まだまだ組
合の活用余地は大きく、その成長も見込めると考えています。組合が活性化す
ることは、組合員である中小企業が活性化することであり、地域への貢献が大
きくなることも期待されます。本診断を活用した組合との建設的対話の機会を
活かし、組合の活性化に努めて参りましょう。

6-2. 診断項目と解説

【問1】「相互扶助」「組合員への奉仕」という考え方が、組合全体に浸透しているか

　本問は「組合の理念」が徹底されているかを確認するものです。パーパス経
営という言葉があるように、なぜ組合が存在するのか、組合として何がやりた
いのか、基本理念が疎かになっているようでは、組合員からの支持は望めず、
組合事業の活性化も期待できません。

　そういった意味で「相互扶助」「組合員への奉仕」という、事業協同組合の
理念が組合に浸透していることを本問で確認します。具体的には「理事長」「理
事会」「事務局」「共同事業」の4つの観点から検証します。

　第一の「理事長」は、文字通り組合のトップであり、リーダーです。一般企
業の運営とは異なり、組合は「企業」の集まりであり、"一国一城の主"が集
まって共同事業を行います。当然「まとまり（一体感）」という点が最も難し
い問題です。そういった意味で、理事長のリーダーシップが運営上のキーにな
るといっても過言ではありません。城主を仕切る政治的手腕はもちろん、長期

的な視点で組合員の利益を実現する洞察力も問われるのです。

　第二に「理事会」は、組合経営の要となる意思決定機関です。この理事会が機能することが組合員の利益に適いますし、理事長の独断を防ぐことにもなります。また、事業毎に委員会が設置されている場合もありますので、その場合は委員会が活発に活動できているかも同様に重要です。

　第三の「事務局」は、事業の推進、組合員のニーズや不満の吸収、情報収集や事業企画など、様々な観点で「要」となります。理事長が優れているだけでなく、実務能力に優れた事務局があるからこそ組合運営はうまく行くのです。

　第四の「共同事業」は、まさに「組合員の利益を実現する」ための事業です。共同事業の活動状況、取扱量、組合員にもたらされる便益、を確認することで、組合が組合にとって役に立っているのか、組合員奉仕が実現しているか、を知ることができます。

　これら4つの観点で「相互扶助」が徹底されているか、事業の運営や配分などが「組合員奉仕の観点」で平等公平に行われているか、を検証することで「理念が浸透」しているかを知ることができます。この理念が浸透している組合であれば、事業も活性化し、組合員の満足度も総じて高いといえます。

【問2】 理事長のリーダーシップ、行動力はあるか

　前問でも触れたように、一国一城の主が集まって共同事業に取り組む組合では、理事長のリーダーシップや行動力が致命的に重要です。筆者の経験からも「良い組合には良い理事長あり」です。特に、組合員数の多い組合では「異見を吸収しつつ、一体感をもった事業運営」をすることが本当に難しいものです。理事長の識見だけでなく、政治的な手腕（仕切る力）、リーダーシップが欠かせません。また、組合員の利益のために、地域（行政）、業界への働き掛けも必要です。そうした行動力なしに組合の発展は実現できないのです。

　理事長のリーダーシップは、組合事務局がもっとも理解しています。同時に、組合員の評価を聞けばすぐにわかります。さらに「組合の活動内容」が充実したものであれば、理事長のリーダーシップは十分機能しているといえましょう。

【問3】 理事会は機能しているか、各種委員会は機能しているか

　理事会が機能しているかは、総会で提出される「事業報告」を見れば、開催回数・開催内容が記録されているので、ある程度のことを理解できます。同様に「各種委員会」の活動状況もわかります。加えて「事業実績」が数字的にも

示されているので、それが実態を示すことになります。

　書面上だけでなく、事務局や理事長に対するヒアリングも有効です。実際に、理事会／委員会の活動状況や、各理事・各委員の参画や議論状況をみれば判断できます。

　組合が「ヒトの結合体」であることに鑑みれば、理事長はもちろんのこと幹部である理事や各委員会の委員長がしっかりと役割を果たしてこそ「団体」としての意義も生まれるのです。理事長だけでなく、理事会・委員会が機能している組合のガバナンスはしっかりしていることが多く、持続性もそれだけ高いことを意味します。

【問4】事務局の事務管理能力や企画・推進力は認められるか

　本問は「事務局の能力」を問うものです。

　通常、理事長や理事は「非常勤」であることが多く、常勤者は「事務局メンバー」のみという形態が少なくありません。団地組合など事務局と組合員が同じ場所にいる場合には、毎日理事長が組合に顔を出すというケースもありますが、基本的には事務局が事務を担っています。

　そういった意味で、事務局の役割は相当重いものがあります。一方、近年財政が先細りするなかで、一人事務局といった組合も少なくありません。事務局長の高齢化も進み、知恵や経験はあるが、企画力の斬新性や行動力という点では問題がある場合もあります。

　事務局は理事長・理事に代わって組合員と向き合い、情報提供やニーズの吸収などを行う役割をもっているので、事務局がしっかりしていないと組合員の「組合離れ」といったことも起きかねません。また、理事長と綿密な意思疎通をすることで、理事長のリーダーシップに貢献する役割も担っています。理事長にとって事務局はセンサーであり、モーターでもあるのです。

　事務局については「事務局長」と面談することが一番です。面談すれば、事務局長の考え方や普段の活動振り、理事長との関係性などが理解できます。また、事務局メンバーが複数いる場合には、若手が入っているか、女性の活用はどうか、といった点も重要です。組合事務局では、女性の事務員が活躍しているケースも数多いのです。そういった点も含めて事務局の事務管理力や企画力を判断するといいでしょう。

【問5】組合員の自由な意見・不満を吸い上げる体制や風通しの良さがあるか

　組合が低迷する典型的な事象として「組合員の脱退が止まらない」「組合事業が低調である」ことがあります。組合員にとって「組合が魅力的であるか」「共同事業にメリットがあるか」が加入動機になるので、これらが失われてしまえば低迷することは当然です。

　組合は「中小企業の集合体」です。"一国一城の主"と比喩的に表現した中小企業経営者、「一家言」持ったヒトたちの「異見」を吸収し、できるだけ組合員に大きなメリットを供与することが組合の使命です。したがって、良い意見も異なる意見も含めて「組合員のニーズ・意見をくみ取れる体制」を構築することが「持続性を高める」観点で不可欠です。組合員のための組織が、組合員のニーズや意見を敏感に汲み取れなければ、支持を失うのは当然のことでしょう。

　前問と同様に「組合事務局」が本問に関して果たす役割は大きいものがあります。事務局がこまめに組合員とコミュニケーションすることで意見・想いを聞くことができます。ただ、アンオフィシャルな場での意見聴取だけでなく、理事長や理事会が公式な場で、積極的に意見を吸収する機会や雰囲気を醸成し、情報を取りに行く姿勢も必要です。あまりに理事長が「偉く」なってしまうと、誰も意見を言わなくなって、結果孤立してしまうことで組合運営が硬直してしまうことがあります。逆にコミュニケーションの良い組合は、間違いなく組合員の満足度も高いといえるでしょう。

　本件に関しては、個々の組合員にヒアリングすればすぐに分かります。また、事務局と認識をすり合わせることで、コミュニケーションの円滑化をどう図るかのヒントも生まれるはずです。

【問6】設備の再整備など「長期的な視点」で組合のビジョンや計画が作られ　　　ているか

　本問は、組合トップの「洞察力」「行動力」を検証する項目です。組合には、いろいろな役割があります。同業種組合であれば「業界の発展」、団地組合であれば「団地の機能や地域での存在感向上」、異業種組合であれば「知の探索、パートナーシップの推進」など様々です。

　いずれの形態であっても、「世の中の動き、経済界の動き、地域や業界の動向」に眼を光らせ、自分たちの未来をより良いものにすることを考える必要があります。組合トップの重要な役割は「洞察力」を働かせ、組合員のために「より

良い未来」を構築するために「長期的視点で行動する」ことです。そして、こうした行為が「組合・組合員の持続性」を高めることにつながります。

　例えば、ある同業種団地組合の理事長は、組合員数の減少が続くなかで好立地にある団地の再開発事業を10年かけて実現しています。それは、街づくりも視野に入れ、組合員にとってもメリットが大きく、団地全体が向う30年活躍できるインフラを作る仕事でした。多くの異見や行政・金融機関との交渉も含めて、理事長のビジョンや長期的な視点がなければ「何も始まらなかった」はずです。好立地を活かすことなく老朽化した地域としてお荷物状態になり、さらに組合員の脱退が続く可能性のあった事案です。現在は「組合自身の事業承継」を行うため、若手組合員を幹部候補生として育成しています。これも「長期的視点」があるからです。

　こうした事例に見られるように、組合の価値や持続性を高めるうえで経営トップの「ビジョン」「長期的計画」作りは、大きな影響を持ちます。組合再整備など「多額の資金」や「賛否が分かれる」問題に関しては、なおさらビジョンや長期的な視点なしには実現できません。そういった意味で、本問は組合のサスティナビリティを問ううえで重要な項目です。

【問7】組合の財務・財政に大きな問題はないか

　活発に事業を行って組合運営が上手く行っているときには「組合員の一体性」を保つことも容易ですが、いったん「財政危機」「財務悪化」が進むと「泥船から降りる」組合員が出てきます。組合員の参加意識や責任感にも濃淡があるからです。そういった意味で、寄り合い所帯だからこそ組合の財務・財政の健全性を保つことは極めて重要です。本問は「組合の財務・財政」を問う項目です。

　基本的には「決算書」「事業報告書」を見れば「健全性」に関する判断を行うことは可能です。ただ、表面上「赤字黒字」「債務超過」といったことを見るだけでは不十分です。例えば、団地組合で金融事業を行っている場合に、団地内の土地建物を担保として金融ルールを設定していることが多いのですが、土地の評価が簿価ベースで含み損を抱えているようなケースがあります。この場合、担保価値を超えて転貸融資をしていることで万が一デフォルトを起こした場合に、担保では全額回収できない場合が生じます。また、組合で倒産または脱退した組合員の土地を買い取ったものの、有効に活用できずに収益を生まない遊休地として借入返済が難しい場合があります。逆に、共同事業はパッとしないものの、過去に蓄積した資産が含み益も含めて大きな場合もあります。

こうなると「解散して資産分配」を受けたいといった組合員が現れるなど、持続性の点で問題を生じる場合があります。

　また、収入が「賦課金」のみで、細々と情報提供事業だけに対応している組合もあります。設立当初は業界発展に燃えていた創業メンバーが去って、次世代経営者に代わると熱意も徐々に消えて組合の形だけを残している状態です。組合事務局は理事長会社が引き受けて何とかやっているといったケースです。当然ですが、こうした状態では情報提供事業に余程魅力がなければ賦課金負担だけが目立ち、組合員の減少が避けらなくなるでしょう。こうした損益構造は「事業」と密接に関連し、事業は「経営トップ」「組合員の意識・ニーズ」が影響します。すべてがつながっています。

　このように「組合の財務・財政」は、運営の基礎であり、各事業の状況を反映しているので、数字の表面上で判断するだけでなく、こうした実態を加味して検証することが必要です。

【問8】共同事業を行っている場合、事業リスクを吸収できる仕組みや管理はあるか

　本問は、共同事業に関するリスクマネジメントを問うものです。前問とも関連しますが、組合は中小企業の集合体であり、共通の課題解決のために共同事業を行い、組合員にメリットを還元します。しかし、事業である以上は当然リスクも内包します。したがって、常在して事業管理を行う事務局のリスクマネジメントが問われます。例えば、金融機関や業界出身の事務局長をスカウトすることで、管理能力を高めている組合もあります。あるいは、中小企業組合士といった資格を取らせて、組合運営や法律に関するスキル習得に努めている組合もあります。

　また、事務局の管理能力だけでは対応できない事業に関しては「仕組み」によってリスクを予防する必要があります。例えば、共同購入事業では「原材料を大量に購入することでコストを低減する」効果が期待できますが、当然組合員に対して「売掛金」が発生します。この売掛金に関する与信管理を組合が行うことになりますが、入口で「ルール」を設定しておくことで「リスク量」をコントロールできます。売掛金の何割かについて「預け金」を置いてもらうとか、出資金の何倍までとするとか、ルール決めをすることで一定の回収財源ができるわけです。また、金融事業において「金融委員会」を設置して、決算書等の財務諸表を提出してもらったうえで与信管理を行う場合もあります。これは「チェック機関」を置いて対処するケースです。

このように、中小企業の結合体であるがゆえに「継続的に事業」を行う体制や事務局の管理能力を高めておかないと責任の所在も曖昧になり、もめごとの原因にもなります。組合の持続性を高めるうえで、リスク管理能力の向上や体制整備が重要な意味を持っています。

【問9】 安定収入はあるか。賦課金の水準は適切か

組合事業を安定的に運営するためには「安定収入」が不可欠です。基本的には「柱となる事業がある」ことが重要ですが、組合資産を活かして「賃料収入」等の基礎収入があることも強みになります。こうした資産運用がうまく行けば「賦課金」の負担を減らすこともできるでしょう。

賦課金は組合経費などを組合員が共同で負担するものですが、この水準と享受できるメリットのバランスが崩れると「不満」や「脱退」につながる場合もあります。そういった意味で、事務局の合理化など含めて賦課金の水準には気を配る必要があります。一度決めると「前回同額」でなかなか見直しがなされないことが多い賦課金ですが、これが組合員の不満につながる場合があります。

また、賦課金を削ることで事務局の運営能力が低下する場合があります。事務局の経費を削ることで活動が制限され、給与水準が下がることで採用も難しくなるからです。賦課金が高いと感じるのであれば「見合う事業開発」を行うことが本来の姿だと思います。一時、共同事業のニーズが薄れ、組合員各社が独自に対応すれば済むといった風潮が強まった時期もありましたが、「自社だけでは対応できない共通のニーズ」が増えています。例えば、中小企業の弱みに「社内にIT人材がいない」「人材育成や確保が難しい」といったニーズがあります。こういった場合に、組合で「IT人材育成塾を設置し、専門家による講座を開く」「新入社員向けのビジネスマナー研修を行う」「組合団地内に保育所を開設する」等の「共同事業」を行うことで、これらのニーズを充足することができます。こうした事業が行われれば「賦課金が高い」といった文句も減るでしょう。要すれば「賦課金」という組合員の負担をセンサーにして、組合員の満足度やニーズを改めて考える機会にするのです。

【問10】 SDGsへの取り組みは検討されているか、何か取り組んでいるか

本問は、時代に適合した組合らしい取り組みとして「SDGs」に対する対応を問う項目です。中小企業は、SDGsへの認知・理解ともまだまだ不十分であり、1社だけで何かをやろうとしても立ち止まってしまうことが多いものです。

そういった意味で、SDGs といった世界共通の課題、国内でも政策的に推進している課題に「共同で取り組む」ことは、「組合らしい」取り組みということができるでしょう。また、組合は中小企業の結合体なので、組合が事業として「SDGs の啓蒙」や「具体的なゴール設定」「活動管理」を行うことで、SDGsが中小企業に展開されることになります。これはパートナーシップという点で大きな意味を持ちます。

　組合事務局や組合トップの認識も幅があり、既に組合単位で様々な SDGs の活動を行って大きな成果を得ている組合もあれば、まったく何もしていない組合もあります。そういった意味で、本問を通じて「SDGs の重要性」「組合事業としての適合性」を理解してもらうことがスタートになります。本問は「すでに取り組んでいる組合には、さらに活動が活発化するための支援」を、「未だ取り組んでいない組合は、啓蒙から始めて取り組む契機とする」ことを企図した診断項目としています。建設的対話が活きる領域なので、大いに活用してほしいと思います。

【問 11】 組合員共通の新たなニーズに対する「新事業」の検討・研究は行われているか

　本問は「組合の新しい事業開拓」を促すことを企図した質問です。
　組織の持続性を高めるためには、常に「環境変化に適合する」必要があります。これは協同組合であっても一般企業であっても変わりはありません。そもそも「組合員の共通課題」「1 社だけでは解決できない課題」「みんなで対応することでパワーアップできる課題」を解決するために出来た組織が「組合」です。そういった意味で、既往の共同事業だけでなく、常に上記のニーズに合った「新しい課題」解決に取り組むことが組合の価値を高め、組合員奉仕に役立つことになります。
　本問は、こうした「新しい挑戦を喚起する」ための項目として設定しました。残念ながら既往事業に取り組むだけで、新しい事業開発に取り組んでいる組合はまだまだ多いとはいえません。一方、新製品開発、新技術開発、販路開拓、販売方法の多様化、新市場の創造など「中小企業が行うべきイノベーション（新機軸）」の領域は相当あります。しかし、1 社だけではこれらを実現することは簡単ではありません。近年「地域ブランド」の開発に取り組む組合や団体が増えている背景には、みんなが協力してブランドを作り、市場開拓を進めることが効果的であると考えられているからです。地場産業という言葉があるように、地域では同じ業種が集積している場合が少なくないので、共通の課題を

「組合を活用して解決する」ことは合理的です。

　本問に対して「取り組んでいない」と回答する場合が多いと想像されますが、だからこそ建設的対話のなかで金融機関のアイディアをぶつけ、あるいは専門家との相談会等を設定することで、組合に「挑戦」をする気運を盛り上げることが必要なのです。組合をオールドファッションと片付けることは簡単ですが、金融機関の地域創生の役割を考えたときに、組合という「面」を活用して新しい取り組みを進めることは、とても意味のあることだと思います。当然ですが、環境問題への対応、食品ロス・廃棄ロス等資源問題への対応など「SDGs／ESG」に関する取り組みも有力な候補です。中小企業に対するサスティナブル経営の推進には「組合」といった「面」での対応が有効です。本問を通じて良い議論をしてもらいたいと思います。

【問12】組合員の「IT／システム化」や「事業承継」に資する取り組みは行われているか

　本問は、中小企業の諸課題のなかでも特に重要性の高い2つのテーマを「外出し」して問うことにしたものです。その理由は、2つのテーマが中小企業にとって「経営の隘路」となることが多いからです。同時に、組合にとって「新しい事業」「新たなテーマ」として取り組む意義（組合員への効果）が大きい事業です。

　中小企業において「IT／システム化」の推進が遅れていることは、いろいろな調査をみれば明らかです。そしてその理由が「社内にIT人材がいないので導入ができない」「ITの経営的効果がはっきりしない」にあります。ITやシステムは、各社の事業やオペレーションと密接に関係しているので共同開発が難しい面があります。しかし、例えば「共同購入や共同販売が一定量あるケース」では、組合が当該事業をシステム化して「共同計算」など組合員利用ができるようにする方法があります。あるいは、システム導入は各社の状況によることが多いので、まずは「IT人材の育成を支援する」といった方法もあるでしょう。例えば「ITパスポート」「基本情報技術者」等の資格取得を支援するための従業員向け勉強会を組合で開催するといった方法です。こうした地道な支援を行ってこそ中小企業のIT化が進むのです。

　事業承継も中小企業の大きな問題で、廃業の要因にもなっています。組合は、組合員の事情に通じていることが多いので、事業承継に関する各社の課題も理解しています。問題は「何をやるか」です。啓蒙という観点では「事業承継セミナーの開催」、相談という観点では「事業引継ぎセンターや中小機構を活用

した相談会」などが考えられます。また、組合員同士の M&A 等、連携の契機となるような「つなぎ」の仕組みを作ることができるかもしれません。

　本問は、重要課題に対する組合の実態を確認し、建設的対話において「組合の考え方」「支援の必要性」を確認する企図があります。組合員にとってニーズの高いテーマなので、セミナーなど上手に設営すれば、組合としての存在感を高めることができます。なかなか腰の重い組合であっても金融機関の支援や後押しがあれば、新たな挑戦として一歩前に進むことができるかもしれません。

【問 13】組合員の従業員の教育・処遇・人権の向上につながる研修や取り組みは行われているか

　本問は、SDGs や ESG でいうところの「社会的課題」への取り組みを確認する項目です。

　中小企業の場合、従業員教育は OJT が中心なので各社で対応しているケースが多いと思います。一方、組合によっては「新入社員合同研修」「技能研修」といった内容で、共同事業として対応している例もあります。今後ますます「従業員教育の重要性」が高まるなかで、研修の内容によっては 1 社単独で実施するよりも組合で実施することで、研修内容を充実させる、コストを抑制する、お互いに刺激を与え合う、といった効果が期待できます。大いに検討すべきテーマです。

　従業員の処遇・人権に関しては各社の事情があるので簡単ではありませんが、「同一労働同一賃金問題」「社会保険」「働き方改革」「ハラスメント研修」といったテーマで、経営者や専担部長向けの研修を行うなど情報提供面で貢献することはできるでしょう。国際的にも労働者の人権が重視され、それがミニマムセーフティガードになっているケースさえあります。中小企業の場合、経営者の意識が遅れている場合がありますが、なかなか気づく機会がありません。そういった意味で、中小企業にとって重要度の高い人権関連テーマを選定して、組合員向け研修として提供することは大きな貢献になります。また、「組合自身の SDGs テーマ」として、事業計画に組み込んで対応することで、組合活動がワンランク上のものになると思います。

【問 14】組合員の生産性向上・経営安定・基盤強化・事業再構築に関わる支援の取り組みは行われているか

　本問は SDGs 8・9・11・12 の各ゴールとも関連するサスティナブルなテー

マです。かつ、これらのテーマは組合制度が作られた目的とも重なる基本的テーマでもあります。組合の事務局の高齢化や人員削減により推進力・企画力が弱まる傾向にありますが、こうした原点に立った組合員支援策を考えることが、組合の価値を高めることにつながります。

　例えば、同業者組合において、組合員同士は「ライバル関係」でもありますが、「新たな原材料による商品開発」「新市場の開拓」「生産量が低下するなかで共同生産」「共同ブランドの推進」「取引条件の改善」「事業再構築補助金認定のための勉強会」等々、力を合わせることで1社1社の経営のレベルアップが図れる場合が多いと思います。ライバル関係だけでなく、共闘関係に変える意味があります。

　問題は、なかなか言い出せない、まとめ役がいない、事務担当者がいない、といったことであり、これらは「組合」が事業として取り組むことで対応できることです。また、組合事務局任せでなく、組合員が自ら意識を高めて事務局を動かすことも必要だと思います。

　本問を通じた建設的対話のなかで、組合が取り組むべき優先課題や方向性が見えてくる可能性が高いと思います。同時に「やっていない」とする回答に対して、その原因を究明して「面的に支援する」方法を考えることが金融機関にとっても大きな役割になります。

【問15】組合として地域への貢献に関する施策は検討されているか、実施できているか

　本問も「S（Social）」に関連する項目です。協同組合の多くは、地元の祭事やイベントに協力しています。また、団地組合などでは自ら夏祭りなどを主催し、地元住民を招待する取り組みを行っている場合もあります。したがって、本問は「YES」と回答するケースが多いと思います。

　大事なことは「やっている＝OK」で終わらせないことです。本問は「振り返りの機会」を作る意味があります。社会的な課題は常に変化しています。地域の実情によって、昔は評価されたことが今ではそれほどでもない、という場合が少なくありません。しかし、何となく前例踏襲で行われている。それでいいか？という話です。

　組合は地域の中小企業の集合体であることから、できるだけ効果的に地域に貢献することが大事です。そういった意味で、「地域貢献の在り方」「地域貢献のテーマ」について再検討する機会を作ることです。「再検討ぐらいは組合でできるだろう」と思われるかもしれませんが、外部の眼で指摘することで新た

な気づきを得ることもあります。本問はそうした観点で、組合に地域貢献の在り方を振り返ってもらう企図があります。

【問16】組合自身で環境問題に貢献できる取り組みを行っているか

本問はテーマを「E（Environment）」に絞り込んだ質問項目です。あきらかに「温暖化」「GHG削減」といったテーマを意識して設定しています。

気候変動への対応は、個社毎に幅があり、再エネ利用を増やす、CO_2排出量を把握する、脱炭素型の生産方法を考える、等々の対応に取り組んでいる企業もあります。一方、無関心な企業や意識はあるが何をやっていいか分からない企業もあります。そういった意味で、組合が「組合員をリード」して、組合員の経営に好影響を与えるとともに、組合としても社会貢献につながるテーマを探すことが必要です。

本問を通じて「組合として環境問題に何ができるか」「組合員を巻き込んでどんなことができるか」を考えてもらう機会とします。特に、事務局だけで抱えるのではなく、理事会と問題意識を共有することが大事です。理事会が本気になって取り組まなければ、この種の取り組みが走り出すことはありません。まずは「理事会メンバーの啓蒙から始める」ことも大きな前進です。金融機関が組合と「環境問題」「組合の取り組み」について話し合うからこそ動き出す可能性もあります。そうした意味で、本問を契機とした建設的対話がより重要な役割をもちます。

【問17】組合員に対する環境問題（脱炭素・脱資源・自然保護）に関する情報提供は行われているか

本問は前問を一歩具体化した質問です。ある意味では「情報提供から始めてみませんか」という提案を兼ねた質問です。

環境問題というと「脱炭素」がメインテーマとなっている印象ですが、中小企業が身近に行えるという意味では「脱資源」も取り組みやすいテーマです。さらに業種によっては「自然保護」が産業界の持続性を高める取り組みとなる場合もあります。

組合員1社1社で勉強するだけではなく、組合員に共通する「脱炭素」「脱資源」「自然保護」に関するテーマを組合が選定してセミナーなどの情報提供を行うことが、中小企業の環境への取り組みを推進する機会になります。本問は、そうした「具体的な行動を始めてもらう」ための項目といえるでしょう。

【問18】組合が共同生産・共同加工を行っている場合に、環境負荷の低減の取り組みを行っているか

　これは一般的なケースとは言えないかもしれませんが、共同生産・共同加工を行っている組合において「バリューチェーン」を再点検してもらう意図があります。

　共同生産・共同事業を行っているのであれば、組合といえども一つの事業体です。そういった意味で、環境負荷低減の取り組みを行うことができるのです。隗より始めよ、という言葉があるように組合が率先して自社のバリューチェーンを点検し、環境負荷を緩和する取り組みを行えば社会的な貢献につながるだけでなく、組合員の意識を変える機会にもなります。

　本件では「共同生産・共同加工」といった分かりやすい事業を例示していますが、共同販売であっても「物流」「商品企画」など環境負荷を低減する余地は十分あります。バリューチェーンといった質問表現にすると自己診断が難しくなるので例示をあげる形で質問を作っていますが、建設的対話においては、共同購入・共同販売・共同受注・研究開発などあらゆる事業のフローについて「環境負荷低減の余地がないか」を話し合ってみると思わぬ発見があるかもしれません。

【コラム7】日本は「水」で勝負せよ！

　日本は世界有数の「水」保有国です。多くの山々を戴き、多くの河川があります。一方で、世界では「水不足」が大きな問題になっています。2030年には世界の水需要に対して供給可能量が4割を下回るとの予測もあり、とりわけ深刻な状況に置かれているのが「中国」です。最近テレビニュースで「干上がった河川」の映像が放映され、南部では「砂漠化」が進んでいるといいます。また、欧州でも、有名な水メーカーが世界中に飲料水の輸出を行った結果、水資源の枯渇の危機に瀕しているとの話も伝わっています。

　飲料水としての「水」は、日本の有力な戦略商品となり得るのではないでしょうか。隣国の極めて厳しい状況に鑑みれば、経済安全保障の武器にもなります。日本は「水道水」さえも平気で飲める技術を持った国であり、今後の世界的な「水不足」を考えたときに「戦略商品」として国がしっかりと業界をリードする必要があります。

　農業用水としての「水」も重要です。実は、水需要の8割が「農業用水」と言われています。そして、農業用水としての水が世界的に不足し、水の奪い合

いや戦争の材料にさえなりかねない状況にあるのです。一方で、日本には豊富な農業用水があります。しかし、その資源を活かしきれていない気がするのです。「休耕田」や「耕作放棄地」の存在です。せっかくの農業用水を持ちながら農地が遊んでいれば宝の持ち腐れになります。

　世界的な食糧不足のなかで、日本はもっと米を生産し輸出できる体制を構築すべきです。また、畜産の飼料を輸入に頼っていますが、これも食糧安全保障の観点や生産コストの観点から極めて危険です。今回のウクライナへのロシア侵攻による影響で、世界的な「麦不足」が起こり、飼料価格も高騰しています。国内で「飼料用麦」「食用麦」をもっと栽培し、受給率を上げるべきだと思いませんか。現時点では輸入飼料と比較して国産の麦が高いのかもしれません。しかし産業育成の観点から、麦作の補助金をつけて栽培促進を図る方法もあると思います。そして「大規模農業」「農業の株式会社化」を進めるべきです。企業化し、所得が計算できるようになれば若者の就業率も増える可能性があります。なぜ政治はこの問題を放置するのでしょうか。これだけ豊富な農業用水を保有しながら「遊んでいる土地」があるなんて世界的に見たら「何をやっているんですか」という話だと思います。米麦を生産し、畜産飼料も含めた「国内消費を超過する部分」はどんどん輸出すればいいのです。食糧安全保障上も大きなメリットがあります。農業を強くすることは日本を強くすることであり、基本要件は揃っているのです。

　３つめの「水」が「発電」です。日本の豊かな水と地形を活かして、高度成長期には多くの「水力発電所」が作られました。これは「エコ」な電力です。筆者は電力の専門家ではないので、水力発電所の建設の余地があるのかは分かりません。しかし、水力発電が魅力的なエネルギーであることに間違いはありません。その点、今後の主力とすべきは「小水力発電」ではないでしょうか。日本ほど河川が多い国はありません。地産地消の観点、分散型のエネルギー拠点の観点から、小水力発電所をもっと増やすべきだと思います。

　SDGsの時代、脱資源の時代、日本には「水」という世界的にみても素晴らしい資源を持っています。これを日本の武器として、もっともっと活用すべきです。サスティナブルファイナンスの一環として、これらにチャレンジする事業者を支援する必要があるのではないでしょうか。

第7章
建設的対話とは何か、その手法は

　ESG の世界では「投資家によるエンゲージメント（建設的対話）」の重要性が指摘されています。「日本版スチュワードシップ・コード（金融庁）」においても「運用戦略に応じたサステナビリティの考慮に基づく建設的な『目的をもった対話』（エンゲージメント）などを通じて、当該企業の企業価値向上や持続的成長を促すことにより、顧客・受益者の中長期的な投資リターンの拡大を図る責任」といった表現があり、建設的対話が重要なツールになっていることがわかります。

　企業側からみれば、機関投資家の投資判断に止まらず、投資後の「資金の継続・追加」を促す点でも、投資家との「建設的な目的をもった対話」は重要な機会であり、有益な助言を得る機会でもあります。万が一、対話が不調に終わり、期待されるパフォーマンスや戦略が示されない場合には「ダイベストメント（投資撤退）」といった事態も世界レベルでは珍しくなくなっています。そういった意味でも建設的対話をどう活かすか、投資家・企業双方にとって重要な意味をもつのです。

　建設的対話の方法はひとつではなく、様々なやり方が考えられます。最も基本的な権利である「議決権行使」は「票を投じる」という形で「YES・NO」を示す手法です。より多くの議決権を有する投資家であれば、運用責任を踏まえて「投資企業に期待する方向性」を提示することも少なくないでしょう。企業側も「大口投資家の期待する改善要求」に耳を傾けるはずです。最も強いスタイルは、取締役会などに役員を送り込み、直接経営に関与する形で「問題点の改善を進める」方法です。ここまで行くと「直接対話」の領域を超え「直接関与」のレベルにあたるのかもしれません。

　ここまで説明した上場企業の「建設的対話（エンゲージメント）」と、中小企業のそれは少し異なるものです。上場企業と中小企業では「経営資源」「経営者の統治期間」「株主」「ガバナンス」「主たる資金調達方法」等に違いがあります。こうした相違点に着眼しながら柔軟性を発揮することが、中小企業に

おけるサスティナブルファイナンスの実現につながると考えます。本章では、企業価値向上や持続的成長といった目的を変えることなく、中小企業セクターにおけるサスティナブルファイナンスに役立つ「建設的対話の在り方や手法」について説明します。

7-1. 建設的対話とは何か

　サスティナブルファイナンスとは「地球・社会・人類の持続性を阻害する社会的課題を解決するために、金融機関が資金・助言・実装支援を提供する金融インフラ」です。そして、サスティナブルファイナンスのプロセスにおいて「建設的対話」が重要な意味を持っています。特に、中小企業セクターにおける「建設的対話」の重要性は、より大きなものになります。その理由は、大企業とは異なり、経営資源・情報収集力・ガバナンス・資金調達力など様々な点で制約のある中小企業にとって「不足を補完できる相談相手」が必要だからです。中小企業のサスティナブル経営を推進するためには、金融機関の「支援」による資源補完が不可欠です。そしてその重要なツールが「建設的対話」なのです。

　そもそも「建設」という言葉には「新しく建物や体制を作り上げる」という意味があります。「新しく何かを作る」ためには、アイディアや実装力が必要です。また、新しいものを作るために、現状を振り返り、自社の事業性や経営資源を確認する必要があります。中小企業であれば現状満点といったケースは少ないので、「否定（ダメ出し）」だけで終わるのでなく、至らない点について「改善を促して、より良い方向に持っていく」あるいは「双方向で新しい価値を共創する」ことが「建設的対話」に求められる姿勢だと思います。

　金融機関が行う「建設的対話」は、中小企業との「様々なコミュニケーション」を通じて「企業の持続性や企業価値が向上する」ための「助言・提言」、さらには「価値の共創」であると定義づけられます。言い換えれば①持続性や企業価値を高めるという目的性、②そのための助言・提言、価値共創という行為、この2つが建設的対話の必要条件になります。そして、もうひとつ重要な要素があります。それは「中小企業の未来を良いものに変えたい」という、組織や個人の「想い・熱情」です。これが十分条件になると考えます。

　中小企業は、同じ中小企業であっても「規模」や「経営資源」の点で「幅」があります。また、多くはオーナーシップで、経営者の人生と事業が一体となって「運命を共にする体制」です。したがって、論理だけでなく、論理を受け入れられる「心の環境作り」が無視できません。「情熱」「想い」「ハート」、表現の仕方は様々ですが、「心の通ったコミュニケーション」が建設的対話の基礎

になることを忘れないでほしいと思います。これが中小企業金融の本質です。

　さらに「長期的な視点」「社会的視点」「収益的視点」の3つが欠かせません。サスティナブル（SDGs や ESG）な取り組みは、一朝一夕で成果が出ない場合が多いものです。テーマに応じた「時間軸」を頭に入れることで、ステップバイステップの成長を促すことが必要です。これが「長期的視点」を持つということです。

　次に「社会的視点」が必要です。プロセスを無視して利益のみを追求すれば「外部不経済」の問題は解消しません。サスティナブルファイナンスを推進するうえで、中小企業が「環境負荷」「社会的問題」に想いを致し、「善良なる市民」としての立ち振る舞いを意識したビジネスを行うことが必要です。こうした姿勢は「新しい資本主義」「新しいビジネスルール」に適合するものであり、建設的対話に組み込むべき視点です。

　最後に「収益的視点」を忘れてはいけません。ポーター博士が「CSV（共通価値創造）」という戦略的経営モデルを提唱していますが、社会価値が大きなビジネスでも収益がついてこないものは CSV とは言わないとしています。言い換えれば、社会的インパクトが大きい、問題解決の付加価値が大きい事業こそ、「利益」が伴うということでしょう。また、株式会社は「収益を継続して上げる」ことが使命でもあります。持続性の高い社会を建設するために企業の参画が不可欠です。そのエンジンが「収益」であることに間違いはありません。社会的インパクトを生み出すビジネスを行うためにも収益を無視することはできないのです。

　以上、3つの視点を「建設的対話」に組み込むことを指摘しておきます。

7-2. 建設的対話で何をめざすのか（成果物）

　建設的対話の目的は「中小企業の持続性や企業価値を高める」こと、それを通じて「持続性の高い社会建設に貢献する」ことにあります。これが目指す方向性です。したがって、対話の「実効性」にこだわる必要があります。「結果を出す」ということです。

　結果が出ることは、中小企業にとって大きなメリットです。「持続性や企業価値が高まる」「ビジネスを通じて社会貢献ができる」からです。

　そして、金融機関にも大きなメリットがあります。具体的には、中小企業の持続性や企業価値が高まることで「貸出債権」の質や収益性が改善されます。地域の活性化につながります。成長投資が増える可能性もあります。金融機関にとって「リスクが低減し、収益機会が増加」します。

そして、企業や銀行のみならず、社会的課題の解決を通じて「マルチステークホルダー（社会全体）」のメリットになります。「持続可能な社会」への貢献がなされるからです。

　それでは、建設的対話を通じて生み出すべき「具体的な成果」とは何でしょうか。スチュワードシップ・コードには「中長期的な投資リターン」が成果物であると書かれています。このリターンには「サステナビリティが考慮された」という条件がつくことは言うまでもありません。一方、中小企業セクターにおける建設的対話において、企業・金融機関双方が「意識すべき成果」は２つあると考えています。

　ひとつは「収益・キャッシュフローの創出」、二つめは「インパクト（社会に対する正の影響）の創出」です。前者は企業が持続的な成長や企業価値向上を図るうえで「源泉」になるものです。後者は、持続性の高い社会を建設するために企業が果たすべき「責任」であり「貢献」でもあります。言い換えれば「ビジネスの持続性が高まる」こと、「社会に貢献する」こと、この２つが同時に実現できる「成果」をあげる必要があるのです。

　ところが、この２つの成果は簡単に創出できるものではありません。建設的対話を１回実施したから成果が生まれると考えるのは誤りです。大きな成果であればあるほど、段階を踏む必要があります。対話を重ねながら、一歩一歩前進する必要があります。それでは、どんなステップを踏んでいけば成果につながるのでしょうか。以下、そのプロセスについて考えてみます。

　第一のステップが「戦略作り」です。戦略とは「そこへ到達するための道」です。持続性や企業価値の向上という目標を実現するために、どういった道を進めばいいのかを描くのです。しかし、戦略を描くうえでも段階を踏まなければなりません。その第一歩は「将来の経営環境の予測」です。変化する経営環境に、自社の経営資源等を活用しながら強みを失わないように適合すること、これが戦略です。したがって「将来の経営環境を予測」しないことには「適合の仕方」も描けないのです。具体的には「買い手・売り手・競合企業・代替品」がどう変わるか、それが「自社のマーケット、製品・サービス」にどう影響するかを見極める必要があります。あるいは環境変化がもたらす「従業員（働き方等）への影響」「ITなど社内の業務インフラへの影響」「商品開発や研究、原材料の調達など社内の支援活動への影響」もありましょう。これらの変化を幾つかのシナリオとして描くことがスタートです。そのうえで、環境変化からバックキャストする形で「生き残りの方法（戦略）」を考えます。具体的には、環境変化にあっても「自社の競争力を失わない」こと、そのために「自社の強み（経営資源）を磨き、組み換え、再編成する」こと、「外部から資源補完を

行う」こと、それらを「人材戦略」「投資戦略」「財務戦略」「知財戦略」「技術戦略」「マーケティング戦略」といった形で具体化します。概括的な説明ですが、これが第一の成果物として期待される「戦略作り」です。

　戦略ができれば「第二ステップ」に入ります。戦略を実現するため「現状と戦略目標のギャップ」をどう埋めるか、「戦術」の検討です。具体的には「ギャップ分析」と「対応策検討」を行います。「第二の成果物」として創出すべきが、対応策である「戦術」です。戦略実現のために、現状と目標の「差を埋める対応策」が必要です。これが「戦術」です。建設的対話を通じて「戦術」の共創を行うことは、中小企業に大きなメリットをもたらします。「行きたい未来」を実現するための方法（戦術）が具体化されるからです。これは、企業価値の向上や持続的成長を意味します。言い換えれば「サステナビリティの強化」が図れるのです。これは大きなメリットです。

　戦術ができれば、「第三ステップ」である「ソリューションの実装」に入ります。金融機関にとっては、グリーン資金・トランジション資金や各種コンサルティングの提供など、踏み込んだ出番となります。この段階まで来ると、金融機関自身のメリットもはっきりと見えることになります。まさに建設的対話による具体的な成果です。

　このように、建設的対話では「中小企業の持続性や企業価値の向上」を目的に、①経営環境分析やシナリオ造成、②経営戦略の共創、③ギャップ分析を通じた戦術検討、④具体的な実装支援、という「成果物」を次々に生み出しながら、最終目的地である「サステナビリティの実現」に向かうのです。

7-3.　建設的対話を行ううえで必要な創意工夫

　ここまでの説明が理解できれば「建設的対話」の付加価値が大きいこと、金融機関にとって重要な意味をもつこと、がわかります。同時に、建設的対話を有効なものにすることは簡単ではなく、金融機関にとって競争力や差別化につながることが理解できるのではないでしょうか。

　差別化要因となり得る理由は、金融機関毎に、あるいは担当者毎に、建設的対話のクオリティに「大きな差」が生じるからです。非常にクオリティの高い建設的対話ができる金融機関もあれば、表面的な対話で期待する成果物を得られない金融機関もあることが想定されるのです。建設的対話は「想い」「技術」「経験」「知見」が織りなす絹織物です。職人の腕次第で織物の品質が変わることは致し方ないのです。

　中小企業の立場に立てば、表面的で形ばかりの対話は時間の無駄です。当然

ですが、自社の事業性を深く理解し、多面的に経営資源の強み弱みを描き出し、将来環境を複数予測したうえで勝ち残るための戦略を共創できるような「実のある対話」を期待します。対話次第で「経営戦略」「戦術」のレベルが変わってしまうので、サステナビリティの実現度合いにも差が生じます。したがって、有効な建設的対話ができて「結果の出せる金融機関」が「選ばれる」ことになります。まさに「差別化要因」なのです。

　以上から言えることは、より有効性の高い建設的対話を行うために、金融機関は相当の創意工夫を行う必要があるということです。具体的には、「建設的対話に対する方針や姿勢」「建設的対話のためのツール」「建設的対話の技術」「問題解決のためのソリューションメニューや提供体制の充実」に創意工夫を凝らすということです。以降、それらについて説明します。

7-3-1. 建設的対話に対する方針や姿勢

　中小企業の「建設的対話（エンゲージメント）」に対する「方針や姿勢」について、金融機関毎に差を生じることはないと思われる読者もいるでしょう。金融機関の「横並び意識」は相変わらずで簡単に崩れるものではない、という考えが根底にあるのかもしれません。

　しかし、サスティナブルファイナンスに生き残りをかけようと考えれば、「横並び」では成り立たないことに気づきます。サスティナブルファイナンスの世界で生き残るためには「建設的対話」を活用して、いかに「成果をあげる」かが課題となります。特に中小企業セクターでは、ソリューションの提供以前の問題として、SDGs や ESG に対する理解不足、経営環境分析やシナリオ造成の難しさ、サステナビリティ戦略の策定や戦術へのブレークダウン、等々の「壁」が立ちはだかります。これらの壁を乗り越えるだけの胆力と創意工夫が必要です。

　これらの問題を考えると「建設的対話」の重要性が浮き彫りになります。対話の在り方で「成果に大きな差を生じる」からです。したがって、建設的対話の在り方を決める「方針や姿勢」は、自行の「サスティナブルファイナンス戦略」を決定づける基本的要素になるのです。戦略は「経営方針」に規定され、「経営資源の再配分」に影響を与えます。当然、金融機関毎に経営資源は違います。地域特性、銀行の体力、資産のポートフォリオ、人材など違いをあげればキリがありません。こうした条件下で、どれだけ建設的対話に資源投下できるか、金融機関毎に方針が違ってくるのは当然ともいえるのです。「方針や姿勢」を軽く考えてはいけない所以です。

　建設的対話は、深く行えば行うほど時間とコストを要します。また、前述の

通り、経営環境分析⇒戦略共創⇒ギャップ分析＆戦術立案⇒個別施策の実装、といった業務フローを現場で行うためには、誰にどんな教育を施し、総勢何人に担わせるのか。支店（現場）と本部（支援）の役割分担をどう規定するのか。これらを支えるシステムや情報のインフラをどう構築するか。会話のためのツールを誰が作成するのか。そもそもどういったお客様にどの程度の深度で対話を行うのか、メリハリをどうつけるのか、を考えなければなりません。これらはすべて「方針」「姿勢」の問題です。

　建設的対話の方針次第で「営業戦略」も変わります。そもそも建設的対話を、すべてのお客様に均等に行うことなどできるはずがありません。自行の経営資源を踏まえ、顧客毎の融資エクスプロージャー（残高）など経営に与えるインパクト、お客様の成長性や技術や地域でのポジション、様々な観点で取引先を評価し「優先順序」をつけて、メリハリある対応をする必要があります。必要な先に、必要な濃度で、的確な建設的対話を進める必要があるのです。これが顧客のセグメント、ターゲティング、そしてポジショニングといった「マーケティングに波及する」のです。営業戦略が変わるといったのは、こういった理由に基づくものです。当然、建設的対話の結果「実装」を行う場合に、ファイナンスやソリューションのメニュー強化を図る必要も生まれるので、外部との連携を含めた「ソリューション体制の見直し」にも進展するはずです。

　そういった意味で、金融機関として「建設的対話」に関する方針や濃淡の付け方など具体的な取り組み姿勢を決めることで、各行の「特徴」が出るものと思います。さらに、こうした方針を踏まえ、各営業店や支所において建設的対話を進めることになりますが、そこでも支店長の考え方や運用方針が反映されることによって、「運用差」が生まれます。

　このように、建設的対話に取り組むうえで「方針や姿勢」は「戦略そのもの」であり、大きな差別化要因になるのです。この点、しっかりと考えて方針決定をする必要があります。サスティナブルファイナンスにどう取り組むかという問題と同義なのです。

　方針決定を行ううえで大事なことは、その金融機関の「パーパス」の再確認です。パーパスに基づくミッション（使命）の規定、そして中期経営計画における具現化。そのなかで、あらためてサスティナブルファイナンス戦略、建設的対話をどう取り扱うべきかをしっかりと議論することです。ベースが曖昧になれば、活動が展開される過程で、さらに姿勢や方針にブレを生じます。パーパスという共通の価値観に基づいて「サスティナブルファイナンス」の在り方、その中核を占める「建設的対話」の方針を決めるからこそ「一本筋の通った」体制や運用が確立できるのです。

7-3-2. 建設的対話のツール

　創意工夫すべき第二のポイントとして、建設的対話で用いる「ツール」があります。

　建設的対話を有効なものにするためには、対話を活性化させ議論を深める道具が必要です。上場企業の投資家との建設的対話においても、有価証券報告書、ESG評価、TCFD（気候関連財務情報開示タスクフォース）報告書、等々の「開示情報」を使って進めることになります。そうした資料は「共通語」となって、相互理解を深めるベースになります。認識の「一致・不一致」を確認するためにも共通語となる資料が不可欠です。

　この点は、中小企業の建設的対話においても同じことです。共通語となる「基礎資料」が必要です。問題は、大企業と中小企業では、「情報の整備と開示」にかなり差があることです。中小企業では、十分な帳簿作成をしていない零細企業もあれば、大企業に準じるような管理資料を作成している中堅企業もあります。したがって、一律のツールで対応することが難しいのが実情です。

　また、中小企業は概して情報開示に「難」があります。背景には「経営者の信念や考え方」「社内のデータ整備状況や管理体制」「資料整備のための人材不足」など様々な点が考えられます。建設的対話を進めるうえで「企業の情報開示」は根幹的問題です。とりわけ非財務情報の開示は大きな課題です。非財務情報を開示するにしても、「どんな項目をどんな深度で開示すればいいのか」「開示によるメリットやデメリットはどうか」「情報の蓄積や整備が出来ているのか」「何か共通の開示基準はないか」等、簡単には解決できない問題が多く含まれています。

　このように「非財務情報」をどう開示してもらうかは、まさに金融機関の創意工夫の為所ということができるでしょう。当然のことですが、現在金融機関が力を入れている「事業性評価」をどう活用するか、進化させるかが大きなヒントになると思います。

　建設的対話に必要なツールである「企業情報」については、第8章でひな型の例を示しながら詳しく説明することにしています。いずれにしても、各金融機関が「取引先と建設的対話を有効かつ効率的に進めるためのツール」をどう制定し活用するかが「他行との差別化」にもつながると考えています。

7-3-3. 建設的対話の技術

　建設的対話は「相対（あいたい）」で行います。したがって「対話技術」が求められ、その「巧拙」が対話の有効性に影響します。つまり、建設的対話を活かすためには、中小企業と向き合う営業担当者の「対話技術をどう向上させ

るか」が大きな課題になります。

　従来の金融機関の営業マン教育において「対話技術」がテーマになることは、まずなかったといってもいいでしょう。マナー研修、新しい制度・商品に関する研修、クレーム対応研修、等では「対話例」が示されることもありますが、あくまで「例示の範囲」です。対話技術については、営業店の OJT のなかで、上司・先輩とお客様のやりとりを見て、そこから学ぶというスタイルが一般的だと思います。

　対話は「ヒトとヒトとのやり取り」なので、印象や感情の部分が大切です。しかし、対話技術の巧拙によって、議論の深まりや展開に「大きな差」が生まれます。詳細な技術については後述しますが、金融機関が建設的対話に本気で取り組むからには「技術としての対話」を研究する必要があります。自行で対応できなければ「外部の専門家」の力を借りる必要もあるでしょう。行内で共有されていない「対話技術」を「見える化」し、それを「全ての営業担当者」に横展開できるような仕組みを作ることが必要です。対話技術の向上が、サスティナブルファイナンスにおける「差別化要因」になることは確実であり、早急な研究と対応が必要です。

7-3-4.　ソリューションメニューや提供体制の充実

　創意工夫すべき第三が「ソリューションメニューや提供体制」の充実です。

　一見このテーマは対話が終了し、実装する段階で問題になる話ではないかと思われるかもしれません。しかし、バックアップ体制が整っていることで、それを根拠にして「対話をより現実的なものにする効果」があります。その理由は、医療における患者と医者の対話を想い浮かべれば分かるはずです。

　医療における建設的対話が「患者の完全回復（患者の術後の社会復帰まで想定し、生活者としても人生に意味が持てる回復を目指す）」を実現するものだとすれば、検査で判明した患者の状態や問題点を共有することに始まり、完全回復に向けた「処方箋（戦略）」や「手術・投薬（戦術）」の内容、それに関する「メリット・デメリット（リスク）」の説明、以上を踏まえた「選択肢の提示」のプロセスを指すものだと考えられます。仮に患者が難病である場合に、検査技術はもちろんのこと、最新の医療技術や治療方法を理解している医者だからこそ「患者の信頼」「正しい理解による選択」「治療との闘いの決意」が醸成できるのではないでしょうか。診断だけして、あとは知りませんでは、患者は医者に心を開いて相談することはないでしょう。

　金融の建設的対話も同様です。金融側が「事後の支援策」に自信を持っているからこそ「怖がらずに踏み込んだ対話」ができるのです。建設的対話が、診

断だけで終わるのではなく、中小企業を変えるための実装までできるという背景があるからこそ「自信をもった助言やアイディア提供」を行うことができるのです。金融機関が、差別化要因（つまり強み）として「建設的対話」を位置付けるのであれば「ソリューションメニューや提供体制」の充実も含めて「自信をもった対話」ができる環境整備が必要です。対話を行っても「最後の治療が自行ではできない」となれば、営業担当者の姿勢も半身になってしまうでしょう。そういった意味で、建設的対話を充実させるためには、背景となるソリューションメニューの充実や提供体制の整備を並行して進める必要があるのです。それは金融機関にとって「収益機会」を増やすことにもつながります。

7-4. 建設的対話手法

ESGに関する書籍が数多く存在しますが、建設的対話の「重要性を指摘する」ことはあっても、その「具体的な方法・手法」を詳解しているものはほとんどないようです。本項では、金融機関や支援機関の職員が、現場で建設的対話を行うための「対話技術」について説明します。

7-4-1. 技術①：距離感の測定と信頼構築

中小企業との対話において、カウンターパートとの「距離感」を把握することは「基本」です。中小企業とのコミュニケーションでは、「ヒト対ヒト」の部分が出やすいため、印象や感情の部分で壁を作りたくないからです。大企業との対話は「論理」を前面に出して行うことが可能です。なぜなら大企業は「理屈」を重視し、「合理的」に業務を進めるからです。株主訴訟なども踏まえ、大組織においては「決定・判断の合理性・論理性」が重視されます。したがって、あの人は親切で仕事もやりやすいという「好感情」があっても、価格合理性がない（要は高い値段）ような場合は取引に至りません。逆に言えば、自社にとって利益のある提案や意見には「カウンターパートの個性や相性」を乗り越えて「理屈」で話ができるのです。

一方、中小企業の経営者は個性豊かであり、多様な経験や信念に基づく「ビジネス観」が形成され、経営判断も「合理性一本鎗」ではありません。もちろん「利益」は重視されますが、合理性だけを追求してビジネスをしているとは限りません。「損して得獲れ」の言葉があるように「長期的な視点」で商売を俯瞰し、短期的な視点では非合理的な決断を下すこともあります。さらに家族企業や小規模企業、職人肌の経営者であれば「相性（ケミストリー）」が無視できない要素になります。

　そういった意味で、建設的対話を行ううえで、経営者と金融機関側の対話者との「距離感」を軽視できません。距離感を無視することで「対話を壊す」ことがあってはならないからです。2年も担当者を務めていれば通常は「なんでも話せる＝距離感が近い＝」関係になりますが、2年間も担当者を務めていながら「懐に入れない＝距離感が遠い＝」関係しか作れない場合もあります。

　距離感を技術テーマとして取り扱う理由は、これが中小企業セクターにとって大事な問題だからです。距離感を遠く感じている担当者から「踏み込んだ指摘」「踏み込んだ内容」を言われても「感情的に受け入れられない」場合があるのです。距離感を意識した対話を行うことは、リスク管理であり、相手を気遣うことでもあります。まずは対話の入口を管理し、徐々に関係性を深めることが「対話の技術」として必要なのです。なお、距離感に関する詳細は、拙著「事業性評価と課題解決型営業のスキル」を参照していただければ幸いです。

　次に「信頼構築」です。この話をすると「当行は半世紀にわたる取引歴がある」「押しも押されもせぬメインバンクである」「普段から支店長と社長のコミュニケーションはとれている」といった「信頼は盤石」を主張する金融機関管理職がいます。しかし「油断は禁物」と申し上げましょう。

　ここで言う「信頼」とは、「耳に痛いような厳しい評価や意見を言うことができる関係性」です。平時の差し障りのない状況において、従来の延長線上での取引話をしているケースとは違います。前述の「盤石の関係」であるか否かは、こうした「エッジが立った場面」において初めて見えることが多いのです。

　信頼は毀損しやすいものです。一回の出来事で毀損することもあれば、蓄積されて爆発することもあります。何ら問題なく取引している状態であっても、微妙な変化を生じることがあります。特に、今回のコロナ禍や水害・地震などの危機時は「取引上の変化」を生じやすいときでもあります。担当者の何気ない一言で、取引姿勢に疑念を持たれることもあります。そういった意味で、常に「緊張感」をもって「信頼度」を客観的に測るようにすべきです。そうした心構えがあれば「信頼」が崩れることはないでしょう。信頼は「技術」とは違いますが、「信頼を過信しない」「信頼に甘えない」姿勢が「一種の技術」であり、一流の営業担当者の証左でもあります。

7-4-2.　技術②：緊張と協調を基本におく

　長期にわたる「借り手優位」、言い換えれば「貸出の過当競争による金融機関の緩和的姿勢」によって、「お客様にモノが言えない担当者」が増えていないでしょうか。ある地銀幹部から「営業店から『無償での担保解除』の稟議が

上がってきたんだが、理由を聞くと『お客様が強く要望しているから』という。思わずため息をついてしまった」という話を聞いたことがあります。この話で幹部の方がおっしゃりたかったことは、①なぜ担保解除してほしいのか理由をしっかり聞いていない、②無償で担保解除することの合理性が「取引継続のため」だけになっている、③担保解除後の取引をどうするか示されていない、ということだと思います。もし、これが金融の現場実態だとすれば、「建設的対話など夢のまた夢」です。

　大企業と投資家の関係でいうと、投資家にとって満足のできないパフォーマンス（実績）、かつ、対話も不調に終われば「議決権行使」により「NO」をつきつけることになります。さらに強硬であれば、株主総会で取締役の選任に関する提案を行い、現経営体制に切り込む方法もあります。この事例は「緊張」が全面に出る「関係性」です。一方、強硬なことばかり言って、相手を理解しなければ「変わるチャンス」を与えることも出来ません。相手の考え方を傾聴し、所与の前提のなかで「何がもっともよい方策か」を話し合う。これは「協調」の関係です。建設的対話は、こうした「緊張と協調」のバランスをとることが必要であり、その匙加減が「技術」なのです。「伊藤レポート（H26年8月）～持続的成長への競争力とインセンティブ～企業と投資家の望ましい関係～」において、企業と投資家における「緊張と協調」について、以下の通り説明しています。

　緊張：経営陣は企業価値創造に向けたビジョンや戦略を投資家と対話し、支持と理解を得る必要がある。しかし、こうした対話の機会は、投資家の厳しい評価によるスクリーニングを受ける機会でもあり、投資家が厳しい評価を下せば、成長資金を絶たれることになりかねない。まさに「緊張の場面」である。

　協調：持続的成長は企業と株主の協創（協調）の成果である。良質な対話・エンゲージメントは、相互理解を促進するとともに企業価値を高め、企業と長期志向の機関投資家の双方に利益をもたらすことができる。

　伊藤レポートにある「緊張と協調」という姿勢は、中小企業セクターにおける建設的対話でも「基本」とするべきものです。冒頭の担保解除の事例は、緊張も協調も感じることができません。それは、お客様を考えるというよりも、自行の取引継続が優先され、「交渉無き弱腰での応諾」の結果、担保解除稟議が作成されたからです。つまり、お客様が「無償担保解除」を要求する合理性について検討せず、お客様企業も「検証を受け議論する」機会がないために、

正しい経営判断ができていない可能性があるのです。万が一、担保解除後の取引が大幅縮小となる可能性が高いとすれば、それはお客様の意図に沿ったことなのでしょうか。未来に向かって「正面からの議論」が出来ていれば、結論が変わったばかりでなく、逆に「関係性が強化」された可能性があります。

　中小企業における建設的対話の基本姿勢として「緊張と協調」のバランスをしっかり保つこと、これができなければ建設的対話を行う意味もなく、実効性も薄くなります。前項で示した「何でも話し合える」だけの「信頼関係」を基礎として、耳に痛いことも言う、しかし、相手の想いや考え方を傾聴し、「より良い未来を共創する」ためにアイディアを出し合う、こういった姿勢を貫徹できるかが、建設的対話の成否を握っています。

　そして、緊張と協調の姿勢を貫くためには、銀行の建設的対話に関する方針を明確にすること、営業店におけるラインの認識を一本化すること、この２つが大事です。お客様との厳しい対話を通じて、一時的に「感情的な対立」が生じた場合でも、支店長が担当者に「なんでそんなことを言ったんだ！」と叱責するようでは、緊張感のある対話など誰もしようとしなくなります。ライン全員が共通の理解、共通の情報、そして方針を胸に刻んで対話に臨むからこそ「迫力＝相手が耳を傾ける＝」が生まれるのです。同様に、厳しい意見や評価だけを取引先に押し付けるだけでは「当社はどうすればいいの？」「応援はしてくれないの？」になって、成果をあげることはできないでしょう。傾聴し、相互理解を深め、当社の強みを活かす方法を共創することこそが「協調」の姿勢なのです。

　このように「緊張」と「協調」を匙加減する技術、まさに「バランス感覚」という技術です。それは「相手が譲れない一線を感知する力」であり、「相手の考え方や置かれた環境を理解する力」でもあります。そのなかで「最適解を見つける」こと、「それを提言する」ことが建設的対話の有効性を高めるのです。

7-4-3.　技術③：中小企業を巻き込む技術

　建設的対話、目的性のある対話、これらの用語は「投資家と企業のエンゲージメント」に関連して使われた「大企業発の言葉」です。金融機関や支援機関の職員が、中小企業に対して、いきなり「社長、『建設的対話』をしましょう」と言ったところで、社長は目を白黒させて「急に何を言い出したの？」となるでしょう。建設的対話の「意義や目的」は大企業と同じだとしても、手法は「中小企業に合ったもの」にする必要があります。

　一方で、中小企業に合った手法といっても簡単ではありません。「サステナビリティ」に関する理解差も大きい。社長は自社の業務オペレーションに組み

込まれてゆっくり対話の時間もとれない。洋語が嫌いでサスティナブルやSDGsと言っただけで毛嫌いする。座学よりは経験や現場を重視して理屈的な話を聞きたがらない。SDGsやサスティナブル問題の認知度・理解度が低い背景には、こうした中小企業特有の問題があることを理解する必要があります。

　そういった意味で、中小企業経営者にサステナビリティの問題（SDGs／ESGなど）について「耳を傾けてもらう」ことがスタートです。言い換えれば「中小企業をサステナビリティ問題に巻き込む」のです。この「巻き込む技術」について３つ紹介したいと思います。

　第一が「身近なテーマ」として認識させる技術です。中小企業は厳しい環境でビジネスをしているので「自社に関係のある話題」「自社のメリットにつながるテーマ」に関心を示す傾向があります。「その話は当社に関係あるの、得する話なの？」ということです。逆に言えば「抽象的な話」を嫌います。大企業は「論理・合理性」を重視するため、経営者・社員は「ビジネス書・専門書」を当たり前に読み、ある程度抽象的な議論にも慣れています。しかし、中小企業は「現場そのもの」で生きているので「具体的な話」でなければピンとこないのです。この点を理解しなければ、SDGs／ESGの啓蒙、ひいてはサステナビリティ問題を「身近に思う」状態を作ることはできません。

　それでは「中小企業が耳を傾けてくれる」ヒントを幾つかお示しします。それは「具体性に拘った」セミナーや資料による啓蒙です。SDGsのセミナーは世の中にたくさんあります。しかし大半が「概要やゴールの説明」が中心です。それらは理解を深めるうえで必要な知識ですが、できるだけ「事例を増やす」ことです。しかも「聴衆のレベルに合った事例」が大切です。事例というと「立派な事例」をどうしてもあげたがりますが、初心者セミナーであれば「ちょっといい話」程度で十分なのです。バーを上げ過ぎることで「どこかの優良会社の話」として解釈され、「距離」を感じてしまうのです。金融機関でセミナー企画をする場合は、この点を重視することです。

　資料に関していうと「中小企業SDGsはじめの一歩」（中小企業基盤整備機構）のような「マンガ形式」もお勧めです。経営者にマンガは失礼というのではなく「関心を持ってもらうために最適な材料」を探すことが大事です。「関心を持った人を高みに導く」ことはそれ程難しいことではありません。しかし「水を飲みたくないヒト」に水を飲ませるためには、それなりの工夫が要るのです。マンガ形式も初心者には良い資料ですが、各地域の経産局が「有効事例」として、１ページほどの「写真入り１枚資料」も簡潔でわかりやすい資料です。活用してみるといいでしょう。

　また、座談会・パネルディスカッションを開催する場合には、「身近な仲間

でやってみる」ことをお勧めします。「恥はかき捨て」方式で、バーを下げて
サスティナブル問題に関心をもってもらう狙いです。「こんなことでも SDGs
になるんですよ」「そうなの、知らなかった」こんな会話が起こるような内容
で、小規模企業含めて「SDGs は身近にある」ことを理解してもらうのです。

　第二が「自社にとっての価値を知ってもらう」です。日々の業務をこなすこ
とで何とか経営を成立させているような小規模企業にとって、優先課題は「ま
ずは日々の糧を得ること」です。そういった企業にとって、SDGs は「余裕が
あればやってみよう」が一般的ではないでしょうか。小規模企業は、SDGs を
「CSR（社会的責任）」「フィランソロピー（社会貢献活動）」的に理解する傾向
が強いように感じます。「SDGs を活用してビジネスを展開する」といった意
識よりは、自分の会社でも「できる範囲で社会に貢献したい」気持ちが強いと
思います。それはそれで尊い考えであり尊重すべきです。そうした「身の丈事
例」も紹介すべきなのです。

　一方で「新しい見方を付加する」ことが「巻き込む技術」になります。慈善
性の高い活動であれば、余裕の範囲で対応しようと考えるのは至極当然です。
これは「従来の延長線上」での考え方です。そこに「SDGs に懸命に取り組む
結果、商売が拡がる、儲かる」、そういう世界を推奨しているんだよ、と「情
報提供する」のです。これが「新しい見方」を付け加えるという意味です。言
い換えれば「価値観の転換を図る」のです。存外「社会貢献を儲けにするなん
てとんでもない」と考えている中小企業経営者が多いかもしれません。しかし
「儲けることは悪いことではない」「儲ける力が働くことで、さらに一生懸命
『SDGs 活動』に取り組むなら良いこと」「儲けることを世界や政府もまったく
否定していない」、このような見方を提供するのです。政府の「グリーン成長
戦略」は、その際たるもので、SDGs のゴールを目指すことで、日本の産業振
興や地方創生につなげる政策です。

　こうした「新たな見方に関する情報提供」をしたうえで、「自社にとって
SDGs に取り組む価値」を具体的に提案することが「巻き込む技術」です。

　例えば、商店街に和菓子屋さんがあったとしましょう。美味しい和菓子を
作っていますが、業績的には厳しい状況が続いています。この和菓子屋さんの
売上や収益の改善を図る方法を真剣に考えてみます。いったん SDGs から離れ
て純粋に売上・収益の改善方法を考えるのです。例えば「年配者が主要顧客層
になっているが、購入層を若者に拡大できないか」という問題意識に基づき、
若者向けの商品開発に取り組みます。その商品開発にあたって、地元の大学
生・専門学校生にむけてアイディア募集を行います。その過程において「和菓
子付き説明会」を開催し、和菓子とは何か、自社のポリシーな何か、を説明し

ます。この結果、学生から「すべて地元産材料で作ったジュレ感覚の水ようか
ん」というアイディアが出たとします。この商品をどう広告したら「若者」は
買ってくれるのか、アイディアを求めます。すると「10円高いけど、その10
円分で児童養護施設の子供たちにお菓子を寄付する」「包装をプラスチックで
はなく竹の皮にする」「大学の生協に趣旨を話してキャンペーン販売をしても
らう」などのアイディアが出たとします。この商品は「若者層」を対象として
「拡販」を狙うビジネスですが、SDGsと紐づけると「持続可能な生産消費」「す
べての人々の健康的な生活と福祉」といった「SDGsゴール」と紐づく可能性
があります。

　ここで言いたいことは「ビジネスを革新することを真剣に考える」⇒「新機
軸を打ち出すことで、SDGsへの貢献とつながる可能性がある」という点です。
この話のスタートは、和菓子の新商品開発でした。そのプロセスでSDGsに貢
献するアイディアが付随的に生まれました。こういった話をすれば「自分の会
社のための新商品開発でも、社会貢献になる場合がある」という「気づき」に
つながり、「SDGsに取り組むメリット」を感じてもらえるはずです。余計な
話をすれば、前述の大学生や専門学校生を巻き込むことは、和菓子産業に関す
る「ある種の教育啓蒙」でもあるのです。学生にビジネスに触れてもらう機会
を作るという意味で、社会に貢献しているといえるのです。この事例のポイン
トは「当社の困りごと」に向き合い、「新商品開発」という解決行動に向かわせ、
新商品という「成果」が生まれたことです。そして、その成果を分析すると
「SDGsの要素に満ちている」ことがわかりました。ここで、SDGs活動と自社
のメリットが「つながる」のです。これが「巻き込む技術」です。

　第三の巻き込む技術が「実態をもとに話し合う」です。例えば「サスティナ
ブル診断を実施して、その結果に基づいて企業とディスカッションする」こと
です。

　この手法は「サスティナブル診断」を通じて実態を多面的に示すことで、自
社の「サスティナブルに関する現在の状況」を経営者に認識してもらうことか
ら始めます。経営者にとって自社の「評価を受ける」機会は「ほとんどない」
ので、興味も湧くし、気づきも生まれます。さらに各項目について「建設的対
話」が深まれば、サスティナブル問題にも関心が持てるはずです。これが「自
社を題材に関心を高める技術」なのです。

　課題は2つあります。ひとつは「診断そのものに対する信頼」です。経営者
が、サスティナブル診断の価値を認め、信頼をしてくれるかが重要です。実際、
中小企業のなかには「金融機関に進められてサスティナブル診断をしたけどピ
ンとこなかった」と言うヒトもいらっしゃいます。ピンと来ていないというこ

とは、診断そのものにも、結果にも「納得していない」ということです。これでは「巻き込め」たとは言えません。そういった意味で、この種の診断書については「内容」が重要になります。中小企業の経営者が「自社にとって役に立つ」と感じられる内容でなければなりません。同時に、診断方法や結果に対する「説明振り」も重要です。説明次第では、思い込みや理解不足を排除して、納得感を高めることができるからです。

　課題の２つめは、建設的対話を行う職員の「技量」です。前述のように、診断の趣旨、診断内容、診断結果に関する説明を的確に行い、「診断に対する信頼」を得ることが大事です。そして、診断結果を、より前向きに受け止め、優先順序をつけて取り組む意欲が湧くような話し合いができるか、その技量も問われます。

　これらの技術習得は、各金融機関が創意工夫して行う必要があります。中小企業を「巻き込む（参加してもらう）」ことは簡単ではありません。本項で述べた３点について十分検討してほしいと思います。

7-4-4. 技術④：経営者に気づかせ、腹落ちさせる

　課題解決に対する「答えは本人が持っている」と言います。本来「自社の未来」を一番考えているのは経営者です。答えは経営者自身が持ってはいるが、「気づかない」か、「気づかない振りをしている」だけだというわけです。これは一面の真理です。

　また、経営者は「プライド高き人」でもあります。サラリーマンとは異なり、リスクを背負い荒波を乗り越えて来た自負があります。あるいは、業界や地域の「名士としての矜持」もあるでしょう。そういった人だからこそ、たとえ正論だとしても、むしろ「正論だからこそ受入れ難い」面があるかもしれません。やはり「本人が考え、本人が決めた」という状態を作ることが最も納得性の高い結論になるのです。つまり「相手に気づかせ、腹落ちさせる」技術です。これが本項で説明したい第四の技術です。経営者に建設的対話の意図や解決の方向性を理解させて、「自然な流れ」のなかで「自ら答えを出し、その方向に動く」状況を作る技術です。

　具体的にはどうすればいいのでしょうか。２つの方法があります。ひとつは「世界観の理解」、もうひとつが「質問法」です。

　世界観の理解については、後述の技術⑨「リスクマップを示す、未来を見せる」で詳解しますが、「こういう世界のなかで貴社はどう経営しますか？」「こう動かざるを得ないのではないでしょうか？」という世界観を共有することです。言い換えれば「そのような世界で生き残るためには、こういった方向性し

かない」ことを暗に示す方法です。その場合大事なことは、無理やり意図する方向に持っていこうとするのではなく、「淡々と事実を並べる」ことです。金融機関の意図を「経営者は鋭敏に感じ取る」ものです。そうなると「自分が考えた世界観」ではなくなってしまいます。金融機関に押し付けられた世界観です。それを回避するために、事実を淡々と示すのです。事実を並べるなかで、経営者のなかに「自然に未来の世界観が形成される」ことを待つ技術です。

　第二の方法「質問法」は、文字通り「問い掛ける」ことです。こういった経営環境、あるいはこういった選択肢が示された場合に「あなたならどういうった判断を下しますか」と問い掛ける方法です。質問法の一番良い点は「相手が考えざるを得ない」ことです。誰でもそうですが、質問を受ければ「その答えを探す、考える」行動に出ます。それが「気づき」に結び付くのです。「答えを考える」⇒「結果として気づく」という流れを作れるのが「質問法」の利点です。もうひとつ「質問法」の良い点は、「質問の構成次第で、ストーリーを作れる」点です。言い換えれば「A地点から最終Z地点」まで持っていくために、質問群を「ストーリー」として構成することで、「経営者の思考を段階的に前に進める」ことが出来るのです。

　ストーリーをデザインするうえで「大きな世界観」から順次「具体的な自社のビジネス」に展開することに留意する必要があります。例えば「このままGHG排出を放置すると、地球の温暖化が進み、4℃上昇もありうるそうです。そうなると台風や水害が増える可能性が高いですね」「そりゃそうだろうね、いまでさえ台風や大雨が増加しているのに、さらに気温が上がったらとんでもないことになる」「そうなんです。そうした背景があるのでカーボンニュートラル宣言が制定されたのです。社長はこういった政府の姿勢をどう思われますか」「うーん、先程言ったように、いまでさえ洪水や台風被害が増加している状況だから、温暖化を防止する方向性は当然だろうね」「そうですね。こうした温暖化対策の主役は企業が担うという意見もありますが、社長はどう思われますか」「企業だけでなく、個人の生活を考えなければいけないだろう。しかし、産業界が多くのGHGを排出しているのは事実だから、企業がその役割を果たすのは仕方ないことだと思う。しかし、コスト負担が正直痛い」・・・このように順次対話を展開できるのです。この場合、社長の口から「コスト負担」という言葉が飛び出したので、これが論点になりそうだということが分かります。そして、この論点をクリアできれば「GHG排出対策へ当社が舵を切る」こともできそうだ、ということが分かります。ひとつひとつ質問を投げかけながら、社長に「自分の考え方」を気づかせ、課題を明確にするのです。「自社のやらねばならないこと」「そのうえでの課題」について、社長自身が考える

ことで「納得感」「取り組みの決意」が固まるのです。

　質問法は「建設的対話」において極めて重要な技術です。質問力を高めること、単体ではなく全体像をもとに質問を構成すること、相手の考えを引き出すような質問をすること、等々の質問スキルを磨き上げる必要があります。

7-4-5. 技術⑤：事業性評価を起点に目線合わせをする

　建設的対話において「事業性評価」は重要なツールです。相手の重要情報が詰まっているのですから、対話を有効に進めるうえで大いに活用する必要があります。

　ここでいう事業性評価は、現在金融機関が行っている事業性評価ではなく、経営環境分析や非財務分析に「SDGs／ESG」の要素を組み込んだものを想定しています。中小企業セクターにおけるサスティナブルファイナンスを推進するうえで、事業性評価のレベルアップは必要条件であり、詳細は第2章で説明した通りです。

　さて、対話には「共通語」が必要です。対話者それぞれが、それぞれの基準や表現で話をしてもすれ違うばかりです。「同じものを見て話す」ことが対話の基本であり、その「同じもの」に該当するツールが「事業性評価」です。

　共通語で話すことは「第一歩」に過ぎません。なにしろ建設的対話の目的は、企業のサステナビリティの向上にあります。議論を深めること、具体的な行動に変わること、成果を創出すること、これらがなければ建設的な対話の意味はありません。そこで重要になるのが「目線合わせ」です。第一歩が「共通語で話す」ことであれば、第二歩は「目線を合わせる」ことです。両者が日本語で話しても通じるとは限らない。通じるために「同じ目線」を持つことが大事なのです。言い換えれば、世界観・自社の事業性・経営資源・課題について「共通の理解」に立つことです。

　中小企業の経営者と交渉をしていると、客観的にみて「秀逸な提案」にも関わらず「拒絶」される場合があります。この原因を分析すると、「提案によって解決する問題」について、経営者が「問題と思っていない」ことに起因します。入口からボタンを掛け違っているのですから「秀逸」というのは金融側の独善であって、経営者からみれば「意味のない提案」になるのです。

　建設的対話のなかで、金融機関が「提案」を行うことは付加価値創造のために必要です。しかし、前述のような「ボタンの掛け違い」があれば、対話が噛み合わず、有効な方向性を導き出せない可能性があります。「入口での目線合わせ」をしっかりと行い、その土台を起点として話し合いを進めることがポイントです。「お互いが問題である」と認識することです。土台が出来れば結果

として「対話の効率性」も高まります。

　目線合わせに時間を使っていたら「建設的対話」に入るまで相当な時間を要してしまう。読者のそんな声が聞こえてきそうです。しかし「目線合わせ」も立派な「建設的対話」です。かつ、対話の土台形成を行うステップなので、そこを怠れば次のステップの有効性を担保できなくなります。それを含めた「対話コスト」と考えましょう。

　目線合わせは、事業性評価の各分析結果を説明することがスタートです。金融機関の分析・見方について説明し、中小企業の「所感・意見をいただく」流れを作ります。特に、積極的に賛意を示す項目や否認する項目については、その理由を傾聴することが重要です。積極的賛意を示す項目を重視する理由は、当社が明確に認識していることで「拠り所」としやすいからです。強みであれ弱みであれ、認識が強く一致している点は、対話が展開されるうえで「帰る場所（共通の認識）」になります。一方、積極的に否認をする項目は「事実」と「理由」を確認します。貴社は違うと言うが、どこがどう違い、事実は何なのか。そして、認識が違った理由は何なのか。そして、単純に否認していいことか、相手に思い違いはないか。こういった相違点をひとつひとつ埋めていくのです。

　事業性評価を起点に、共通語を使って目線合わせを行う。この土台作りが、その後展開される建設的対話を効率的で有効なものにしてくれるのです。本項は「土台作りの技術」と考えていただければ結構です。

7-4-6. 技術⑥：リズムを作る、傾聴する

　この技術は「会話を弾ませる技術」です。日常会話ではないので「淡々」と進めればいいじゃないか、とお考えの読者もいると思いますが、経験則的には「意義のある対話ができたときは"会話が弾んだ感"が強い」と感じています。対話は一種の「化学反応」です。経営者と金融機関が腹を割って未来を話し合う化学実験です。仮に「基本シナリオ」を描いて対話に臨んだとしても、筋書き通り進むとは限りません。中小企業とのコミュニケーションの妙といえばそれまでですが、折角「対話」をする以上は「良い化学反応」を起こしたい、これが本項の意図であり技術です。

　第一が「傾聴」の技術です。経営者の話の腰を折らずに耳を傾けることです。これが意外に難しい。中小企業経営者には「話の長い人」がたくさんいるからです。無駄話はともかくとして、テーマに関する話をしている間、我慢強く論旨が完結するまで丁寧に聞くことです。傾聴は「あなたの話を大事だと思っている」というメッセージであり、「あなたの意図を汲みたいと考えている」というメッセージでもあります。

　第二が「相槌ち」「肯定」の技術です。相手の話が違う、おかしい、ということはよくあることです。しかし、普通の会話であってもいちいち否定されていたら話す気力が失せるし、相手を嫌いになります。また、相手も乗ってこなければ、話もはずまないでしょう。「対話のリズムを作る」ためには「相槌ち」が効果的です。相手を乗せるために「同調」や「オウム返し」をします。まずは「相手にしっかり話させる」、この点に注力すべきです。

　これらを心がけることで、「会話にリズム」が生まれ、相手も動機づけられ、相手側からの「多くの情報」を提供してもらうことができます。情報が多いほど、分析や判断を間違わなくなります。また、その情報を上手に活用して、次の展開を考えることもできます。相手にしっかり話してもらうために、傾聴・相槌ち・肯定を心がけ、「良いリズム」「良い化学反応」をおこすための雰囲気を作りましょう。これも中小企業との建設的対話に必要な技術です。

　最後に「違う意見まで肯定的に対応するのか」と疑問を持たれる読者もいると思います。その点についても「YES」です。本項は「相手にしっかりと話してもらう」ことを重視した技術です。意見の食い違いは、「すべて話していただいた後」でいくらでも議論できるのです。大事なことは「しっかり話してもらう」「相手の考え方・事実・理由など多くの情報をいただく」ことです。それが出来ないうちに否定したところで、相手は話す意欲を減退させ「建設的対話」は成り立たないのです。

7-4-7. 技術⑦：多面的に光をあてる、選択肢を示す

　多面的に光をあてる、は「問題を深堀りする技術」です。あるいは「より正しい答えをみつける技術」ともいえます。

　例えば、ある会社が業界の3倍もの在庫を抱えているとしましょう。その結果、資金負担が重く、総資産回転率等の財務指標も悪化しています。こうしたケースで、在庫について経営者と議論する場合に「なぜ在庫が多いのですか？」⇒「販売に必要だから在庫しているだけ」という表面的な対話では埒があきません。そこで「光の当て方（質問の角度）」を変えるのです。「資金負担が重くなっていますが、金利負担や倉庫料などの経費負担をしてまで『在庫を必要』とする理由はなんでしょう？」（財務面から照射）、「在庫が業界水準より相当多い感じですが、在庫の中味は他の同業者とどう違うのでしょうか？」（業界比較）、「仮に在庫が3分の1（＝業界水準＝）に削減された場合にどんな支障を来しますか？」（必要性の別の表現）、等々の質問を行うのです。多面的に質問することは、同じ問題をいろいろな角度から映し出すので「ピントが合ってくる」のです。これを「問題の深堀り」といいます。この技術を発揮するため

には、多面的な質問ができるだけの「知識」「経験」「着眼点」「分析力」が必要です。また、事前のシミュレーションにより「展開を読む」ことも効果があります。

　もうひとつの技術が「選択肢を示す」です。口が重い、はっきりしない、そんな経営者と対話する場合は、選択肢を与える方法が有効です。一番簡単な選択肢は「YES or NO」の二択です。「YES or NO or Another」といった「三択」もあるでしょう。この技術の利点は「答えを明示している以上、何等か選ばなければならない」ということです。つまり「回答がもらえる」です。一方、欠点は「深みが出ない」「答えを間違うリスクがある」点です。本来「答え」は先方の「自由な表現」で発信してもらうことが大事です。しかし、会話の「不調を突破」する起点として「選択肢」を与えているので、付加情報がないため「深みが出ない」のです。また、三択の場合など「選択肢が適切でない、本当の答えになっていない」場合もあります。こちらで用意している以上、起こり得る誤りです。

　こうした欠点を補完するために、選択肢によって選択された回答について「回答理由を尋ねる」「選択肢そのものが適切であったかの確認をする」ことが大事です。この技術は「口が重い」「はっきりしない」といったときの「突破口」として用いるものです。あくまで、経営者自身の表現で話してもらうことを心がける必要があります。

7-4-8.　技術⑧：仮説をぶつける

　建設的対話において「仮説をぶつける技術」は、高度だが有効性が高い技術です。その理由は「対話を深める」ことができるからです。対話を深めるとは、「更なる答えを引き出す」「理由を引き出す」「相違点を発見する」「気づきを与える」「新たな発見につながる」「共創につながる」といったことです。言い換えれば、対話によって「何らかの付加価値をつける技術」です。

　それでは「仮説をぶつける」ことで、こうした化学反応が起こる理由は何でしょうか。それは「単純な質問」ではないからです。単純に聴くという姿勢であれば、相手は「知らないことについて質問をした」と理解をするので、とりあえずは「無難な範囲で回答する」でしょう。しかし、「仮説をぶつける」場合には、「こちらも答えを考えたうえで質問しています」というメッセージですから、相手に対して警戒・共感・興味など様々な印象を持たれることになります。言い換えれば、「こちらも答えを考えている」から「いい加減な理由では通用しませんよ」という一種の緊張感を対話にもたらすのです。あるいは「こちらも答えを考えている」ので「あなた任せの他人事ではなく、自分事と

してこの問題をとらえています」という協調的なメッセージにもなるのです。さらには相手に「あなたの考え方を知りたい」と興味をもってもらう契機にもなります。

　仮説の化学反応は、緊張・協調を通じて「答えや理由を引き出す」だけにとどまりません。結論は同じでも「思考回路」が違う場合があります。ある結論を出したプロセスや思考回路を「仮説」としてぶつければ、「相違点の発見」につながることがあります。それはプロセスを明示したことで「思考経路の違いが見える化」できるからです。思考回路が異なっているとすれば、別の条件や環境になれば「答えが変わる」可能性もあるので、難しい議論をする場合には助けになります。

　また、相手がまだ気づいていないアイディアや世界観を「仮説」としてぶつけることで、相手に「気づきを与える」「新たな発見につながる」ことがあります。言われて気付くということです。これも建設的対話の付加価値です。より良いものを作るうえで、気付きや新機軸が重要なことは言うまでもありません。こちらがぶつけたアイディアや世界観をヒントとして、相手がいろいろなアイディアを生む場合や、自社のリスクやチャンスを認識する場合があります。このように、仮説をぶつけることで「付加価値を生む」ことがままあるのです。

　最後に付け加えると「仮説をぶつける」ことは、相手の信頼につながることが多いようです。「さすが見抜いている」「すごい世界観だ」「そんなアイディアもあるのか」は尊敬（リスペクト）につながります。こうした高い見識をもっている人間であれば、建設的対話のカウンターパートとして申し分ない、ぜひ彼と仕事をしたい、こうした副次的効果も生まれることを認識してほしいと思います。

7-4-9. 技術⑨：リスクマップを示す、未来を見せる

　経営者が最も動機づけられるものが「危機感」です。企業にとって「倒産」「事業停止」といった危機ほど恐ろしいことはありません。そういった意味で、危機管理の出発点となる「リスクマップ（資料7-4-9）」の策定は、中小企業にとって極めて重要です。おそらく経営者自身も、自社に関するリスク要因を頭に描いていると思います。しかし「発生確率」や「発生した場合の影響度」の観点から「見える化」しているケースは少ないと思います。

　サステナビリティ問題は、ある種「危機管理」の問題でもあります。環境や社会に関する問題、環境変化のなかで適切な舵取りをするための企業統治（ガバナンス）の問題、そして中小企業であれば「自社のビジネスに関する問題」

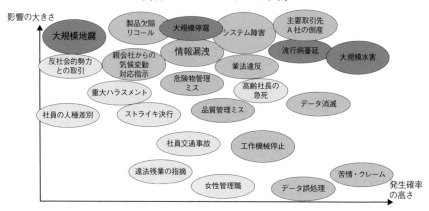

資料7-4-9　リスクマップ例

などがリスク要因としてあげられます。これらのリスク要因を見える化すること、その見える化した資料をもって「建設的対話」に臨むことは、一種の緊迫感を経営者に与えるので、具体的かつ有効な対話になる可能性が高まります。対話を通じて、リスクに関するマテリアリティ（重要課題）が整理され、具体的な対応の方向性まで話が進めば、付加価値の高い仕事になります。リスクマップを作成することは手間ですが、金融機関があくまで例示という形で概要を示し、あらためて当社自身で作成してもらう方法もあります。

　類する第二の手法として「未来を見せる」があります。筆者が現役の支店長時代に、事業改善や再生に関心・意欲を示さない経営者に対して使った手法がこれです。具体的には「数年後の予想財務諸表」を示します。このままの状態を放置すれば、数年後に損益はこの程度悪化し、貸借（バランス）はこの程度毀損する、それを予想財務諸表として具体的に提示することで、「未来の姿」を感じてもらうのです。「この財務で融資をする銀行がありますか？」「いつまでもリスケを継続してもらえると思いますか？」そういう問い掛けを加えるのです。これは結構胸に響きます。

　この手法も「予想の精緻さ」を問うよりは、一種の「シミュレーション」として活用することが大事です。例えば「カーボンニュートラル問題が進展し、炭素税等各種のカーボンプライシングが始まると製造原価がこの程度上昇する可能性があります。こうしたコスト上昇にどう対応しますか」「炭素税軽減のためにエネルギー転換を図る必要がありますが、それに要する設備投資はどの程度必要か」といった対話の「契機とする」のです。「具体的な未来」を見せることが危機感を呼び起こし、対応策を考える動機付けになるのです。

リスクマップにせよ、予想財務諸表にせよ、大事なことは「未来を共有する」「未来をシミュレーションする」という見える化によって相手に危機感を持ってもらうことです。対話における「建設性」を重視するのであれば、より具体的で、より実効性のある成果を生み出したい。それには相手に「本気になってもらう」ためのツールが必要であり、こうしたツールを使いながら対話の実効性を高める技術が重要な意味をもつのです。

7-4-10. 技術⑩：データで勝負する（経営環境）

前項の予想財務諸表は「財務データ」で勝負する話なので本項と同類ですが、本項では「経営環境分析」の領域でのデータ活用に絞って説明します。

数字は強い力を持ちます。10年後人口が3割減る。小売業を営む経営者にとって商圏が3割縮小する事実は、相当大きなインパクトです。売上を維持するためには「商圏を拡大」する必要があります。3割減少に堪えるのであれば、人員を含めた「コストカット」を選択しなければなりません。経営環境の変化に対応するということは、そういうことです。これが「なんとなく減りそうだ」という漠然とした表現では、危機感も戦略変更も生まれません。

経営環境分析にデータを活用する理由はほかにもあります。それは、中小企業がこうしたデータ収集を得手としていないからです。大企業と異なり、中小企業では「対応できる人員や余力もない」ことからSTP分析のようなマーケティングを行うことは「ほぼない」と思います。そういった意味で、経営環境の変化を「データで見せる」手法は「経営者を動機づける」うえで効果的です。

経営環境の変化をデータで示す場合に、「温暖化で平均気温が4℃上昇するとこうなる」といった「全体観」を示すだけでなく、出来るだけ「属する業界」「属する商圏」に関する「身近なデータ」を提供することで、より差し迫った問題として捉えてもらうことができます。

一例をあげると、カーボンニュートラルへの対応で、電気自動車への移行が世界的に行われている。日本においても各自動車メーカーが、何年までに生産台数の何割を電気自動車にする方向性を示している。これによれば、ガソリン自動車の生産台数は、10年後にX台減る。貴社はエンジン部品を製造しているので、現在の売上のX割が減少する可能性がある。このように、順番に「業界の変化をデータで示す」のです。さらに、自動車メーカーの方針や立ち位置も微妙に異なるので、そういった要素も含めてデータ提供することで、環境変化の恐ろしさが具体的に見えるのです。

大きな経営環境の変化は「経営戦略」の変更を迫ります。したがって、建設的対話の持つ意味がより大きなものになります。このように「データで勝負す

る」技術は、戦略の転換を促す力を持っています。戦略転換を議論できるとすれば「建設的対話の価値は高まる」こと請け合いです。

　また、新たな戦略実現のための実装支援についても多面的かつ大きなものになることが考えられます。このように「経営環境変化」に基づく議論は、戦略⇒戦術⇒ギャップ補完といったフローで、金融機関や支援機関の活躍の幅を大きく拡げることになるので、メリットもより大きくなるのです。

7-4-11. 技術⑪：話を整理する、優先課題を絞りこむ

　対話を行ううえで「対話の成果を整理しながら進行する」ことが大事です。当たり前のように聞こえるかもしれませんが、建設的対話は1回で終わるものではありません。様々な経営課題について、企業の持続性や企業価値向上のために長期的な視点をもって話し合うのですから、1回話し合って「良かったね」では、確実な成果が出るとは思えません。

　建設的対話は「腰の据わった対話」です。それだけ時間やコストを要するものです。本章の冒頭で、建設的対話をどう取り扱うか「方針や姿勢」をしっかり決めるべきだとしたのは、こうした理由です。複数回、あるいは複数年にわたって、継続的に対話を進めていくことで確実な成果を生むことができます。

　そういった意味で、前回の対話の内容や得た成果、今回対話するテーマ、今後優先的に話し合うテーマ、等を「都度整理しながら進行する」ことが大事です。「議事録の共有」といった形で整理する方法もあるでしょう。従来、金融機関と中小企業の対話のなかで、こうしたストーリー性のある対応を行うことはほとんどなかったと思います。しかし、腰の据わった対話を進めるためには、複数回かつ継続的な実施が必要なので「従来の延長線」で考えるのではなく、最も良い成果を生むための方法を考えるべきです。

　話の内容や議論をしっかり整理する、それを共有する、対話テーマの優先順序を決めて計画的に話し合いを行う、こういった方法は建設的対話を行ううえで重要な技術です。それは「一連の対話の効率性を高める技術」といってもいいでしょう。基本的なことですが、従来の慣行に流されず、「手法」として確立することが大事です。

7-4-12. 技術⑫：企業価値創造のストーリーを作り上げる

　建設的対話の最終到達点をみなさんはどうお考えでしょうか。「対話の最終成果物」です。端的に言えば「当社がどんな経営環境にあっても生き残る、あるいは企業価値を上げることができるストーリー（戦略）を共創する」ことが「最終成果物」です。これは双方が意識して臨むことだと考えています。

　金融機関にとって「企業価値向上のストーリー」を企業とともに共創することには大きな意味があり、それゆえ最優先の「技術」としてノウハウの確立や職員のスキルアップを図る必要があります。以降、ストーリー化のためのプロセスについて説明します。

　第一段階が「事業性評価」です。ここでは、ビジネスモデル、商流、バリューチェーン、損益構造、B／S・C／Fマネジメントの状況、ケイパビリティ（能力）、有形資産の強み弱み、等々を明らかにします。企業が生き残るためには「どんな環境にあっても強みを活かし競争力を失わずに対処する」ことが必要ですので、「何を持っているか」「何を知っているか」「何とつながっているか」といった経営資源を明確にする作業から始めるのです。

　第二段階が「経営環境変化の予測」です。これは事業性評価に本来含まれるものですが、敢えてプロセスの重要性を説明するために外出ししています。大きくやるのであればPEST分析（政治・経済・社会・技術の大きな変化）から始まり、「地域・商圏」の人口動態・産業構造等の変化を分析します。さらに「業界動向」が最も重要であり、製品／サービスの動向、技術動向、市場動向、競合、代替品、法規制など様々な観点から変化を予測します。経営環境の予測において重要なことは「可能な限り複数シナリオを造成する」ことと、「予測根拠を明確にする」ことです。本来、変数が多すぎて「未来を予測する」ことは非常に難しいものです。お正月恒例の「今年1年の景気予測」が外れる例は珍しくありません。そうした困難さを抱えながらも「未来の環境変化を予測する＝シナリオ造成＝」意味は、「経営を高度化する」ことにあります。未来は分からない、だから場当たり的に対応するのでは、経営の進歩は期待できません。所与の条件のなかで、起こり得る未来を複数予測し、それに対応する方策を考えることで、「メインシナリオが外れた場合」でもシナリオBが活かせるかもしれません。あるいはまったく外れた場合には、さらに大きな変化が起こっている可能性がありますので、軌道修正をすることで経営をプロテクトできます。

　第三段階が「リスク・チャンスの評価」です。経営環境の変化に伴い、当社の経営に影響を与える「脅威や機会」が必ずあります。それらを洗い出して「意味付けを行う」ことです。脅威・機会は表裏一体のものです。脅威を恐れるだけでなく、脅威を活かす方法（イノベーション）や脅威を回避する方法（リスクマネジメント）を考えることが大事です。そして、リスク・チャンス評価において大事なことは「優先順序」をつけることです。中小企業にとって経営資源は有限です。「大事なことから対処する」ことが必要です。優先順序を明確にすることがこの段階で求められます。

第四段階が「戦略の策定」です。戦略という言葉は難しく聞こえますが、「生き残るための道」と考えればバーが下がるのではないでしょうか。戦略は予測した未来シナリオをバックキャストする形で検討します。未来がこうなる以上、いまからどんな準備や対応をするか、を考えることが「バックキャスト思考」です。その際大事なことは「自社の強みを活かす」視点です。企業が生き残るためには、所詮「自社の強みを活かす」以外に方法はありません。そして、自社の強みだけで対応できない部分については、連携等による「外部の経営資源による補完」を検討することになります。分かりやすい事例で言えば「M＆A」による資源補完です。そして「ビジネスモデルを検証する」ことも必要です。すなわち「どんなお客様に、どんな製品／サービスを、どんなルートで届けるか」「一番の付加価値は何か」を検討します。

　戦略は「自社の存在意義（パーパス）」と整合しないと力が出ません。そういった意味でパーパスに基づき、当社がこの世で「貢献できること」「やりたいこと」といった視点も重要です。そして、最終的には「なりたい会社の姿」「なりたい事業の形」こそが、戦略の行きつく所になります。こうした検討プロセスを通して、生き残るために、持続的な成長を遂げるために、自社が理想とする事業の形にもっていく、そのストーリーこそが戦略なのです。

　経営戦略をさらにブレークダウンすると「人材戦略」「投資戦略」「財務戦略」「組織戦略」「マーケティング戦略」「DX／IT戦略」「知財戦略」「技術戦略」等々、経営の各領域に展開されます。こうした細分化は、企業のサイズや必要性に応じて行えばよいでしょう。

　どんな環境変化においても「当社が持続的な成長や企業価値向上を図るためのストーリー（戦略）」を描くことが、建設的対話の最終目的であり、そうした成果を得るために対話をリードし整理することが、本項で示した「技術」です。

7-4-13. 技術⑬：舞台装置を整える（メンバーをコーディネイトする）

　建設的対話では、良い「化学反応」が生まれると、相互理解が深まるだけでなく、付加価値の高いアイディアを創出することができます。本項で説明する「技術」は、良い化学反応を起こすための「触媒」に関するものです。

　具体的には「建設的対話」が促進される「メンバーをコーディネイトする」ことです。言い換えれば「対話の舞台装置を整える」です。対話の内容によっては「専門性」が求められる場合があります。例えば「温暖化に関する対応策」について議論を深めたいときに、お客様と営業店の職員だけでは「専門性に限界」があります。こういった場合に、本部の専門官をメンバーに加えることで、

「GHG（温室効果ガス）の排出量を把握したい」⇒「専門業者がいるので紹介できます」となれば話が一気に前進するはずです。

　あるいは「営業店メンバー」で対話を行う場合でも、支店長を交えた方が良いのか、担当者 1 名で対応した方が気軽に進むのか、課長と担当者の 2 名がよいのか、等々について考えることが大事です。いままでの慣習であれば「担当者に任せる」のが当たり前だったかもしれませんが、建設的対話の性格上、経営トップと重要課題について話し合うのですから、最大の効果が出るように舞台設定をするべきです。支店長を出せば良いという問題ではなく、経営者の性格や会社の状況、どういう段階での対話か等を加味して、ベストメンバーを組成するのです。

　このように「良い触媒」を得ると建設的対話が促進されます。言い換えれば「テーマに応じた最強のチーム」を結成して対話に臨むこと、これも一種の「コーディネイト技術」です。コーディネイトに関しては、店内で誰が行うか決めておくべきです。通常は、お客様の実情を深く理解し、内部の体制も理解している「課長」が行うのではないかと思います。

7-4-14.「コンプライ・オア・エクスプレイン」について

　コンプライ・オア・エクスプレインは、機関投資家や上場企業向けに作られた「スチュワードシップ・コード」「ガバナンス・コード」等の「自主規制」を企業が受け入れるに際して、「そのルールに従うか、従わないとすれば理由を説明せよ」という要請を指します。これらのコードは「法的拘束力」を持つものではないので、どう取り扱うかは企業の自由です。しかし、役所や取引所がまとめたルールですから、上場企業にとっては「事実上の規制」です。したがって、コンプライ・オア・エクスプレインから受ける印象は「従わないなら理由を言えよ」といった感じで、少し強い言い方に聞こえるのではないでしょうか。

　中小企業においては、そもそもこうした規制は埒外のものです。したがって、ルールを盾にして「このルールに従うか、従わないなら理由を言え」という方法は馴染みません。こんな言い方をしたら「お前何様だ！」と反発を受けるだけです。しかし「考え方」は重要です。なぜなら「これがビジネスの事実上のルール」になっているからです。いまは「上場企業廻り」で運用されている段階かもしれませんが、時が経てば「下方遷移」する可能性があります。そこで、言い方や表現方法は柔らかいものにして、こうした「論理立て」で対話を運ぶのです。「社長、製造業の大多数は GHG 排出削減に動き出しているようですが、社長も同じ方向ですか」⇒「いや、わたしは特に対策は行わない」⇒「その理由はなんですか」⇒「環境規制なんて流動的で、政治によって変わる。早く動

き過ぎると損をする」といった具合です。まさに「NOなら答えを教えてね」です。金融機関の職員は、この「コンプライ・オア・エクスプレイン」の論理について勉強する必要があります。その理由は幾つかあります。

第一が、SDGsやESGを含めて「ビジネスルール」が変わりつつあることです。コンプライ・オア・エクスプレインは、「選択は自由だが、説明責任を伴います」というルールが定着することを意味します。気候変動の問題、人権の問題がよりクローズアップされた場合に、中小企業であっても「知らんぷり」はできない、「説明責任」を負う時代がくることを認識して啓蒙に励む必要があります。

第二が、中小企業との建設的対話では「相手を正す」ことも必要だからです。例えば、上記の脱炭素・脱資源というなかで、それらに一切関知しない経営姿勢を貫いている経営者がいた場合に、それは当社のためにならないはずです。こうした場合に「コンプライ・オア・エクスプレイン」に準拠する形で、脱炭素への対応をとらない場合に当社の未来を持続性のある形に出来るのか、という問いかけが必要です。従わない自由もある、しかし、従わない理由に合理性がなければ、当行として持続性のある企業とは認定できない。投資家でいうところの「ダイベストメント（投資撤退）」さえ最悪の事態としてありうることを説明しなければなりません。こうした極端な例は別としても、SDGsやESGに「否定的な姿勢」になった場合に、しっかりとその理由や背景を聞いて、「正すべきは正していく」ことが建設的対話の「役割」でもあるのです。

7-5. サスティナブル診断をどう使うか

第3〜6章において4種類の「サスティナブル診断」の解説を行いましたが、これらのサスティナブル診断を「建設的対話でどう活用するか」について説明します。

7-5-1. 診断の実施

診断のやり方については「中小企業自身が自己診断」する方法と「金融機関が質問者となって診断」する方法があります。

丁寧な方法は後者の「金融機関関与」で行う方法です。診断に関する質問項目の内容を正しく理解したうえで回答してもらうためには、質問を解説しながら1問1問回答してもらう方が間違いありません。一方、この方法は「時間がかかる」のが難点です。

また、自己診断の欠点を補完する意味で、自己診断を行う前段階で「質問の

なかで迷いそうな項目」を中心に説明する方法もあります。せっかくの診断が「誤解されたまま回答されない」ことを目的とした方法です。

　企業が自己診断をするだけであれば「30分」程度で終わるので、効率性は高いと思います。ただし、前述の通り、誤解して回答する場合もありうるので、金融機関でチェックすることが望まれます。いずれの方法もメリット・デメリットがあります。状況に応じて使い分けていただきたいと思います。

7-5-2. 診断結果の確認とフィードバック

　自己診断が終われば金融機関が確認を行います。診断結果を確認する意味は、①回答が企業実態と照らして正しいか、②具体的な実態はどうなっているか、③会社としてその項目についてどんな考えを持ち、活動に反映しているか、3点を明らかにすることにあります。

　第一の「回答が実態と照らして正しいか」の確認は、実態に対する解釈や理解の差を埋める目的です。サスティナブル診断をシンプルに作り、回答方式をYES・NOの2択としても、質問に対する「問題や実態の捉え方」には理解差があります。同じ実態であっても、厳しい経営者であればNOと回答し、甘めの経営者であればYESと回答することもあります。サスティナブル診断の目的は「現状の正しい把握」にあります。そういった意味で、実態と照らして極力「客観的な評価が」できるように「なぜYESと回答したか」「なぜNOと判断したか」について確認することで、目線合わせを含めた正確な実態把握を行うのです。

　第二の「具体的な実態はどうなっているか」については、回答の「判断根拠」を聞くプロセスで、「実態」をより詳しく聞くことで行います。金融機関「当方ではYESと回答するには、この程度の条件がそろっていることをイメージしています」（一種のフィードバックに該当します）⇒お客様「へえそうか。うちは○○だけしかやっていない」といった具合です。判断根拠まで聞くのかと思う読者がいるかもしれませんが、率直に聴く姿勢は、実態を解明するうえで大事です。お客様から見れば「当社への関心」「事業実態の理解」につながるので、本来歓迎すべき姿勢です。ひとつ質問することで、他への拡がりも出てくるので期待以上の実態把握ができることも少なくありません。

　第三の「会社としてその項目についてどんな考えを持ち、活動に反映しているか（いないか）」は、当社の「基本的な考え方」を確認するものです。例えば「気候変動に関心を持ち、事業における対応を行っているか」ということに対して「NO」という場合があります。この場合に、なぜ「関心がないのか」あるいは「関心があるのに、やらないのはなぜか」といった質問を通じて、当

社の気候変動問題に対する考え方や優先度が見えてきます。中小企業の場合は、経営者の考え方が事業全体に大きく反映されるので、当該テーマに関する「経営者の理解・考え方」を把握することが、すでに「建設的対話」の始まりといっても過言ではないのです。

7-5-3. 優先課題の絞り込み

　サスティナブル診断は、実態把握の「契機」となります。特に理由もなく大上段に構えてヒアリングすれば「急にどうしたの？」と疑念を持たれかねません。サスティナブル診断という形を借りて、「最近、温暖化などの環境問題やジェンダー平等など人権に絡む問題がクローズアップされています。一度、当行のサスティナブル診断をやってみませんか」とすれば、経営者も受け入れやすくなり、実態把握を進めることができます。

　実態把握を行ううえで大事なことは、当社にとって「優先される経営課題」は何かを位置付けることです。診断には十数個の項目が用意されているので、先方との対話を通じて「どこが最も緊急性があるか」「どの項目の改善効果が大きいか」といった視点が自然に生まれるはずです。優先課題を明確にしなければ、事後の改善策の実装につながっていきません。

　優先度の付け方については、①当社の経営に与える影響の大きさ、②緊急度、③導入に必要とする時間、等々を総合的に判断して行います。これらの項目に対する判定は、金融サイドと中小企業サイドで考え方が違う場合もありますので、十分擦り合わせをする必要があります。一方的に、気候変動が最重要だと言ったところで、経営者が「その前にやることがある」と思っているのであれば噛み合いません。サスティナブル活動は、中小企業自身が行うことなので「納得性」が大事です。考え方が食い違う場合には、3点のいずれかの考え方が違っているので、その溝を話し合いで埋めていくことになります。

7-5-4. 診断項目以外のテーマ検証

　サスティナブル診断は万能ではありません。ある程度重要な項目に絞り込んで作成されています。したがって「それ以外のテーマ」「経営者が重視するテーマ」が、他に存在する可能性は十分あります。サスティナブル診断の確認作業を通して、必ず「これら診断項目以外に社長が関心をお持ちのテーマはありますか」「診断項目以外に社長がリスクを感じておられるテーマはありますか」といった方法で、「漏れがないかを確認する」ことが大事です。

　中小企業の持続性や企業価値向上に向けた取り組みは、SDGs や ESG の枠組みの中に数多く存在します。その一方で、中小企業の置かれた立場や事情は、

百社百様です。社長が相当高齢で後継者が不在のような場合に、気候変動を優先して議論しても響かないことはご理解いただけるでしょう。当社にとっての重要性や優先度を確認しなければ、中小企業セクターにおける「サスティナブルファイナンス」は「中小企業不在」のものになります。大企業のように組織が確立され、専門部署の役割が明確になっている場合とは違って、中小企業の実態は区々です。同じ方法が通じるわけがないのです。そういった意味で「診断が全て」と考えるのではなく、「実態把握の一手段」と割り切って、「真の問題や課題は何なのか」を究明する姿勢が課題抽出に役立つと思います。

7-5-5. 本書以外の対話ツールの活用（経営デザインシート、ロカベン）

　前項までは、本書のサスティナブル診断について説明しました。しかし、世の中にはこれ以外の参考となるツールもありますので、簡単にふれておきたいと思います。

　第一が「経営デザインシート」です。これは内閣府の知的財産戦略本部が策定した「経営をデザインする」ための活用シートです。このシートは、多くの金融機関が活用しているので、扱いやすいところが利点です。このシートが優れた点は「未来を考える」こと、「その未来を作るための必要な経営資源を考える」こと、「現在とのギャップをもとに移行戦略を考える」こと、等があげられていることです。

　第二が「ロカベン（ローカルベンチマーク）」です。金融機関のみなさんであれば、知らない方はいないでしょう。経済産業省が、事業性評価のひな型として作成したもので、コンパクトに事業分析ができるツールです。このツールも、多くの金融機関や商工会議所などの支援機関が積極的に活用している「身近なツール」です。使い慣れている点が利点です。ふたつ目の利点は「4つの視点」（3枚目のシート）を活用して、未来志向の対話ができる点です。4つの視点には「経営者」「事業」「企業を取り巻く環境・関係者」「内部管理体制」があり、事業や環境において「サスティナブル問題」を織り込んで議論することは当然可能であります。さらに議論の総括として「現状認識」「将来目標」を話し合いつつ、「課題・対応策」という戦略を検討する構成になっていますので、建設的対話に十分活用できます。

　サスティナブルファイナンスの実現において大事なことは、どのツールを使うかではなく、「建設的対話を始めてみる」という行動そのものにあります。そういった点で、使い慣れた身近なツールを活用すれば、すぐにでも活動を始めることができます。すぐに始めるといった点を重視すれば、公開された、これらのツールは大いに活用価値があるのです。

7-6. 建設的対話とダイベストメント（融資拒絶・撤退）

　機関投資家と上場企業が行うエンゲージメント（建設的対話）において、最悪の結果があるとすれば「ダイベストメント（投資撤退）」です。実際に欧州においてはタクソノミフレームワーク規制といった形で、環境問題に貢献していると認める基準や業種的分類が進められています。日本においても、メガバンクが「新規の石炭火力発電への融資を停止」といった方針を発表していますが、それでも環境団体等からは「海外に比べて対応が甘い」と批判を受けているようです。

　読者のみなさんは、この問題をどう考えますか。

　SDGsやESGを通じて、地球・社会・企業の持続性を高めるために、様々な問題解決の取り組みを推進する必要があります。この「エンジン役」として、社会に大きな影響をもつ「金融インフラ」に対する期待が高まっています。これが「サスティナブルファイナンス」の本質といっていいでしょう。この重要な役割を担う金融機関のみなさんが「ダイベストメント」問題をどう考えるか、担い手として非常に重要です。

　この問題に関する日本の趨勢は「穏やかなもの」に落ち着く気がします。金融機関がSDGsやESGの「裁判官」となってダイベストメントを連発し、倒産・廃業を出すことは政治的にも産業界の反応としても「良し」とはされないと思います。サスティナブルファイナンスにおいて「建設的対話」が重視されている背景には、そうした"ハードクラッシュ"を回避する狙いもあると思います。つまり「変化に対応する時間」を与え、「良い変化を起こす」ことが大事だということです。

　一方で、穏やかな対応を行うためには「早期着手」が不可欠です。例えば「ブラウンタクソノミー（環境に悪影響を与えるような業種・企業）」に分類される懸念のある企業には「強い危機感」を持ってもらう必要があります。「強い危機感」をもって、ハードクラッシュに至らないような対応を検討・実施してもらう、そのための建設的対話でなければならないということです。

　もうひとつは「ゾンビ企業」問題です。縮小する国内市場において「過当競争構造」問題がさらにクローズアップされるでしょう。過当競争構造を解消するためには、健全な競争環境を整備し、新規参入や市場退出といった新陳代謝を活発にする必要があります。言い換えれば「市場ニーズを的確に把握し、各社の強みを商品やサービス等に反映して、適正価格で渡り合う」環境を作るのです。そのためには各企業が他社との差別化を意識して「イノベーション（新機軸）」の創出に社運を賭けるくらいの覚悟が必要です。従来の延長線上で

はなく、市場にマッチした付加価値創造を行うことで勝ち抜く、そんな「力強い産業界の風土」を呼び戻すことにあります。

　そのためには「慣れ合いの金融取引」から脱却して、ダイベストメントさえ突きつけることもあるという「真剣勝負」の金融取引も必要です。縮小均衡、赤字基調、それを簡単に許すのではなく、「変革」「イノベーション」を生み出すような企業風土を作るためにも、建設的対話において「厳しさ」「緊張感」を重視し、日本の企業風土を変える取り組みが求められています。こうした取り組みが定着すれば、「ゾンビ企業」の淘汰も進んで筋肉質な産業界に生れ変わることができると思います。

　一方で、バランスを重視した日本らしい「穏やかな対応」、それを実現できる有効な「建設的対話」を推進する必要もあります。もちろん、それが「甘さ」につながれば、真の意味でのサスティナブルファイナンスは日本に根付かないでしょう。日本以上に厳しい対応を世界各国が産業界や企業に迫っている中で、日本をガラパゴスにしてはいけないのです。手法は日本らしいもので構いません。しかし、得られる成果は「海外に負けないもの」である必要があります。「厳しさが変革を生む」という視点と「穏やかな対応を通じて変革を促す」というバランスを保ちながら、金融機関は「建設的対話」に臨む必要があります。

7-7.　建設的対話は「継続」することで成果につながる

　建設的対話は、継続的に進めてこそ成果が生まれます。例えば、気候変動問題について「物理的リスク」「移行リスク」に対応するために、様々な対策を講じる必要があります。エネルギーの転換、建物の遮熱対応、GHG排出削減のための設備、キリがありません。そういった意味で、10年単位で進めていくプロジェクトも珍しくなくなるでしょう。サスティナブル経営は「長期的な視点」で考えられるので、金融機関も長い眼で「継続して寄り添う」ことが必要です。

　それでは「継続的な対話」を行うために何が必要でしょうか。

　第一が「対話記録の整備と共有」です。10年の時間軸で考えれば担当ラインのメンバーは、全員入れ替わるはずです。開始当初からどんな議論をどんな流れでしてきたのか、どんな支援を行い、どんな成果があったのか、こうした事実を「後任」がしっかりと認識して臨む必要があります。大企業と異なる点は「中小企業は長期政権である」ことです。金融機関サイドはメンバーが入れ替わっても、中小企業サイドは同一人物が担うことが多いのです。この事実を

中小企業側に立って考えれば「一から説明」「経緯を都度説明」するスタイルでは非効率極まりないのです。建設的対話を継続するための第一の条件は「対話記録をしっかりと整備する」ことです。そのうえで、可能な限り中小企業と内容を「共有」することです。共有をすることで「解釈の相違」を防ぎ、ズレを防止できます。これもコミュニケーションの基本といえましょう。

第二が「テーマの全体像と優先順序」です。継続的に対話するうえで「羅針盤」が必要です。いま何合目に立っているのか、どちらの方向に向かうと最適解が得られるのか、その方向性を示すものです。羅針盤の役割を果たすのが「取り組みテーマの一覧」と「優先順序」です。どんな課題でも優先順序があります。それに沿って一つ一つ対話を重ねることで「点」ではなく「線」として機能します。取引先ごとに、こうした対話テーマの一覧化して、その優先順序を示すような整理や方針付けをするのです。組織として「羅針盤の立て方」を体系的にルール化しておくとよいでしょう。

第三が「環境変化を踏まえた修正」です。長期にわたる対話だからこそ「変化に晒される」ことが多いと思います。例えば「社会的課題」は、時代の要請や政治の在り方などで変わることが想定されます。建設的対話は、企業の持続性と企業価値向上を目指して行うものなので、環境変化に応じて柔軟にテーマ設定を行うことが必要です。こうした柔軟な対応が中小企業の戦略変更を促すことにつながるはずです。

7-8. ワンランク上の建設的対話を行うために

サスティナブルファイナンスを実現するうえで、金融機関が行う建設的対話のレベルアップが不可欠です。本項では「ワンランク上」の建設的対話を行うために、対話者や組織がどういった点を心掛ければよいかを説明します。

7-8-1. とことん話し合う

ずいぶん泥臭い表現を使うと思われたかもしれません。しかし、対話は人間同士が行う以上、「とことん話し合う姿勢」が「成果を決める」といっても過言ではありません。とりわけ中小企業との対話にあたっては、いかに「経営者と腹蔵なく話し合う」かがポイントになります。

とことん話し合うためには、それだけの「信頼関係を築く」必要があります。経営者から見て、対話のカウンターパートが「話すに値する」ことが必要です。そのためには、普段の取引1回1回を、全力かつ青臭いくらい当社のことを想って対応することです。そして、社長にとって役に立つ情報や意見をしっかりと

提供することです。

　また、「今回の対話の成果設定」を行ったうえで臨むことが必要です。「何となく」議論するのではなく、「目的のある対話」「目標を持った対話」を行うことです。そうでなければ「とことん」になるはずがありません。また、中小企業の経営者は忙しいので、「今日はこうした点について意見交換を行い、できれば具体的な方向感や支援内容まで成果として出したい」旨を共有化して進めることで、先方の納得感を高めることができます。

　そして「曖昧さを排除する」ことが大事です。日本人の会話は「ニュアンス」で表現することが多く、それが多義性を生み、良い方向にも悪い方向にも働きます。建設的対話をワンランク上げようとするなら「確実に前に進める姿勢」が必要で、議論が何度も「後戻りする」ような事態を避けなければなりません。こうした取り組みは、個人の対話技術を上げることにつながります。解釈が分かれそうな場合には「意図や事実を確認する」ことです。「おっしゃった意味は、○○ということでよろしいでしょうか」、そんな具合に内容を確認し、それを積み上げるのです。

　「とことん」のもう一つの意味は「妥協なく」です。建設的対話において「緊張と協調」が大事であることを説明しましたが、問題の核心を避けて議論する結果、「問題を先送り」されるようでは「対話の質」は上がりません。両者にとって急所となるような問題も、困難を克服して議論するからこそ「より高い成果」が生まれるのです。

7-8-2.　知識を磨く、対話力を磨く

　人材育成は「組織的なテーマ」ですが、ここでは「自己研鑽」という個人の問題として取り上げます。

　対話は人間だけが行えるものです。したがって、対話の質は「対話者の質」でもあります。つまり「対話者」の熱量・知識・技術に大きく左右されます。ワンランク上の対話をするためには「ワンランク上の対話者になる」必要があります。

　第一の「熱量」は、ヒトを動かす原動力です。人は「自分のために一生懸命な人」を受け入れます。熱に絆されることは誰にでもあることです。熱量をどう高めるかは難しい問題ですが、「サスティナブルファイナンスの重要性を理解し共感する」「建設的対話そのものが好きで楽しめる」ことがポイントになると思います。これは他人が何かしてあげられるものではなく、自分自身の心の持ち様が決めることです。

　第二の「知識」は「相手からの信頼」につながるだけでなく、「対話をリー

ドし、補完し、質を高める」うえで必要な要素です。専門知識を広範に持って、相手の疑問や知りたいことに的確に答えることができれば、「この人と話すことは当社のメリットになる」と経営者は感じます。この積み重ねが「専門家として信頼できる」ことにつながります。信頼が得られれば「前向きな対話」が共創できるので「ワンランク上」に行く可能性が高いのです。さらに、豊富な知識があればその知識を活用することで、対話をリードし、足らざるを補い、問題を整理するなどして、一歩ずつ成果に向かわせることができます。

第三は「対話技術」です。本章でも説明しましたが「傾聴」は対話の基本的技術です。さらに「リズムを作る」ことは会話を円滑にします。あるいは限られた時間のなかで「一定の成果」に結び付けるための「進行管理」も重要な技術です。中小企業の経営者は、話し出すと止まらない人も少なくありません。「傾聴しつつタイミングを見極めて話を展開する」「脱線した話を軌道修正する」「相手の話を整理して確認する」等々の「対話を円滑かつ効率的に進める技術」は、忙しい現代において必須のスキルです。こうした技術をもった対話者は、より多くの取引先と建設的対話の機会をもつことができるので、そうした意味も含めて「ワンランク上」を行くことができます。総じて言えば「ワンランク上の対話者」になることです。

7-8-3. 有効事例を数多くもつ

中小企業の経営者は「抽象的な議論」を嫌います。また「論理的な納得」よりは「現場で実際に行われた事実による納得」を好みます。百の理屈よりも一つの事実ということです。

建設的対話を行ううえで「有効事例を数多くもつ」ことが何よりの武器になります。質疑応答の場面や、具体的な方策を探すような場面において、「同じ業界で○○社がこんな取り組みをして、こんな成果を出しています」といった事例紹介をすることで説得力が増します。

有効な事例を数多く知っている対話者は、中小企業経営者からみれば「経験豊富な人」です。質問すれば響くように直ぐに具体的な事例で説明してくれる。これは信頼にもつながります。これだけ多くの事例を知っているということは「空論」ではなく「実のある議論」になるのではないかという期待につながります。こうした信頼や期待は「相手側の情報開示」につながります。信頼できるから「話してくれる」のです。「大事な話をしても大丈夫な人」だと認定してもらえるのです。

数多くの有効事例を対話者が手にするためには「組織的な情報共有の整備」が必要です。各営業店での有効事例を全店で共有することができる環境を作る

のです。この場合推奨したいポイントは「1分程度で簡潔に理解できるサマリー」と「特に有効性が高い事案については詳細なストーリーを含めて解説する資料」を2種類用意することです。営業担当者は忙しいので、数多く知るためには「簡潔さ」が要求されます。一方、ここぞという案件は詳細に物語ることで、大きな納得感や理解促進に役立ちます。有効事例をどう「メリハリ」をつけて活用するか、その選択は状況に応じて対話者が行うことになります。対話者にとって、上記のような2種類のインフラがあれば、選択が容易になるのです。

7-8-4.　相手の情報を数多く手にする

　対話の大きな目的に「相手の情報を入手する」ことがあります。対話は双方向に行われますが、その実態は「情報交換」です。情報のなかには「相手の考え方」「相手の実態」「業界の実態」等々があり、そうした情報交換を通じて「相手に対する理解」が深まるのです。

　建設的対話の目的は、企業の持続性や企業価値の向上を長期的視点で実現することにあります。そうした目的に照らすと「ワンランク上」の対話とは「より多くの、より有効な情報を得る」ことで、「通常の対話では得られなかったアイディアや方向性を得る」ことにあります。そういった意味で、より多くの情報を得ることができる技術を学ぶことが必要です。

　相手がひとりでに語りだすような「相手の話す意欲を喚起する」ような質問を投げかけることができれば、より多くの情報を得ることができます。これを「キラークエスチョン（殺し文句ではなく決め手質問とでもいいましょうか）」と呼びます。

　キラークエスチョンは、質問者の「総合力」が試されます。相手がひとりでに語りだす、そういった気持ちにさせるために「どんな要素」が必要かです。同じ人であっても、シチュエーションが異なれば喚起されない場合もあります。同じ質問であっても、シチュエーションによって喚起されることもあります。そういった意味では「環境・状況において相手がどんな気持ち・心境にあり、どんな関心をもっているか」を推し量る力が必要です。また「相手の性格・思考回路」に対する理解があれば、状況に応じた質問を選択できると思います。さらに「質問の表現力」も大きな要素です。同じことを聞くにしても、光の当て方を変えることで受け取る印象は異なります。単純な例でいえば「Aは好きですか」「Aを嫌いですか」という光の当て方の違いです。どちらの質問でも好きか嫌いかは判明します。好きに重点をおくか、嫌いに重点をおくかです。これも相手の性格や思考傾向が分かれば「多くを語りそうな質問表現」を選択

することができます。

　また、キラークエスチョンの要素には「強い関心」が重要です。関心の低いテーマを多く語る人はあまりいないものです。逆に、関心の高いことはしゃべりたがります。そういった意味で「会社の痛い所（弱点）」とか「会社の自慢したい所（強み）」などは典型的に関心の高いテーマです。経営者の関心事について平時の何気ない会話から探っておくことが大事です。経営者と対話するためには、日頃からこうした努力を重ねる必要があります。

　相手の情報をたくさん得るための質問法（キラークエスチョン）については、普段から研究することが大事です。そして試行することです。どうしたらたくさん話してもらえるのか、こういったことを考え試すことで、キラークエスチョンの技術はどんどん上がっていきます。

7-8-5. DX 環境の整備をすすめる

　ワンランク上の対話をするためには「個人の努力」以外にも、会社が整備することで実現できることがあります。それが「DX（デジタル・トランスフォーメーション）」です。DX については、多くの専門書がありますが、筆者の定義は「デジタルとは、CPU（中央演算処理）が入っていて自動処理によりデータ生成ができるもの」で、「トランスフォーメーションは変革」です。以上を統合すれば「CPU による自動処理でデータ生成できるという技術を使って、会社の業務の在り方や商品サービスのレベルをあげること」と定義されます。

　これを建設的対話に重ねた場合、グループウェア等を活用して「よりハイレベルな対話ができるための情報を共有する」ことです。本章では、様々な対話技術の説明をしましたが、金融機関で入手可能な取引先情報は数多くあります。同時に、毎日の営業活動のなかで得られる非財務情報・財務情報もあります。こういったお客様情報をどう整理し、効率的に検索できるようにするか、です。また、産業界の情報について、多くの企業で行っている「経営環境分析を集約・整理する」ことで、「業界毎の世界観」を描くことができます。営業担当者が事業性評価を実施するうえで、その世界観を共有し、経営環境分析に活用できるようになります。あるいは、建設的対話の有効事例や、AI を活用したキーワード抽出によりポイントを突いた対話の在り方を構築できるかもしれません。これらは紙ベースの時代にはできなかったことです。デジタルの時代になったからこそ、情報をデータに変換し活用できる環境になったのです。また、支店の情報を容易に吸い上げ、キーワード検索や情報の共有化ができるのです。AI を活用することで、さらに付加価値の高い情報共有も可能となるでしょう。

　サスティナブルファイナンスを行ううえで、建設的対話が武器となります。その武器をさらに有利なものにするために、個人の技術を磨くだけでなく、「組織としてDX環境を整備する」ことが勝負を分ける時代になっています。こうした営業支援システム、グループウェアを開発できた金融機関が有利なポジションを築くことは間違いないでしょう。

【コラム8】「無策無敵」ではなく「夢作無敵」へ

　国会での議論で「無策無敵の内閣」という言葉が登場しました。発言者の趣旨は「具体策をやっていないから敵もいない。良いも悪いもない」という意味だそうです。内閣の評価は国民に任せることにして、なかなか含蓄のあるアイロニー（皮肉）だと思いました。そして、一般企業においても、こうした批判は起こり得るのではないかと感じた次第です。

　社員の「経営批判」は日常茶飯事です。「社長は現場をわかっていない」「役員は何を考えているんだ」「このままじゃ会社はダメになる」、こんな会話が「飲み会のつまみ」になるのはサラリーマンの常です。いやいや、最近は「飲み会」も減っているようですし、「飲み会を会社の話題で汚したくない」と考える若者が多いかもしれません。

　企業の場合「無策」という例は少ないかもしれません。大企業であれば「企業理念」⇒「経営ビジョン／経営戦略」⇒「中期経営計画」⇒「年度間計画」といった経営計画の体系が整理されています。「無策」というよりは「施策だらけ」といった方が良いかもしれません。

　一方で「これはすばらしい」と、社員が感動できる施策が少ないのはなぜでしょうか。あるいは、社長や役員の掛け声は素晴らしいのだが、現場の実務になると「掛け声とは違う」話になるのは、なぜでしょうか。経営幹部のみなさんは、この点について大いに考えてみる必要がありそうです。

　どんな会社でも「総合企画部」「経営企画部」「社長室」といったセクションの人たちは優秀なので、効果があまり感じられない「施策」であっても「キレイにまとめる」ことができます。わざとらしくならないように、ちょっとした反省を加えつつ「総合的に計画目標を達成した」とするのが一般的で、多くのディスクロージャー誌をみても「成功だらけ」です。でも、真実はどうなんだろう？と考えてしまうのは、天邪鬼過ぎるのでしょうか。

　筆者が考える成長企業の姿勢は「多策無敵」でも、「無策無敵」でもありません。あえて表現するのであれば「夢作無敵」です。

　ここでいう「夢」は、岩をも通す信念に貫かれた「理想の経営ビジョン」です。あるいは、失敗を恐れず新境地を開拓しようとする「挑戦者の事業ビジョ

ン」です。創造性の高い、付加価値の高い事業ほど、組織的には「理解されない」ことが多いと思います。その理由は簡単です。組織には「挑戦者」も「創造者」も数えるほどしかいないからです。さらに言えば「決定権のある人たち」「実際に組織を動かす部長クラス」には、創造者も挑戦者も「ほぼ存在しない」からです。創造的で成長軌道にあるアーリー企業の幹部は、挑戦者であり、創造者です。通常の企業では、幹部が挑戦企画に対してリスクばかりを並べ立て「取引コスト」を増大させているのではないでしょうか。「挑戦者」「創造者」には生きにくい世界が大企業では出来上がっているようです。

　本気で会社を成長させたいと考える経営者であれば、組織内に存在する絶滅危惧種である「挑戦者」「創造者」を活かす方法、彼らが活き活きとチャレンジできる環境作りを真面目に考えるべきです。一歩一歩前進なんて言っているうちに、世界は大きく変わっているでしょう。環境変化は経営者を待ってくれません。企業内の成功者が幹部になることは否定しません。それは企業が決めることですから。ただし、時代が「挑戦者」「創造者」を求めていることを忘れてはいけません。

第8章

サスティナブルファイナンス実現のための情報開示推進について

　サスティナブルファイナンスを実現するための「必要不可欠な条件」が「中小企業の情報開示」です。情報開示なしに企業の実態や事業性を理解することはできません。実態も事業性も分からなければ、有効な対話も助言も行うことができません。サスティナブルファイナンスを機能させるために、中小企業の情報開示を推進することが「金融界の使命」といっても過言ではありません。

　本章では、まだまだ十分とはいえない中小企業の情報開示を推進するために何をすればいいのか、そして開示を助けるための情報開示のツールについて紹介します。

8-1. 中小企業の情報開示を進めるために

　中小企業はクローズ（非公開）な体制にあるため、情報公開は極めて「限られたステークホルダー」に向けて「限られた範囲」で行われているのが実態です。具体的には「株主」「金融機関」「一部の主要債権者」に対して「財務諸表（決算書）」を開示する、これが一般的な中小企業の実態ではないでしょうか。

　財務諸表に関しては「科目明細」「税務申告書（付表）」「管理会計資料」「中期計画・年度計画」などの提出を依頼し、分析の深堀りができるように努めている金融機関が多いと思います。一方で「非財務情報」に関しては、まだまだ不十分と言わざるを得ません。金融機関が有する「非財務情報」は、取引の中で得た「企業概況」「企業案内」「製品パンフレット」「経営者履歴」「ホームページ」などが主たるものです。気の利いた金融機関では「取引記録・交渉記録」から、システム的に情報を抽出している場合があると思いますが、それでも情報の活用という点では不十分なレベルにあると考えています。

　サスティナブルファイナンスの役割は、第一義的には「中小企業が持続性の高い経営体質を構築する」ことを支援することにあります。そのうえで「脱炭素」「脱資源」「人権等の社会問題」に対しても、リスクとチャンスの両面から

対応できるように「建設的対話を通じて経営戦略を共創する」ことが、第二の意義だと考えています。

中小企業と大企業のサスティナブルファイナンスの相違点は、前者は「まずもって生き残る」ことに必死であり、環境負荷・社会的課題を受け止める余裕や理解が不足していることです。生きることに必死な人は「きれいごと」だけでは耳を貸してくれません。だからこそ順序立てて、中小企業とSDGsやESGの関係性、メリット・デメリットを理解してもらうことから始めて、納得がいった段階で「自社にとっての影響度」を踏まえた「優先して取り組むべき課題」を整理し、身の丈にあった「脱炭素」「脱資源」「自然保護」等に取り組む流れを作るのです。

中小企業経営者のセンスメイキング（腹落ち）なしに、脱炭素や脱資源の取り組みは進まないと思います。一方で、中小企業の特質に「長期政権」があります。中小企業の経営者は在任期間が長いので、一度腹落ちすれば長期的な視点で取り組むことが可能です。政権交代のたびに方針が変わる大企業とは異なり、一人の経営者が腰を据えて取り組むができます。筆者がサスティナブル診断を「環境（E）・社会（S）特化型」としない理由は、そこにあります。本当の意味で「中小企業の持続性を高める観点」を提示することが、経営者の納得感につながり、環境・社会の問題に関しても本気で考えてくれると考えています。

情報開示の話題から遠回りしましたが、ここで言いたいことは「中小企業の多面的な情報開示がサスティナブルファイナンスの質を決定づける」ことと、「非財務情報の開示を充実させる」ことです。非財務情報を通じて、金融機関は「ケイパビリティ（企業の能力）」を明らかにします。未来を創出する源が「ケイパビリティ」だからです。この会社だったら、自社の能力を活かして「こんな未来を作れる」のではないか、この能力があれば「こんな環境でも乗り越えていける」のではないか、これらを推し量るために非財務情報を通じて「ケイパビリティ」を究明するのです。ケイパビリティを明らかにし、それを活かす経営戦略を共創することが「サスティナブルファイナンス」の中核的使命です。したがって、金融機関は中小企業のケイパビリティの発見・発掘・明確化に役立つ非財務情報の収集に力を入れなくてはなりません。

中小企業の非財務情報を収集するうえで3つの課題があります。具体的には「経営者の開示への理解」「伝え方、方法」「強み弱みを言語化できない」です。

第一の「経営者の理解」は、金融機関が説明能力を高め、中小企業に対して「開示の意義」「企業のメリット」を丁寧に説明することで解決するしかありません。

すぐにできることが、第二の「伝え方・伝える方法」です。財務諸表は様式が決まっているので、貸借対照表・損益計算書・利益処分など悩む必要がありません。ところが「非財務情報」に関しては、情報も整備されていなければ一般化された様式もない状況なので、企業側としては如何ともし難いのです。そもそも必要以上に情報を開示してメリットがあるのかという疑問があるなかで、わざわざ金融機関に提出しようと思わないのは当然です。そこで本書では「開示様式」を示すことで、中小企業の非財務情報の開示推進に役立ててもらうことにしました。

次項以降で「既に一般に公開されている書式」と「本書オリジナルの書式」について説明します。これらの様式を上手に活用して「非財務情報の報告」が定期的に行われるよう努力していきましょう。

なお、第三の課題である「強みの言語化困難」に関しては、一日で出来ることではありませんが、情報開示のなかでも重要事項であることには違いはないので、専門家の知見も借りて「強みの言語化」を図る方法を開発する必要があります。これも金融機関に課せられた課題です。

8-2. 公開されている様式の活用

本項では、政府・関係機関で公開されている様式を使って「開示報告書」として活用する方法を説明します。

公開されている様式の良い点は、「誰でも見ることが出来て、書き方の説明があること」「中小企業への説明が容易であること」「事業性評価とリンクしていること」等です。

これから紹介する様式は、どれも優れた内容であり、中小企業がこれらを活用することで、情報開示のレベルが一段階上がると思います。また、金融機関が情報共有するうえでも「簡潔で分かりやすい」ことから、建設的対話や事業性評価の作成においても大いに活用できると確信します。

8-2-1. ローカルベンチマーク（経済産業省）

第一に推奨する様式が、経済産業省オリジナルの「ローカルベンチマーク」です。金融機関の方であれば、事業性評価の代表的な様式「ロカベン」として認知度も高いと思います。

経済産業省では「中小企業の知的資産経営」を進める観点から、ロカベンに関する「ガイドブック」等、分かりやすい体系で作成をしています。本様式を推奨する理由は、①無形資産（インタンジブル）を明確にできる、②ガイドブッ

資料8-2-1-① ローカルベンチマーク（経済産業省）～商業・業務フロー～

資料8-2-1-② 同上 ～4つの観点～

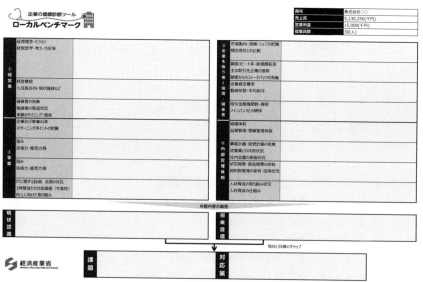

資料8-2-1-③

クが分かりやすい、③活用事例集が整備されているので具体的な使い方がわかる、の3点です。

　第一の「無形資産を明確化」については、2つのシートを使って簡潔に説明できます（資料8-2-1-①②）。まず「商流・業務フロー」シートでは、自社のバリューチェーンを「差別化ポイント」を加えて「見える化」します。また、簡易ではあるもののサプライチェーンに関しても「商流」として把握することができます。その際「選定理由」を書くことで協力業者の強みや当社の取引メリットまで理解できます。また「4つの観点」シートに関しては、「経営者」「事業」「企業を取り巻く環境・関係者」「内部管理体制」の項目があり、無形資産が一覧で見える化できるので「ケイパビリティ」の理解につながります。

　第二の「ガイドブック」ですが、「ローカベンチマークガイドブック（企業編）」（資料8-2-1-③）が、極めてわかりやすい説明書になっています。1項目ずつ具体的な説明がついているだけでなく、それを明らかにする意味も記載されているので、企業側にとって動機付けになると思います。さらに対話を行う際の「質問」の仕方まで懇切丁寧に書かれています。これがあれば、金融機関の説明や対応の手間を、相当程度省くことができるのではないでしょうか。

　第三の「活用事例集」はロカベンのホームページに掲載されています。「資金調達」「事業承継」「IT導入・補助金申請」「内部管理体制」「地域活性化」「生産性向上」「販路開拓」「新商品開発」「計画策定」など様々な成果も記載されているので、その企業の問題意識に合わせて紹介すると動機付けになると思います。また、金融機関の取り組みも各種掲載されています。いずれにしても、

25あまりの事例とモデル事業の事例も含めて、豊富なラインナップとなっています。

ローカルベンチマークを活用した「情報開示」に関しては「商流・業務フロー」「4つの視点」を「決算書提出時」に合わせて提出してもらう仕組みにすれば、非財務情報に関する報告書として十分機能するはずです。金融機関としては、ロカベン非財務情報の提出を「定例化」するように顧客に働きかけることで、サスティナブルファイナンスの推進に向かっていきたいものです。

8-2-2. 経営デザインシート（内閣府）

経営デザインシート（内閣府）は、活用を拡げたい様式（資料8-2-2-①）です。このシートの概要について内閣府は「環境変化に耐え抜き持続的成長をするために、自社の事業の存在意義を意識した上で、これまでを把握し、長期的な視点でこれからの在りたい姿を構想する。それに向けて今から何をすべきか戦略を策定する」と簡潔に説明しています。このシートは「戦略策定のための思考補助ツール」であり、「企業のパーパス」「経営資源」「提供価値」を明確にすることを重視しています。まさに「サスティナブル経営」に相応しい「インタンジブルをベースにした戦略策定シート」です。サスティナブルファイナンスを志向する金融機関が、これを使わない手はないでしょう。

この様式を推奨する理由は、①1枚で「無形資産（インタンジブル）」「経営戦略」「ギャップ補完」が見える、②簡易版を含め各種補助シートが充実している、③説明テキスト・動画が豊富である、④事例集も充実している、の4点です。

第一の「1枚で3つを見える化」については、現在保有する「経営資源」を記載する欄があり、ここで自社の「知的資産」「外部資産」を含めてインタンジブルを明らかにできます。さらに、「ビジネスモデル」について、経営資源をどのように活用して付加価値を生んだかを記載します。「提供価値」はまさに当社の強みそのものですが、自社の差別化要因を考えるうえで役に立つ欄です。そして、この3要素に関して、「現在」「将来」それをつなぐための「移行」という、3段階でのストーリー示す構成になっているため、将来に向けて何をするかがわかりやすくなります。

第二の「各種シートが充実」は、全社シート1枚，事業シート2枚，作成補助シート4枚，簡易版1枚がラインアップされています。作成補助シートは「企業等全体の戦略構築」「企業等全体の資源の整理」「SWOT分析（資料8-2-2-②）」「知財の活用」の4種類があるので、「非財務情報報告書」の様式として活用することが可能です。

資料8-2-2-①　経営デザインシート

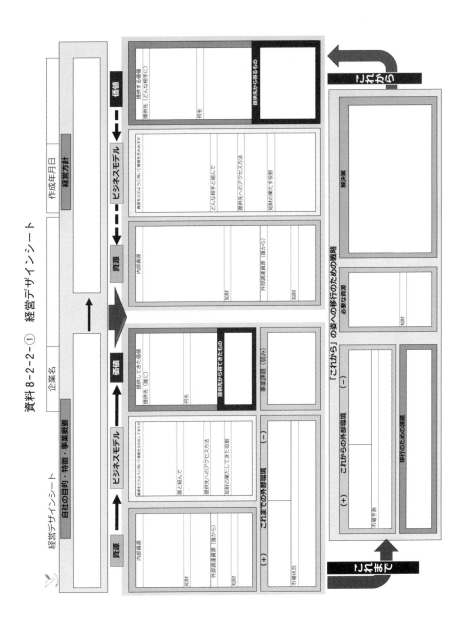

資料8-2-2-②

（作成補助シート3）SWOT分析

【ＳＷＯＴ分析】
　①自社の強みと弱みを書き出す
　　自社を取り巻く外部環境による影響を書き出す

　②知財関連部分をマークする

	内部環境	外部環境
プラス要素	S（強み）	O（機会）
マイナス要素	W（弱み）	T（脅威）

　第三の「説明が豊富」に関しては、テキストが「入門編」「応用編」の２種類、動画が事例説明も加えて７種類あります。テキストだけでなく、60分の講演動画などを見ると詳細が理解できますので、中小企業・金融機関双方にとってありがたい資料といえましょう。

　第四の「事例集」については、企業の活用事例が16種類掲載されているほか、金融機関やアナリストの活用事例なども豊富にあります。ここでは、第１章で紹介した「三芳合金工業Ｇの大和合金株式会社」（資料8-2-2-③）の経営デザインシートを有効事例として紹介します。同社では10年タームの長期戦略を本シートで明確にして、今後どんなことを一歩一歩進めるかを分かりやすく整理しています。当社が大きなビジョンに向かって、確実に前進している背景には、経営デザインシートを有効に活用している経営力の高さがあると感じています。

　経営デザインシートを「非財務情報報告書」として活用する場合、まさに「全社シート」と「SWOT分析」の２種類を「基本セット」にすることを推奨します。さらに情報公開のレベルを上げたい場合には「知財の活用」「資源の整理」などを付加すれば、さらに充実したものになるでしょう。

資料8-2-2-③

大和合金・三芳合金工業　全グループ経営デザインシート

経営方針

自社の目的・特徴

- 世のためのため。お客様のため。低純化と工業発展に貢献する特殊合金素材企業
- 社員が誇りと自由自在を持って働ける、人間的成長と人間形成に貢献するモノづくり企業
- 理念：誠実一路、積極前進、大和一体、創造開発
- 特徴：沿革的からの一貫生産・少量多品種・短納期対応、モチから高齢者まで活活活と働く

ビジネスモデル群の統合

2028年までの外部環境

これまで

2028年の姿への移行のため、今とるべき戦略

移行のための課題

- 多市場化にいかに対応（長尺市場における自社技術の性を構築するか）
- 量的拡大路線から質への成長の波及いかにお客様に貢献するか（量をとるか）
- 100年企業のための次世代に向けた新素材を研究する

必要資源

解決策

- **人事・組織戦略**
- **営業（マーケティング・サービス）戦略**

提供する価値

- 新市場への対応
- 既存市場の規模・製品高性能
- 因われない素材・高性能素材の提供

提供力から得るもの

2028年

8-2-3.　事業価値を高める経営レポート（独立行政法人中小企業基盤整備機構）

　本様式は「知的資産経営」を推進するために「（独法）中小企業基盤整備機構」が作成したツールです。その考え方は、「競争力の源泉である自社の知的資産を認識し、活用する」「足らざる経営資源を外部から補完するうえでステークホルダーに自社の知的資産を伝える」ことにあります。この「伝える」ということが「情報開示」と直結しており、中小企業に適した様式（資料8-2-3-①）です。

　この様式が優れている点は、①ペーパー1枚で全貌を表現できる、②マニュアルや事例集が充実している、③同機構の「知的資産経営報告書」へのバージョンアップが可能である、の3点です。

　第一の「ペーパー1枚で全貌を表現」について解説すると、自社の概要や沿革、受賞歴・認証・資格、業務の流れと差別化要因、それらを踏まえたSWOT分析を通じて「自社の知的資産を棚卸」し、生み出してきた「価値をストーリー化」することができます。さらに経営環境を「外部分析」として「脅威と機会」で俯瞰します。環境変化に適合するための経営ビジョンや経営戦略を「今後のビジョン」として明確にするフローが様式として備わっているのです。そして、経営戦略の実現に必要な自社の「知的資産（人的・構造・関係・その他、の各資産）」をどう高め、活用するかを「価値創造のストーリー」として明らかにしたうえで、「KPI（重要業績指標）」を併せて示すことで具体性を持たせています。

　第二の「マニュアル・事例集」は、「事業価値を高める経営レポート作成マニュアル改訂版（資料8-2-3-②）」「事業価値を高める経営レポート（事例集）」の2冊があり、詳細に解説しています。さらに「中小企業の知的資産経営マニュアル」を読めば、知的資産に関する理解は一層深まるでしょう。

　第三の「バージョンアップ可能」は、姉妹版として「知的資産経営報告書」を活用して行います。本様式の「詳細版」と考えればいいでしょう。より詳しく自社の知的資産や価値創造ストーリーをステークホルダーと共有したい企業が、これを活用して「開示のバージョンアップ」を図ることができるのです。具体的な報告書事例を見ると「開示報告書」として十分な価値があることを理解できます。

資料 8 - 2 - 3 - ① 　事業価値を高める経営レポート（独立法人　中小企業基盤整備機構）

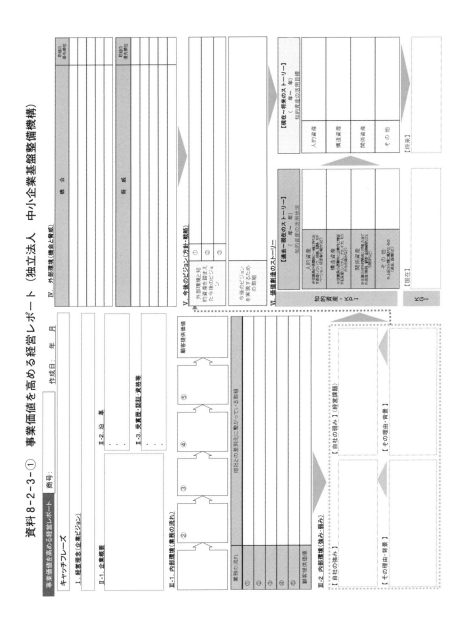

8-2-4. TCFD 提言に沿った気候変動リスク・機会のシナリオ分析実践ガイド「銀行セクター向け」ver.2.0（環境省）

　この実践ガイドは環境省が「銀行セクター向け」に、気候変動リスク・機会のシナリオ分析の支援ツールとして作成したものです。文字通り「気候変動」に特化したガイドブックで、金融機関が利用することを想定して作成したものなので、中小企業にそのまま使うことは難しいかもしれません。しかし、「気候変動」に特化した「非財務報告書」として活用するうえで、リスク評価や経営環境変化の表現について参考にできる点も多いので紹介します。

① 事業へのインパクトに関する考察（資料 8-2-4-①）

　この表は「移行リスク」「物理的リスク」の２種類のリスクに対して、リスクの「評価項目」毎に「リスク」「機会」を具体的にあげて「重要度」を評価する形式として示されています。中小企業セクターにおいても、気候変動影響の大きい業種や上場を目指す中堅企業などで活用ができるのではないでしょうか。リスク評価の整理の方法が非常にわかりやすく、第三者と共有するうえで有効です。

　この事例では、移行リスクに対して「政策規制」「市場」「技術」「評判」といった評価軸を置き、物理的リスクに対して「慢性」「急性」の変化を評価軸としています。リスクの種類毎に具体的な影響を「チャンス・リスクの両面」で記載し、「重要度」欄で自社に与える影響の大きさを評価する書式になっています。環境影響を分かりやすく示せる資料だと思います。

資料8-2-4-①　事業へのインパクトに関する考察

タイプ	大分類	小分類	事業へのインパクトに関する考察（定性情報）		重要度案
			リスク	機会	
移行	政策/規制	炭素税・炭素価格	**石油石炭税の税率引き上げ（建設・運営コスト増加、資産価値の低下、売上の減少）** ・炭素税の導入が進むと、建設資材の価格上昇、化石燃料等製品に対する課税、操業による排出への課税によって操業コストが増加する ・極端な炭素課税により事業採算性が悪化し、油ガス田や発電所等の保有資産が座礁する ・炭素税により、石炭・石油等の高GHG排出製品の売上が減少する一方で、低炭素製品の価格競争力は上昇する	**再生可能エネルギーの普及（売上の増加）（電力）** ・相対的に低炭素製品の価格競争力が上昇し、太陽光発電など再生可能エネルギーの売上が増加する	大
		GHG排出規制への対応	**GHG排出規制の強化（操業コストの増加、資産価値の低下）** ・総量規制が導入・強化され、拠点における資産の減損や早期除却、排出削減のための設備導入、排出権取引を通じたクレジットの購入コストが発生する ・原発再稼働が進まず電源構成が修正されると、設備投資や原価率に悪影響が生じる ・計画中の石炭火力発電所等でのプロジェクトの許認可が下りず投資回収が困難になる	**電化比率の拡大（売上の増加）** ・家庭部門の電化が進み、電力消費量が増加する	大
		開示規制対応	NA	NA	小
	業界/市場	エネルギーミックス等	**再生可能エネルギーの普及（売上収益の減少、操業コストの増加）** ・低炭素社会への移行により化石燃料市場が縮小し、石油・石炭・ガス販売量の減少とともに販売価格低下が進む ・石油・石炭火力発電事業などエネルギーミックス計画でシェアの減少する発電源に偏っている場合、自社の高GHG排出発電設備の稼働率が低下する ・低炭素電源に対するインセンティブ・助成金等の増加と従来型エネルギーへの補助の廃止に伴い、事業継続が困難になる ・再エネへの移行に伴い、エンジン搭載車が減少し、ガソリンや軽油の需要が減少する	NA	大
	技術	低炭素技術の普及	**低炭素技術への移行（売上の減少、研究開発費の増加、操業コストの増加）** ・低コスト高効率の新技術（水素技術やマイクログリッド）が普及し、従来型エネルギーの需要が減少する ・化石燃料や石油化学製品を使用する製品分野において、GHG排出低減に寄与する技術開発に必要な資金コストが増加する ・CCS等の低炭素技術の開発・導入、次世代技術の特許利用にかかるコストが発生する ・蓄電の普及による電力使用中のピークカットに合わせた発電の仕方をしない場合は、発電ロスが発生し、非効率な生産となり、発電コストが増加	**低炭素技術の普及や推進（売上増加）** ・再エネ事業へのプロジェクトファイナンスやグリーンボンド市場におけるシェアが拡大する ・EVやFCVの普及が進み、電気・水素などの需要が増加する ・省エネ効率の改善により都市ガス利用から電化へのシフトが進む	中

※中長期的な移行リスク／物理リスクをイメージして重要度を考察（例：2030年／2050年に気候変動が進行／対策強化）

タイプ	大分類	小分類	事業へのインパクトに関する考察（定性情報）		重要度案
			リスク	機会	
移行	評判	顧客の行動変化	**環境配慮意識の向上（売上の減少、操業コストの増加）** ・脱化石燃料の機運の高まりにより、高GHG排出エネルギー販売量が縮小する ・法人顧客のエネルギー転換や再エネ化（RE100等）により、販売量が減少する ・系統電力排出係数の高い電気料金事業者からのエネルギー調達を回避する動きが拡大する ・生態系への影響等の観点から、新規開発プロジェクトの土地確保が困難化する	**環境配慮意識の向上（売上の増加）** ・再生可能エネルギーや分散型エネルギーへの需要増加、環境意識の高まりなどで、低炭素エネルギーの売上が増加する	大
		投資家の評判変化	**投資家のダイベストメント（資産価値の低下、資金調達コストの増加）** ・石油・石炭からのダイベストメントが加速し、保有資産が毀損するとともに、金利が上昇して新規の資金調達が困難になる ・ダイベストメントにより企業評価が下がり、株価が低下する	**評価の向上（資金調達コストの低下）** ・気候変動に関する先進的な開示内容により、投資家からの評価が上がる	中
		訴訟リスク	**操業コストの増加** ・気候変動に関する情報開示の不足や高GHG排出プロジェクトへの投資に対して、投資家や周辺住民による反対運動や訴訟を起こされ、対応コストが発生する	NA	中
物理	慢性	水不足・干ばつ	**水需給の逼迫（操業コストの増加）** ・拠点における節水設備の追加導入が必要となる ・生産拠点における上水・地下水価格が高騰する ・水不足で取水制限により生産が停止する	NA	小
		気温の変動	**稼働率低下と労働環境の悪化（売上の減少、操業コストの増加）** ・気温が極度に上昇すると、施設閉鎖による損失や生産稼働率低下を招く ・平均気温が上昇した場合、暖房に使用するエネルギーが増加する ・気温上昇により屋外作業者の労働環境が悪化し、作業時間短縮や熱中症対策コストが増加する ・工場やオフィス内の快適性維持のために、冷房運転の強化や設備増強が必要となる	**気温上昇による冷房需要の向上（売上の増加）** ・夏季の冷房需要が高まり、電力消費量が増加する	小
		海面の上昇	**防災対応（操業コストの増加）** ・貯蔵拠点等における高潮や海面上昇に対応する設備投資のコスト追加が発生する	NA	中
	急性	異常気象の激甚化	**防災対応の強化（操業コストの増加）** ・防災性能を高めるための設備投資費が必要となる ・物流の途断に対するレジリエンス向上を目的としたサプライチェーンの複線化が必要となる **物損被害の発生（操業コストの増加）** ・沿岸部にある受入基地や発電所が高潮・洪水による被害を受け、操業停止する ・海況悪化により原材料調達コストが上昇する ・自然災害の増加によって保険料が上昇し、追加コストが発生する	NA	大

※中長期的な移行リスク／物理リスクをイメージして重要度を考察（例：2030年／2050年に気候変動が進行／対策強化）

「TCFD提言に沿った気候変動リスク・機会のシナリオ分析実践ガイド（銀行セクター向け）」P19 より抜粋

② 世界観（資料8-2-4-②）

　この様式は、事業環境分析のフレームワークである「ファイブフォース分析」に対応するものです。非財務情報報告を行うステークホルダーと「世界観を視覚的に共有できる」点で、優れた様式です。ファイブフォース分析は、よく知

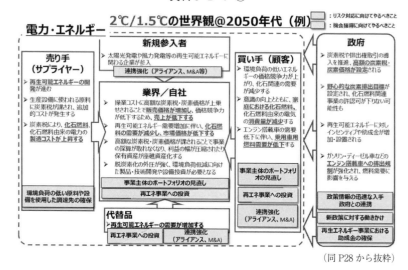

（同 P28 から抜粋）

られた思考フレームなので理解を得やすいはずです。

　事例では「2℃／1.5℃」シナリオを前提とした場合の「新規参入者」「売り手」「買い手」「代替品」「業界／自社」の5要素に関して、どんな事象が起きるかを説明しています。5要素に加えて、表の右側で「政府」の規制・政策影響を記載するので、事実上「6フォース」という見方もできます。この資料の良い点は「視覚化」されて分かりやすい、「簡潔」に記載できる、多くの人が知ったフレームである、等です。

　この様式に関しては、環境に拘らなくても「事業性評価」における「経営環境分析」の資料として活用可能なので、少しアレンジして一般の中小企業の「将来環境の分析」報告書として用いることも一案です。

8-3. 本書オリジナル様式の活用

　本項では、オリジナルの「非財務報告書」を紹介します。ここで紹介する様式は、サスティナブルファイナンスの中核である「建設的対話」を、より有効に行うことを企図して作成したものです。また、中小企業が「自社の強み」を分かりやすくアピールするためのツールでもあります。いずれの様式も簡易なもので、情報開示の「初期段階で使う」ことを想定しています。つまり「まずはやってみよう」という考え方です。

8-3-1. 価値創造報告書（資料8-3-1）

　この様式は、上場企業でいう「統合報告書」をイメージしたものです。わずか2ページの簡易な様式ですが、中小企業が取り組みやすいようにシンプルな構成を心掛けました。1ページ目は「価値創造のストーリー」を説明し、2ページ目で「未来の損益計算書」という形で財務的な説明ができるように工夫しています。

① 価値創造のストーリー（1枚目）

　自社の強みを活かして、どんな未来を作り上げていくかについて「ストーリー仕立て」で説明します。まず「(1) 価値創造ストーリー」で、当社がどんなビジネスによって、どんな付加価値を世の中に与えるか、について記載します。当社の「経営戦略」「勝ち残り戦略」といっていいでしょう。自社の強みを活かして、どう環境変化に適合し、どんな事業で社会に貢献し、自社の利益・CFを創出するかを簡潔に記載し、「行きたい未来」が最初につかめるようにしました。

　次に「(2) 価値創造のベースとなる企業理念／パーパス」で、(1) の基礎・背景となる当社の「価値観」を示します。その価値観に基づいて「自社は何をすることで社会に貢献できるか、ビジネスとして機能させるか」が創造されるのです。

　そして「(3) 価値創造を支える当社の強み（経営資源）」で、当社の「強み（経営資源）」について見える化します。ステークホルダーにとっては「そうか、こんな強みや経営資源があるから、こうした未来を作れると考えているのか」と納得できるのです。具体的には、「自社の歴史」「組織風土／組織文化」「人材」「技術・ノウハウ・オペレーション・システム」「営業力・ブランド力・顧客基盤・拠点網」「その他の強み」の6項目で表現します。

　しかし、描く未来（事業）がクリエイティブで付加価値の高いものであればあるほど、現在の経営資源だけでは実現できない場合があります。そこで「自社の足らざるを理解し、足らざるところを資源補完します」と説明するために「(4) 補完すべき経営資源（必要なパートナーシップ）」の欄を設けています。

　以上のフローで、定性的に「自社の強みを活かし、弱みを補完し、勝ち残ることのできる事業を創造し社会に貢献する」という説明ができる作りになっています。

② 未来の損益計算書（2枚目）

　一方で「定性的な説明」だけでは、説得力と納得感に欠けます。前述の「価

資料8-3-1 価値創造報告書

価値創造報告書（○○○○年）

○○株式会社

1）価値創造ストーリー（経営戦略）

2）価値創造のベースとなる企業理念/パーパス

3）価値創造を支える当社の強み（経営資源）

①当社の歴史（経験値・苦労して得たこと・生き残っている理由）

②組織風土/組織文化

③人材

④技術/ノウハウ/オペレーションの組み立て/システム（IT

⑤営業力/ブランド力/顧客基盤/販売網

⑥その他の強み（内部管理/協力業者/仕入業者/研究開発力など）

⑦その他

4）補完すべき経営資源（必要なパートナーシップ）

5）○○年後に実現したい「未来の損益計算書」

項目	○○年後	現在と何が違うか
売上高		
売上総利益		
営業利益		
キャッシュフロー		

6）「未来の損益計算書」を実現するカギ（ポイント）

①人材

②製品/商品/サービス

③技術/ノウハウ/DX

④設備投資

⑤パートナーシップ（連携）

⑥資金調達

⑥物流・ネットワーク

⑦その他

値創造ストーリー」で走っていくと、どんな「業績（売上・利益・CF）」を実現できるのか。これがステークホルダーにとって関心の高いところです。

そこで「(5) ○○年後に実現したい未来の損益計算書」として、売上高・利益・キャッシュフローを示します。「実現したい」という表現を使った理由は、手を止めずに挑戦する姿勢を持ってもらうためです。極論すれば「夢を語ってもらう」ぐらいで良いと考えています。大企業でも3年後の収支を「有価証券報告書で示せ」と言われたら困るはずです。「下方修正」「コミットメント破り」といったリスクを考えてしまうからです。あくまで、大事なことは「建設的対話」を通じて「自社のサスティナブル戦略」を考えることです。そこに一番の重きを置いて「実現したい」という表現を用いていました。

そのうえで「現在と何が違うか」を補足説明する欄を設けています。例えば「売上高」に関して、「製品構成をこう変える」「アイテム数を倍にする」「サブスク売上比率を10倍にする」「販売代理店を2倍にする」といったことで、「戦術」がイメージできるようにしています。「利益」でいえば「絶対額」「比率」「利益構成」などの観点から説明できます。

そして「未来の損益計算書を実現するカギ（ポイント）」を8つの観点から説明することにしています。つまり、現在と未来の「ギャップ」を考えたうえで、「人材」「製品商品／サービス」「技術／ノウハウ／DX」「設備投資」「パートナーシップ（連携）」「資金調達」「物流／ネットワーク」「その他」の観点で、それぞれを「どう強化するか」詳解してもらう狙いです。

以上の2枚のシートが完成することで、「未来の価値創造ストーリー（戦略）」が明確になり、いまの自社の経営資源を基礎として、何を強化して何を補完すれば「具体的な未来（損益計算書）」にたどり着くかをストーリー仕立てで説明することができるのです。

8-3-2. 社会貢献報告書（資料8-3-2）

この様式は、ESGに準じて「E（環境）」と「S（社会）」に絞って自社の取り組みを報告するものです。中小企業にとって「E」「S」そのものに馴染みがないので、報告しようにも何をしていいか分かりません。また、取り組み自体も「これから」という初期段階にあるので、報告のバーをあげてしまうと機能しにくい面があります。そこで本書の姉妹書である『事業性評価を起点とする企業価値向上マニュアル』（同友館）で紹介した「中小企業の社会的価値創出メモ」「SDGsの取り組み評価シート」を参考に、「社会貢献報告書」として作成したものです。本報告書は、社会的課題（S）と環境負荷（E）への対応と

資料 8-3-2　社会貢献報告書

社会貢献報告書（〇〇〇〇年）

△△株式会社

（1）地域への貢献					
雇用	地元雇用者数		名	うち　元受刑者雇用	名
	うち 障害者		名	うち　地元高校定期雇用者	名
	うち 高齢者		名	うち　地元大学定期雇用者	名
購買	地元業者からの仕入・購買・発注額				百万円
納税	法人所得税等		百万円	消費税	百万円
寄附	地元団体等への寄付				百万円
経済団体・ブランド化・ボランティア活動等					
（2）社会的課題への対応					
社内	過重労働・衛生安全管理				
	ハラスメント防止				
	公平公正な人事運用				
	働き甲斐のある仕組み				
	社員教育・研修制度				
	外国人研修生				
	製品の製造責任・安全性				
	その他				
社外	社会的に弱い立場にある人への支援				
	SDGs等イニシアティブへの参加				
	サプライチェーンを含めた人権侵害に対する関心				
（3）環境負荷への対応					
温暖化	GHG排出量の把握・削減				
	ゼロエミッション				
	緑化・遮熱建物等				
	グリーン購入				
脱資源	リサイクル・リユース等				
	効率的運用				
	省エネ・再生エネルギー				
自然保護	排水管理				
	大気汚染防止				
	資源保護				
	環境負荷配慮設計・企画				

ともに、Sのなかでも「地域貢献」を外出ししています。中小企業は「地元密着型ビジネス」が主流なので、特に地域貢献を説明する意義が高いと考えているからです。

① 地域への貢献

　地域への貢献に関して、可能な限り「定量的」に記載するようにしています。

　貢献の内容は「雇用」「購買」「納税」「寄附」「経済団体・ブランド化・ボランティア活動等」の5つです。雇用は、職を通じて生活設計を図る意味で若者の外部流出を防ぎ、世帯を増やす大きな地元貢献です。かつ、障害者雇用や定期雇用（毎年採用するといった継続性）などにも光をあてています。購買は「地元で買う」ことで、地元企業を潤わせる「経済循環による貢献」です。納税は、人口減少が続く中で貴重な財源を提供することで「地公体の施策・サービスを後押し」することになります。寄附は文字通り直接的な金銭支援による貢献です。最後は、経済団体を通じた産業振興やイベント、各種事業の推進への貢献。地域共通のブランド化の推進。清掃活動などボランティア活動。あるいは産学官連携によるイノベーション創出などいろいろな貢献の仕方を想定しています。

② 社会的課題への対応

　社会的課題は「社内」「社外」に分けて記載するようにしています。

　社内における課題は、適正な労働管理や安全衛生対策、ハラスメントなど人権侵害の防止対策、安心して働くための公平公正な人事制度や運用、様々な価値観をもった従業員を動機づける働き方改革、社内の教育制度、債務労働や国籍による差別防止などの観点で適正な外国人研修生の取扱い、製品の製造責任、等々のテーマを記載します。

　社外については、大きく3つに分類しています。まず「社会的に弱い立場にある人への支援」で、例えば貧困や栄養不良、教育を十分に受けられない子供たちへの支援、など様々な活動が期待できます。「SDGs等イニシアティブの参加」は、SDGsなど各種のイニシアティブに参加することで、より具体的な貢献活動の推進をイメージしています。「サプライチェーンを含めた人権侵害への関心」は、中小企業がサプライチェーン全体の人権に関与することは難しいことから、自社の業務フローに関連して人権問題がないかを考える契機として設欄しています。

③ 環境負荷への対応

　この項目は「E（環境）」を記載するため「温暖化」「脱資源」「自然保護」の3つの観点で構成しています。本来は定量的に記載できると一番良いのですが、中小企業の大半が「初期段階」であることを想定して、定性的であっても「取り組みをしっかり書いてもらう」ことを主眼にしています。

　温暖化に関しては、温室効果ガス（GHG）の排出を把握し削減する取り組み、いわゆるゼロエミッション（排出ゼロ）としてより広い範囲での廃棄による負荷軽減を対象とする取り組み、緑化・遮熱建物は中小企業にとってもわかりや

すい取り組み、グリーン購入は企業の購買行動としての意識改革への取り組み、等々で構成しています。

脱資源は、リサイクル・リユースといった循環型経済への対応、生産工程や設備投資による効率的なエネルギーや資源利用、省エネ・再生エネルギーはエネルギー面での対応を代表事例として表記しました。

自然保護は幅広いテーマですが、水・大気を汚染しないこと、陸資源・海洋資源の保護、そして環境負荷を軽減する製品作りといった観点で構成しています。

8-3-3. 経営ビジョン報告書（資料8-3-3）

サスティナブル経営の本質は、どんな環境変化が起こったとしても、自社の強み（経営資源）を活用して競争力を維持・強化することで、自社の企業価値や持続性を高めることにあります。そういった意味で、金融機関をはじめとする「ステークホルダー」に対して、自社の「生き残り戦略」「成長戦略」を提示・共有することは、彼らからの「継続的な支援」を得ることにつながります。

本様式は、まさに「今後の環境変化」を踏まえて「自社の経営資源」を活用し、どんな競争力をもって成長するかに関する「ストーリー（経営ビジョン）」をペーパー1枚で簡潔に示すことを目的としています。できるだけ多くの中小企業に、こうした考え方や情報開示を行ってもらうことがサスティナブルファイナンスの実現に役立つことから、まずは一歩を踏み出してもらうためにシンプルさを重視した様式です。

全体のフローは、まず「自社の事業性」を棚卸しします。ビジネスモデルや収支構造、バランスシートやキャッシュフローの状況、有形設備の強み弱み、無形資産各種について見える化することで当社の競争力の源泉が示されます。

次に「経営環境の変化」を考えます。「ファイブフォース」を活用して、新規参入者、買い手、売り手、代替品、そして業界の5つの観点から分析します。特に業界に関しては、ビジネスモデルの特徴、法規制やルール、商品動向、技術動向、市場動向、中核となる付加価値について考えます。

事業性と経営環境変化を踏まえて、次段階で「経営戦略」の策定に入ります。まず経営戦略を考えるうえで当社の価値観である経営理念・パーパスを明示します。その土台に乗って、環境変化を踏まえたうえでのビジョン、すなわち経営戦略を示すことになります。そこには、拠って立つ競争力の源泉も記入してもらいたいと考えています。そして、できるだけ具体的なビジョンとするために売上高やKPIといった要素も組み込んでいます。最後に、現状とのギャップを踏まえた「ビジョン実現のための戦術・施策」を記載し、これから何に取

資料8-3-3　経営ビジョン報告書

経営ビジョン報告書

〇〇株式会社

（1）自社の事業性		
ビジネスモデル	市場・顧客、提供商品・サービス、チャネル・物流、価格、ポジション、付加価値	
収支構造の特徴		
B/S、C/Fの状況		
設備の強み弱み		
無形資産	組織風土	
	人材	
	技術・ノウハウ	
	業務設計	
	IT/システム	
	顧客（基盤）	
	パートナー	

（2）経営環境の変化		
新規参入者		
買い手		
売り手		
代替品		
業界	ビジネスモデル	
	法規制ルール	
	商品動向	
	技術動向	
	市場動向	
	付加価値	

（3）環境変化を踏まえた経営戦略				
経営理念・パーパス				
経営理念と経営環境変化を踏まえたビジョン（競争力の源泉）				
目標とする損益・KPI	売上高	百万円	KPI	
	経常利益	百万円		

（4）現状とのギャップを踏まえたこれからの取り組み（戦術・施策）

り組むかを明らかにします。

　以上が「経営ビジョン報告書」の概観となります。簡単な記載であっても、中小企業が自社の経営資源や強みを踏まえ、将来の環境変化を踏まえた事業の在り方をまとめることに大きな意味があり、それをステークホルダーと共有（情報開示）することで良い化学反応が起きるのです。

① 自社の事業性

5つの観点から自社の事業を「棚卸し」します。ビジネスモデルは、市場・顧客、提供する商品・サービス、流通チャネル・物流、販売価格・市場での立ち位置、強み（付加価値）を書きます。言い換えれば、どんなお客様に、どんな商品サービスを提供し、どんな方法で手元に届け、どんな付加価値をどんな価格（収益）で売っていくか、です。

収支構造は「儲けの仕組み」です。自社はどこが優れているので「利益が出る」かを認識してもらいます。加えて財務的な視点で、B／SとC／Fの現状や課題を明らかにします。

設備（有形資産）も重要な経営資源かつ強みになりうるものです。保有する有形資産の強み弱みを振り返ってもらいます。特に、装置産業において検討してもらいたい項目です。

そのうえで競争力の源泉になる無形資産の棚卸しに入ります。無形資産に関しては、組織風土、人材、技術・ノウハウ、業務設計（の巧拙）、IT／システム、顧客基盤、パートナー（協力業者、連携先）について考えます。

② 経営環境の変化

経営戦略、経営ビジョンを描くうえで「環境変化」をどう見るかは極めて重要度の高い作業です。事業性評価においても「経営環境分析」は開拓の余地が大きい領域です。経営環境変化を分析する理由は、「バックキャスト思考で経営ビジョンを構築したい」からです。変化の多い時代なので、前例踏襲で「現在の延長線上」で将来を描いても意味をなさないケースが増えると思います。

経営環境の変化を考えるに際して「ファイブフォース分析」のフレームワークを活用します。構造が見えやすいうえに、ポジショニングや競争戦略を検討するうえでも便利だからです。新規参入者、買い手、売り手、代替品、それぞれについて変化を読みます。そして、最後の「業界」については、ビジネスモデルの特徴や影響を受けやすい点、法規制やビジネスルールの動向、商品・サービスの動向、技術やノウハウの進化、市場・顧客の属性や規模の変化、競争力の源泉となる付加価値をどこに求めるか、以上6つの視点で検討する構成です。

ある意味で、4フォース＋6α（産業界の詳細）といってもいいかもしれません。このような環境変化の分析を行っておけば、簡易な予測であっても大いに参考になるはずです。

③ 環境変化を踏まえた経営戦略

ここまで「自社の事業性（経営資源）」と「将来の環境変化」を考えてきま

した。この２つを踏まえて、経営ビジョンの策定を行います。

　まず「基礎となる経営理念・パーパス」を明示します。どんな環境変化に晒されても揺らぐことのない当社の「生き方」「価値観」です。ここが揺らいでしまうと場当たり的な対応となり、自社の経営資源や強みを活かすことができません。

　そして、経営理念と環境変化を踏まえて「どう生き残るか」「どう強みを発揮するか」「どのような事業を行って世の中に貢献するか」といった経営ビジョンを検討します。ここで強く意識してもらう要素が「自社の競争力」です。これを見失ってしまうと、環境変化に適合することができません。あるいは足らざるをパートナーシップで補完することも難しくなります。

　経営ビジョン（経営戦略）を描くうえで大事なことは、「未来からのバックキャスト」で考えることです。そのために前もって「経営環境の変化」を予測したのです。環境変化があっても、自社の強みや競争力を失わずに、事業が継続できる対応の方法を考えるのです。

　そして、目標とする損益やKPI（重要業績指標）を示すことで、ステークホルダーの理解を深めます。それは、自社の事業計画に具体性を持たすことにもなります。

④　現状とのギャップを踏まえたこれからの取り組み

　経営ビジョンが出来あげれば「現状とのギャップ（乖離）」が見えてきます。いまのままでは経営ビジョンの実現は難しいはずです。したがって、経営ビジョンを実現するために、これからどんなことに取り組むかを考えます。これが「戦術・施策」です。通常は複数年かけて、ギャップを埋めながら、経営ビジョンの実現に向かって活動をすることになります。

　以上が、経営ビジョン報告書の内容です。

　情報開示の資料ではありますが、中小企業がこうしたシートを活用して経営ビジョンを構築することは「経営の質」を一段階上げることにつながり、持続性の向上に役立ちます。また、金融機関が、このビジョンやギャップを共有することで、様々な「本業支援」に取り組むことができます。これこそが「サスティナブルファイナンス」の神髄なのではないでしょうか。

【コラム9】所得改善を実現しなければならない

　ウェルビーイング（安寧）の時代と言われ、従業員の働き方改革、ワークライフバランスを考えなければ、定着率の点でもモチベーションの点でも厳しい状況に追い込まれる時代になりつつあります。働き甲斐のある企業を作ることは生産性向上にもつながり、従業員ひとりひとりを活かすことにもつながります。

　一方で「所得の引き上げ」も日本の再生を図るうえで不可欠な課題です。この30年間で、世界は物価が毎年上昇し、それに呼応してベースアップも行われました。日本は、デフレ経済下で物価も上昇しない代わりに所得もほとんど上がることはありませんでした。さらに、30年前は全体の三分の一程度であった「非正規雇用」の割合が、現在では5割を大きく超えています。非正規雇用者の平均所得は2百万円を切ると言われているので、日本の労働者の平均所得は30年前に比べてさらに減少していると考えられます。加えて、近時の「円安」を踏まえれば日本の労働者の賃金水準は低下し、世界から見れば「貧乏な労働者」が住む国であるといっても過言ではありません。

　景気悪化時に「消費刺激策」を講じても、「貯蓄に回す割合が高い」からなのか、あまり効果が上がらず、個人消費が「景気回復のエンジン」になることは、ほぼ期待できない状況です。景気回復の起点は、海外需要の回復に伴う「輸出増加」が主要パターンです。こう考えると、日本の「輸出産業頼み」の傾向はますます強まることが想定されます。しかし、輸出の「4番バッターの自動車業界」がEV問題などで揺れていることを考えると、日本の将来が本当に心配です。

　日本の企業は「労働者の所得改善」に努める必要があります。しかも「物価比例のベースアップ」ではなく、「労働生産性の改善」と「労働分配率の見直し」によって行う所得改善です。生産労働人口が減少するなかで、労働生産性の向上は最優先の課題です。生産性を高めるために、企業には徹底した「IT投資」「自動化投資」「オペレーション改革」が求められます。同時に、インタンジブル（無形資産）強化、とりわけ「ヒトへの投資」が不可欠です。企業は、働き方改革、ワークライフバランスなどに考慮しつつ、徹底した生産性向上の方法を探る必要があります。生産性向上は、日本再生の第一歩なのです。

　一方で、日本の労働者は「危機感」をもっと共有すべきです。Japan as No1など遠い過去です。欧米も新興国でも、労働者は確実にレベルアップしています。「勤勉で能力の高い労働者」といった褒め言葉に踊らされてはいけません。そんな素晴らしい労働者が、低賃金に喘ぐわけがないからです。労働者の金銭的価値は、所得で評価する以外にないのです。

　働き方の如何を問わず、日本の労働者は「プロ」として「自分の強み・技術・

知識・ノウハウ」を明確にすべきです。ひとつの会社だけで通じるような「狭い能力」に満足してはいけません。どの会社でも通じる「プロらしいスキル発揮」ができるように、労働者としてスキルを磨きあげる必要があります。意識も、スキルも、すべて「プロ化」する必要があります。それが出来なければ、所得の改善は企業頼みとなり、実現性が遠のくからです。

　衰退産業にある優秀な労働者を、成長産業に移動させる「企業間移動」がクローズアップされていますが、それを実現するカギは、「意識」と「スキル」の両面での「労働者改革」です。もっと「プロ意識」をもつこと、自分の「スキルを売れる価値に高める」こと、これに徹するべきです。ポータブル年金制度がないから移動しにくいと言って、環境に責任を押し付けても詮無いことです。

　日本の労働者の所得改善を図ることなく、このまま全体が貧しく、かつ格差社会が拡大すれば、いま以上に犯罪が増加するはずです。行き場のない怒りが、治安を悪化させます。これだけ人手不足であるにもかかわらず、就業のミスマッチが続いている背景には「就業できない労働者のスキル不足」問題もあるはずです。SDGsの理念には「誰一人取り残さない」、人間尊厳の考え方があります。日本政府もSDGsを推進するのであれば、「長期未就業者」を対象とした「再教育」や「労働支援」にもっと力を入れる必要があります。同時に、一般の「就業者」が自分のスキルをさらに磨くことができるような「土日社会人学校」の開設や「社会人留学制度」「会社同士の人材交流システム」の構築など、労働者のスキルを高める政策に注力をしてもらいたいと思います。残された時間は多くないはずです。

第9章
中小企業がSDGsに取り組む うえでの基本的手法

本章では、中小企業がSDGsに取り組むうえでの基本的手法を説明します。PDCAの全体像を示したうえで、各ステップにおいてどういったことをすれば良いかを説明します。

金融機関の職員が、この基本的な枠組みを理解することで、中小企業がSDGsに取り組む場合に適切な助言を行うことができると思います。これもサスティナブルファイナンスを実現するうえで、金融機関が推進するべき内容だと考えています。

9-1. SDGsに取り組むための基本的手法

資料9-1が、SDGsに取り組むうえでの「基本的な手法」の全体図（PDCA）です。

6段階で構成され、STEP 1・2で土台が出来上がれば、順次「STEP 3⇒4⇒5⇒6⇒3⇒4・・」といった具合に「PDCAを廻す」仕組みです。この仕組みは、SDGsを「経営に組み込む」うえで「理に適った方法」です。この全体図を「羅針盤」として活用していただきたいと思います。

PDCAの第一歩は、SDGsに取り組むための「土台作り」です。土台ができれば、自社の事業とSDGsの「紐づけ（マッピング）」を行います。具体的には、どのゴールが自社にとって関連があるか、方向性が合うか、最も貢献できる目標か、を検討します。そして、紐づけられた取り組みのなかで「何から始めるか」を決めるために「優先度評価」を行います。優先課題が決まれば、具体的な活動内容を決定・計画化します。あとは試行錯誤を交えての「実践段階」です。一定期間「SDGs活動」を行った後に、取り組み内容を評価し、次年度の目標や取り組み内容の修正や手法の見直しを行います。そのうえで「社会とのコミュニケーション」である、「情報開示」を実施します。ホームページでの公表等、自社に合った形で取り組みを開示することで「透明性を確保」します。

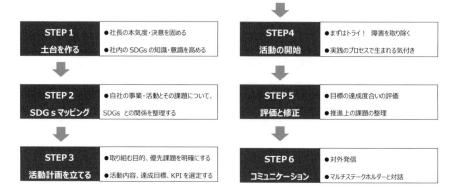

資料 9-1　SDGs 活動の全体図（PACA）

STEP 1 土台を作る	●社長の本気度・決意を固める ●社内の SDGs の知識・意識を高める
STEP 2 SDG s マッピング	●自社の事業・活動とその課題について、SDGs との関係を整理する
STEP 3 活動計画を立てる	●取り組む目的、優先課題を明確にする ●活動内容、達成目標、KPI を選定する
STEP4 活動の開始	●まずはトライ！　障害を取り除く ●実践のプロセスで生まれる気付き
STEP 5 評価と修正	●目標の達成度合いの評価 ●推進上の課題の整理
STEP 6 コミュニケーション	●対外発信 ●マルチステークホルダーと対話

以上の「PDCA を廻す」ことで、経営に SDGs を組み込むことができます。以降、STEP 1 から順に内容について説明します。

9-2. STEP 1 「土台を作る」

　SDGs への取り組みは「長期的な視点」が必要です。一時的な活動ではなく、継続して行うことが求められます。したがって、SDGs に取り組むにあたって「社内に土台を作る」ことから始めることが重要です。具体的には、SDGs を「全社的な活動」とするために「経営者と社員」が、SDGs の意味や意義を正しく理解し、SDGs に取り組むことが会社にとっても自分にとっても重要であると「心から納得する」ことです。共感や納得感なくして「長期的」かつ「全社的」な取り組みになるはずがないからです。

　そのために「経営者の決意」を固めることです。「SDGs を経営に組み入れる」以上は、経営者が本気でなければなりません。その「決意と本気」が試されます。SDGs とは何か、それに自社が取り組む意義やメリットは何か、デメリットはあるのか、継続するためにどうすればいいか。そういった点を勉強することで徐々に本気度が上がり、決意が固まるのです。

　勉強の資料としては「すべての企業が持続的に発展するために～持続可能な開発目標（SDGs）活用ガイド～」（環境省）、「中小企業のための SDGs 活用ガイドブック」（中小企業基盤整備機構）、「日本持続可能な開発目標（SDGs）実施方針」（内閣府）を推薦します。加えて、政府が発表する「表彰事例・有効事例（外務省）」などでイメージを膨らませるとよいと思います。

　こうした勉強を通じて、SDGs へ取り組む意味に確信が持てれば、最終的に

は経営者として社内外に向けた「SDGs宣言」を行うことです。それこそが経営者が「腹落ち」し、本気で取り組むということを示すものだからです。

　経営者の決意が固まれば、「社員が正しい知識を持ち、SDGsの理解を深める」ことが次のステップです。SDGs活動が社内でうまく行かない、あるいは部署や社員間で温度差が出る、これらの理由は「知識差・理解差」に起因します。「きれいごと」と思われないためにも、しっかりと勉強してもらうことが必要です。初心者には「まんが版　中小企業のSDGsはじめの一歩」（中小企業基盤整備機構）がわかりやすい資料です。基礎が分かれば、前述の資料を順次導入すればいいのです。

　また、座学だけで意識を高めることはできません。やはり「社員自身に考えてもらう」プロセスが納得感を高めます。例えば「自社の経営理念と、SDGsがどう関係するか」といった「議論の場」をもつことも一案です。「自社製品の販売普及を通じて社会に貢献する」という経営理念があった場合に、その理念を実現するために「SDGs」と同じ方向で動くことができるか、社会にどういったインパクト（良い貢献）を与えられるか、等々の議論をしてもらうことで「身近な問題」としてSDGsをとらえる機会にするのです。言い換えれば「ビジネスとSDGsは矛盾しない」「ビジネスを通じて社会貢献ができる」ことを理解する機会作りです。

　また「SDGsに関する疑問」を出し合うことも有効です。「SDGsなんてやって儲かるのか」「SDGsなんてきれいごとではないか」「負担だけが増えるだけで社員のメリットはないのではないか」等々、遠慮なく疑問を出してもらいます。疑問を持ったまま走ることはできませんし、疑問を解消することが共感や納得感につながるからです。この場合に出来ることであれば、社長が答えを出すのではなく、社員に議論してもらうこと、考えてもらうことが大事です。上から降ってきた答えではなく、仲間同士で出した答えの方が納得できるからです。こうした場を通じて社員同士のコミュニケーションも深まり、SDGsに対する一体感も生まれます。

9-3.　STEP 2「自社の事業・活動・課題とSDGsの関係を紐づける（マッピング）」

　全社的な理解が深まり、SDGs取り組みへの機運が高まれば、具体的な活動に入るタイミングです。STEP 2では、自社の「事業や活動」「課題」と、「SDGsのゴール」がどう関係しているか、について「紐づけを行う（マッピング）」ことになります。

　本項では、3つの方法を紹介します。具体的には、「自社の事業を軸にSDGs

のゴール・ターゲットと紐づける方法」「SDGs のゴールを軸に自社の事業を紐づける方法」、最後が「自社のバリューチェーンを見える化して、ひとつひとつのプロセスにどういった関係があるかを見る方法」です。なお、「紐づけ」に慣れていない人のために「すべての企業が持続的に発展するために」（環境省）では、「マッピングの早見表」を掲載していますので参考にしてください。

9-3-1. 自社の事業・活動を軸にしたマッピング

マッピングの方法として「自社の事業・活動」を一覧化して、「SDGs のゴール」と各事業を紐づける方法があります。資料 9-3-1 は、そのマッピング例です。

まず自社の事業・活動のうち SDGs に関連ありそうなものを、ひとつひとつ洗い出してどの部署がその事業を担当しているかを記入します。そのうえで事業・活動の右横に、関係が深い SDGs のゴールやターゲットを記入します。さらに、自社の事業・活動がそのゴールやターゲットに対して「正の影響（良い影響）」を与えているのか、「負の影響（悪い影響）」を与えているのか区別します。最後に、この事業・活動に取り組むことで、どの程度の効果があげられるのか「大中小」の 3 段階で記します。

この方法は、部署単位で業務の洗い出しを行うことで、ある程度詳しく自社の事業を見える化できる点がメリットです。自社の事業の洗い出しを行ったうえで、SDGs の 169 のターゲットを横に置いて紐づけすることで、自社の事業とターゲットを強く意識することができます。また「正負の影響」「改善効果」の評価を行うことで、次のステップへの移行が楽になります。

9-3-2. SDGs のゴールを軸にしたマッピング

つぎは「SDGs のゴール／ターゲット」を先に示して、そのゴール／ターゲットに該当する事業や活動はないかを探すマッピング方法です（資料 9-3-2）。

この方法の利点は、SDGs のゴール／ターゲットすべてをチェックしながら紐づけできることです。SDGs の目標に関して、自社の事業や活動で関係するものをひとつひとつ洗い出すので、SDGs との関連性を強く意識できます。また、思わぬ自社の事業・活動との結びつきを発見できる可能性があります。

この方法の欠点は、169 のターゲットについていちいち擦り合わせをするので、時間がかかることです。また、複数のゴールと関連する事業や活動も想定されるので、どのゴールに紐づけるか迷うことがあると思います。迷った場合には、とりあえず重複しても良いので「紐づけ可能なゴール」は、すべて紐づけておくことで「漏れを防ぐ」ようにします。

資料9-3-1　マッピング例①

【自社の事業を軸にしたSDGsマッピング】

担当部署	業務・活動	部署	具体的な内容	SDGs	ターゲット	正の影響	負の影響	効果
総務課	雇用	総務部	障がい者雇用、高齢者雇用への対応	8-5	雇用と働き甲斐のある仕事、同一労働同一賃金を達成する		○	中
	健康	総務部	コロナ予防接種の休暇扱い、インフルエンザ接種補助	3-3	重篤な伝染病を根絶し、その他の感染症に対処する	○		中
	地域貢献	総務部	年2回の全社員による「海辺のごみ拾い活動」(ボランティア)	14-2	海洋・沿岸の生態系を回復させる	○		小
製造1課	原材料調達	購買部	製造に必要な原材料の調達(グリーン購入等)	12-2	天然資源の持続可能な管理及び効率的な利用を達成する		○	大
	産業廃棄物処理	製造部	製造によって排出される産業廃棄物処理	12-5	廃棄物の発生を減らす		○	大
	製品製造	製造部	省エネ対応	7-3	エネルギー効率の改善率を増やす	○		大
製造2課	配送	製造部	製品の包装組み立て・配送への対応(輸送計画の最適化)	9-4	資源利用効率の向上とクリーン技術及び環境に配慮した…		○	中
営業課	顧客対応	営業部	自社のSDGs活動への理解促進	17-17	効果的な公的・官民・市民社会のパートナーシップを推進する		○	小
		営業部	取引先への訪問(すべて社用エンジン車で訪問)	7-2	再生可能エネルギーの割合を増やす		○	大

【SDGsゴールを軸としたマッピング】

資料9-3-2　マッピング例②

SDGs.No	SDGsターゲット	自社の業務・活動と課題	正の影響	負の影響	効果	関係部
2	栄養不良をなくし、妊婦や高齢者等の栄養ニーズに対処する	毎月2回、地元のこども食堂に食材費として2万円を寄付している	○		小	総務部
3	たばこを規制を強化する	分煙制度を設け、喫煙所を設置している	○		小	総務部
4	働く技能を備えた若者と成人の割合を増やす	社員教育制度を設け、内部研修・通信教育制度整備。工場で月2回の匠技能研修を実施。	○		大	総務部・製造部
5	女性に対する差別をなくす	女性社員において係長以上の登用手がない		○	中	総務部
6	様々な手段により水質を改善する	総排水量の削減に特に取り組んでいない、排水処理システムのっ品質管理レベル手つかず		○	大	製造部
7	エネルギー効率の改善率を増やす	省エネ診断を受けたが、その後の対策が進捗していない		○	大	製造部
7	再生可能エネルギーの割合を増やす	現状再生可能エネルギーの利用なし		○	中	総務部・製造部
8	高いレベルの経済生産性を達成する（8-5生産的な雇用）	総務部の時間外労働がここ3年で毎年増加している		○	中	総務部
8	労働者の権利を保護し、安全安心に働けるようにする	一部の非正規社員について社会保障等の措置をとっていない		○	大	総務部
9	環境に配慮した技術・産業プロセスの導入拡大	製品寿命の長期化の取り組みがない		○	大	製造部

　なお「当該部署の全員」で洗い出し作業を行うことをお勧めします。その理由は、①漏れの防止、②新たな発見（多様な見方）、③一体感の醸成、につながるからです。

　まだ、前項と同様に「影響度評価」も並行して行います。SDGsに関連した自社の事業や活動が、どのような「正負の影響」を与えているのか、改善した場合の効果がどの程度見込めるのか（大中小の３段階）について評価します。この作業は、次のステップに行く場合の「優先順序を決める」際に参考になります。

9-3-3.　自社のバリューチェーンを見える化したマッピング

　マッピング方法の３つめが「バリューチェーン」に着眼する方法です（資料9-3-3)。この方法の最大の利点は「全体観」をもってマッピングできる点です。これまで紹介した２つの方法は、１つ１つ洗い出しを行うので「漏れなく抽出できる」ことが利点でした。その一方で、絞り込んで紐づける作業方法なので、どうしても「細部」に目が行って全体観を失う場合があります。その点、バリューチェーンに着眼する方法では、自社の付加価値がどこにあるのか、どのプロセスに取り組んだら社会的貢献が大きくできるか等を比較しながら検討できるので、取り組みの優先順序をつけやすい手法といえるでしょう。

　欠点は、バリューチェーン全体を一覧化するプロセスで、自社の事業・活動を一定程度絞り込まざるを得ない点です。絞り込む以上は、事前に「各プロセスの作業の洗い出し」や「影響度評価」をして優先順序をつけておくことが望ましいといえましょう。そういった意味では、前述の２つの方法いずれかを選択したうえで、バリューチェーンに着眼して「再分類する」方法をとれば、手間はかかりますが、全体観を持ちつつ「漏れなくマッピングする」ことができます。

資料9-3-3　マッピング例③

企画設計	調達	生産・製造	輸送	販売・流通	消費・使用
・SDGsを意識した場ライフサイクルの設計や規格を意識する ・社員全員参加やマルチステークホルダーとの連携を意識する	・環境負荷の少ない原材料を探して使用する ・工場で使用する水の使用量を削減する ・原材料輸送における排気ガスの削減をはかる	・環境負荷の少ない生産体制を構築する ・再生可能エネルギーを利用する ・GHGの計量と削減可能な体制を作る	・環境負荷の少ない輸送体制を作る ・過積載などで道路の破損による都市破壊を防止 ・ドライバーの長時間運転による事故防止	・販売における環境負荷の少ない方法を検討する ・非正規販売の雇用や労働環境を守る ・販売拠点の環境改善を考える	・当社製品の不適切な廃棄を防止する ・当社製品のリサイクルを構築する

9-4. STEP 3「活動計画を立てる」

　SDGsと自社の事業・活動に関する「紐づけ」が終了すれば、次に「どういった活動に取り組むか」を検討します。そのうえで、達成目標やKPIをどう設定するか、具体的な推進体制をどうするか、他社との連携や設備投資が必要となる場合の資金調達をどうするか、等々のステップに向けて前進する流れになります。

　この段階で、あらためて確認しておくことがあります。それは「SDGs活動の位置づけ」です。具体的には「本業」として取り組むか、「CSR・ボランティア」と位置付けるか、の選択です。第1章で「中小企業にとってのSDGsの意義」を説明した際に、収益など様々な「事業への貢献」があることを指摘しました。そうであれば、SDGs活動を「CSR（社会的責任）・ボランティア（慈善活動）」に位置付けるのはおかしいと思われる読者がいるかもしれません。しかし、中小企業の場合は、自社の経営資源や体力などを勘案して、まずはボランティア活動からスタートして、徐々に「事業において何ができるか」を考えるケースが少なくないと思います。例えば、街のお菓子屋さんが店舗の屋根に太陽光パネルを設置し、使用するエネルギーの一部を再生エネルギーで置き換えたとします。これはSDGsのゴール7と整合的な取り組みですが、収益や成長の突破口と位置付けるには弱い印象があります。また、自店で出来る取り組みとして、クリスマスに養護施設の子供たちにクリスマスケーキを贈るイベントを始めました。これは、ゴール2・3と重なる取り組みですが、あくまで自社の体力内で出来る範囲で「無償対応」することにしました。この事例は、自社の経営強化・収益力向上など「経営の突破口」に結びつく活動ではないものの、地域にとって意味のある活動であることには違いありません。こうした点を無視して「収益に貢献しないSDGs活動は意味がない」とするのは、SDGsの推進にとっても好ましいことではありません。自社の実情や体力に応じて「身の丈にあった活動」をすることは理に適ったものです。少し長い説明になりましたが、「本業と位置付けて取り組むか」あるいは「CSR・ボランティアと位置付けて取り組むか」を再確認してから、次のステップに向かうことが大事だと思います。

　なお、仮にCSR・ボランティアとして取り組む場合でも、SDGs活動であることに相違はなく、そういった意味では「社会への発信・コミュニケーション」は行うべきです。SDGs活動は、一種の「ブランド創造」という視点があります。また、透明性をもった取り組みとして「社会に認知してもらう」意味もあります。ホームページなどを通じて、しっかりと「発信する」ことをお勧めします。

　それでは、以降「活動計画立案」の詳細を説明します。

9-4-1. 活動テーマを決める

　活動計画を立てるうえで「何に取り組むか」、テーマ選定が重要です。すでに、自社の事業・活動とSDGsのマッピングは済んでいるので、その中からどのテーマを選定するか「優先順序を決める」作業に入ります。会社によっては綿密な洗い出しを行い、候補テーマが数多くピックアップされている場合もあるでしょう。選定に際しては、3段階方式で行うことをお勧めします。

　第一次選定では、マッピング作業で抽出されたもののなかから「効果大」に着眼して絞り込みます。具体的には、活動を開始した場合に「効果が大きい」と目星をつけたテーマを、10個程度まで絞り込んでみます。この場合、絞り込みが難しいようであれば、3つめの手法として紹介した「バリューチェーンに着眼したマッピング方法」を活用して、全体観を踏まえた「効果の大きい」テーマを考えると絞り込みがしやすいと思います。

　第二次選定では、「評価軸を多面的」において行います。資料9-4-1は、活動テーマの優先順序をつけるための「評価様式」です。ここでは、評価軸を7つ用意し、その合計点に基づいて優先順序を決めます。

　第一の「SDGs該当性」ですが、これはSDGsのゴールとの関連性をチェックするものです。該当が極めて高い場合もあれば、関連性はあるものの多少弱い場合もあるでしょう。第二が「企業理念」です。これは、自社の経営理念とSDGs活動をシンクロさせる、さらに経営理念を実現するうえで選定した活動の意味が大きいかについて評価します。第三の「自社のメリット」は、当該テーマに取り組んだことによるアウトプット、アウトカムの大きさです。利益、成長性、ブランド強化など様々な観点があると思います。特に収益の拡大は、SDGsを推進するドライブとなりますので軽視できません。第四の「社会的影響」は「社会的貢献の大きさ」です。「CSV（共通価値創造）」でいうところの「社会価値の大きさ」です。SDGsが、環境・社会・経済の3つをバランスよく解決することを目指している以上、自社にとってメリットが大きくても「社会価値が低いテーマ」は劣後扱いになるでしょう。第五の「必要資金」は、活動に必要な予算や投資額です。例えば、社会価値が大きな取り組みであっても、自社の身の丈を超えるような予算や投資であれば、残念ながらリスクが大きすぎるという評価になるかもしれません。第六の「経営資源」は、自社の経営資源の範囲で対応可能かというチェックです。自社の経営資源で取り組むことができれば、スピード感をもって対応することが可能です。ただし、ここが「×」だからダメというわけではありません。SDGs活動は「イノベーション創出の

機会」でもあります。新機軸を創造するためには「他社との連携」が有効です。そういった意味で、「連携先を探す」ことを含めて活動を始めるという判断もありうるのです。この点は機械的に判断するのではなく、まずは全体の優先順序をつけつつ「評価内容を吟味する」ことが大事です。第七が「挑戦価値」です。これはSDGs活動を通じて「挑戦を行う」価値を判断します。SDGsでは「ビジネスアズユージャル」（新しい意味のある行動が起こされていないこと）を嫌います。従来の活動をSDGsと紐づけているだけでは評価されません。まさに「新しい価値への挑戦」が求められます。そういった意味で、「挑戦するに値する活動なのか」を最後の項目でチェックします。

　以上の評価プロセスを経て優先順序をつけますが、点数の多寡によって「機械的に決定する」のではなく、内容を吟味して行うことをお勧めします。これが最終段階（第三次）です。「経営資源」の項目で説明したように、自社の経営資源が足りないからやらない、という判断は短絡すぎます。自社の経営資源を補完できれば、より大きな成果をあげられる可能性がある。それは「挑戦価値が大きい」ことを意味します。成功のあかつきには「自社のメリット」「社会的なインパクト」も相当大きい。しかし評価の序列は最優先ではない。これをどう考えるかです。あくまで資料9-4-1は、第2次選定を行うためのツールです。最終評価ではここで説明したように「内容の吟味」を行うことで、自社にとって最も良い活動テーマを選定していただきたいと思います。もちろん活動テーマは、自社の体力や体制に余力があるのであれば複数選定してもいいでしょう。スタートは小さく1つから始めて、徐々に複数のテーマに取り組むという方法もあります。それは、最終評価で総合的な観点で決定すればよいと思います。

9-4-2. 達成目標・KPI を選定する

　活動テーマが決まれば、そのテーマについて「達成目標」や「KPI（重要業績指標）」を検討します。達成目標やKPIを選定する意味は、次の通りです。
① 推進のドライブ（駆動役）となる
　具体的に目標を立てれば、それが推進の力になります。「何となくやる」では力が出ませんし、社員のモチベーションを保つこともできません。アウトプット、アウトカムに具体性があってこそ「困難を乗り越えてやり遂げよう」という気運が生まれるのではないでしょうか。
② 透明性を確保する
　SDGs5原則に「透明性」があります。SDGsは社会的課題の解決を期待されるので、自社の独善的理解では評価されません。自社の活動について透明性あ

資料9-4-1　評価様式

活動テーマを決めるための評価様式例

No	SDGs項目	自社の課題（目的）	取り組み内容	取組に際しての評価							優先度
				SDGs該当	企業理念	自社メリット	社会的影響	必要資金	経営資源	挑戦価値	
1	3、12、13	GHG排出量削減（親会社指示）	GHGの排出量を把握できる体制を構築し、そのうえで基本的な方針を建てる（サプライチェーンで毎年4%のGHG削減の指示あり、2年以内の取り組み不可欠）	◎	○	◎	◎	△（要負担）	△	◎	◎（13点）
2	3、8	従業員の健康（組織風土改善）	商工中金の「幸せデザインサーベイ」を実施し、改善項目を決定し、基本計画を立てる（事業承継により新社長就任し、組織風土の改善を企図）	○	◎	○	△	○	○	○	○（8点）
3	12	グリーン購入率等改善（会社イメージ改善）	グリーン購入状況を把握し、グリーン購入率を前年度比較10%改善させる 環境ラベル認定商品を優先的に購入する	○	△	○	○	○	○	○	○（6点）
4	7	社内電気使用量削減（コスト削減）	社内の電気使用量を前年度比10%削減する（3百万円の経費削減）社内空調温度の適温化（夏28°、冬20°）	○	△	○	△	○	○	○	○（5点）
5	7	バイオマス発電の建設（社内電気移行）	工場内にバイオマス発電装置を設置し、工場使用の電気量の5割をカバーする（3カ年）（サプライチェーンでの再生エネルギー使用向上への対応）	◎	○	○	◎	×（負担大）	×（PJ対応）	○	△（3点）
6	5	社内保育園の新設（女性の働きやすさ）	本社・工場敷地内に保育園・児童委託所を設置し、女性を中心とした働きやすい環境を作る（若い社員が多いことから働きやすさを改善し、人手不足への対応にも用いる）	○	○	○	○	△（負担あり）	×（保育士）	○	△（2点）

◎3点、○1点、△0点、×マイナス1点で評価

る開示をすることで、社会の判断を待つのです。達成目標やKPIは明確な基準であり、透明性のある示し方です。みせかけのSDGs活動といった批判を回避する有効な方法であり、活動に関する社会（マルチステークホルダー）の声を聞く機会にもなります。

③ 連携パートナーとの出会いにつながる

　具体的なアウトプット、アウトカムを公開することで、自社の技術やノウハウをSDGsで活かしたい、展開したいと思っている企業と出会う可能性が生まれます。曖昧で広いテーマ選定では、相手も声をかけていいのか分かりません。具体的な目標やKPIが立てられ、公開されているからこそ「連携のターゲット」が絞り込みやすくなるのです。

　次に「達成目標」を策定するうえでの「留意点」を説明します。具体的には3点あります。

　第一が「期限」です。SDGsは達成期間を2030年に置いています。そもそも「目標」には「いつまでに」という時限が不可欠です。ましてSDGs活動は長期的な視点で行うことが多いので、達成期限という「時間軸を必ず入れる」ことが必要です。

　第二が「測定可能性」です。目標は「定量」「定性」を問わず、より具体的である必要があります。具体的であるとは「達成したか否か」が「誰の眼にも明らか」であることをさします。SDGsの目標について「定量目標」が望ましいといわれる背景には、数字であれば誤魔化しが効かない、測定が容易だからです。ただし、SDGs活動のうち「社会的な貢献」については、数値化が難しい場合も多いと思います。あるいは、数値的に測定できるが「測定負担が重い」とか、「測定手法が確立されていない」といったことも考えられます。そういった意味で「定性目標」を活用してもいいのです。ただし、定性目標の欠点は「曖昧さ」「測定の多様性」という点にあります。評価者によっては達成したと見える、しかし別の評価者が見ると達成していない、ということが起こり得るのです。したがって、定性目標を立てる場合は、「達成状況が誤解なく測定できる」ことを念頭において、具体的に設定することが大事です。

　一例をあげれば「社員のウェルビーイングを高める」という目標は曖昧で、達成レベルが明確ではありません。しかし「モラルサーベイを定点実施」したうえで、「上司との関係性」「社内の関係性」に関する項目をA評価にする、という目標であれば定量ではないが、サーベイという客観性やA評価という達成基準が明確なので、「測定は可能」になるのです。あるいは「県の実施するSDGs認証を取得する」という目標も、第三者機関が認証するという意味で、

定性目標であっても客観性が確保されるので透明性があります。また、達成したか否かの測定性も容易です。逆に、素晴らしい目標であっても測定が難しい場合があります。例えば、アパレル企業が「仕入綿花に関する児童労働をゼロにする」という目標を設定した場合に、定量的目標なので理論上測定は可能ですが、中小企業において綿花産地で児童労働が行われていないことを証明することは極めて困難と思われます。つまり、実際には「測定ができない」のです。測定の実現性や難易度も踏まえて考える必要があります。

　第三が「共益性」です。「社会的貢献」と言い換えても構いません。ここでの目標はあくまでSDGsの取り組みに関する目標です。したがって、自社の経済価値だけに重心が置かれることは適切ではありません。社会的な価値を生んでいるか、という視点があってのSDGsです。社会的貢献を意識してスタートしても、目標を立てているうちにどんどん「自社の利益重視」に寄ってしまう場合があるので、社会的貢献・社会価値を常に意識して達成目標を決める必要があります。

　なお「KPI（重要業績指標）」は、公表する際に使われることが多いモノサシです。基本的には達成目標と同じ考え方で設定すればよいと思います。しかし、敢えて対外的な公表を意識して設定する場合には、2つの点を意識するといいでしょう。

　第一が「取り組みを端的に表現できる」ことです。言い換えれば「その取り組みがなければ実現できなかった社会貢献や社内の経済価値」を分かりやすく「指標に置き換える」のです。社会の目線は多様で理解差も大きいので、取り組み内容に誤解を生じるとか、正しく理解されないといったことは避けたいところです。さらに、公表するからには正しく前向きに理解してもらいたいものです。そのためには「分かりやすさ」を追求することが大事で、当社の活動があったからこそ、こうした社会的貢献につながったという事実を、効果や影響も踏まえて分かりやすく表現するべきです。例えば「こども食堂の設置・運営により年間7300人の子供たちの食事が改善された」ということが分かれば、社会は必ず評価してくれるでしょう。この場合、「こども食堂の設置・運営によって年間7千名分の食事を提供」といったKPIを設定することで、アウトプット・アウトカムが明確になります。

　第二が「KPIの測定可能性と継続性」です。測定可能性は目標のところで説明した通りですが、ここでは「継続性」がポイントになります。KPIは社会に向かって示すことが多いので、「継続的に評価できる」ことが求められます。どんなに素晴らしいKPIであっても、単年度だけの活動ではKPIの価値が問

われることになります。また、息の長い活動だからこそ、毎年 KPI による「定点観測」を行い、一歩一歩前進している姿を示すことができるのです。なお、KPI 選定に際して「SDGs Compass」のウェブサイトに、「事業指標の一覧」がターゲット毎に例示されていますので、参考にしてください。

9-4-3. 推進体制をつくる

SDGs 活動の「推進体制」に関しては、いくつかのパターンがあります。

① 専門部署を設置

中小企業では専門部署を設置することが難しいかもしれません。しかし、第1章で紹介した㈱岩田商会のように未経験者である女性社員を選任して「SDGs 推進室」を1名体制で運営している企業もあります。社長のバックアップの下で、ゼロから勉強して1年で相当高いレベルの仕事をしています。1人であっても専門部署の存在は、大きな推進力になります。社員にとっても組織上明確に位置付けられることで「本気で SDGs を推進する」ことが伝わります。

② 社内横断型「SDGs 推進委員会」

専任者は置かずに各部署から代表者を選び、プロジェクト型組織で推進する形態です。事務局には一定の負担がかかりますが、組織を固定せず現状人員で対応するところが利点です。しかし事務局に一定の力がないと、形だけの会議になるリスクがあります。また、部門毎に温度差が出る場合があるので、経営者のリーダーシップが重要になります。

③ 社員全員の「個人参加型」

組織として運営することが難しい場合に、社員一人一人が SDGs 目標を立てて取り組む形態です。会社全体での統一感は薄れるかもしれませんが、まずは「全員参加で始めてみよう」という場合に適しています。

④ SDGs の専門家と契約

本格的に SDGs 活動を実施する場合、上記①②に加えてコンサルタント契約を結び、専門家から助言を仰ぎながらプロジェクトを進める形態です。この方式はコストを要しますが、経験豊富な専門家の知見を活かせることが利点です。一方、コンサルタント頼りになると「自主性」が失われるので、活用のバランスが重要です。

⑤ パートナーと連携して推進

新しい製品やサービスの開発などを行う場合に、経営資源を補完する観点からパートナーと組んでプロジェクトを推進する場合があります。パートナー探しがポイントになりますが、イノベーション（新機軸）を行ううえで、「共特化（2つ以上のものを融合・統合し、資源補完し、化学反応を起こす）」の有

効性は経営学でも指摘されています。SDGsを起点に停滞から脱して、新たな成長戦略を描こうとするために、こうした連携は大きな力を発揮することになります。こうした連携を活かした活動は、大いに検討すべきと思います。

⑥　所属組合・経済団体で実施するSDGsプロジェクトに参加

　小規模企業の場合、自社独自で企画・実施することが難しい場合が多いと思います。そうした壁を超えるために、所属する「商店街組合」のSDGs活動に参加する、商工会議所など経済団体が推進する気候変動プロジェクトに参加する、といった形で、自社のSDGs活動を「連動させる」方法があります。「身の丈にあった活動」が長続きの秘訣ですので、何から始めていいか分からない場合には、所属組合や経済団体と相談してみてはどうでしょうか。

　ここで幾つかの推進体制のパターンを紹介しましたが、これを「固定化」する必要はありません。推進体制は、自社のSDGsの進捗具合や目標によって変化するものです。むしろ「自社のSDGs推進に最適な体制は何か」ということを模索しながら進めるべきです。

9-4-4.　資金調達を検討する

　初期段階では、極力おカネをかけずに「自社で出来る範囲で推進する」ことが多いと思います。一方で、サプライチェーン全体でGHG（温室効果ガス）排出量の削減を進めなくてはならない場合や、より本格的に資金投入して活動する場合に、必要資金（移行資金）の調達が課題になります。

　上場企業であれば、市場で「サステナビリティボンド（グリーン、ソーシャル、サステナビリティ・リンク等）」を起債するなど、多様な方法を活用して資金調達します。一方、中小企業は銀行借入が中心です。近時金融機関では、SDGsやESGをテーマとした「独自の制度融資」を創設しているので、SDGs活動が評価されれば利用可能です。

　また、SDGs推進は国・県も力を入れているので、各種補助金など支援体制も充実しています。支援機関においても同様の補助金、あるいは保証協会などの保証も検討すると良いでしょう。さらに、小規模企業で借入負担を負えないケースには、クラウドファンディングといった手法で賛同者を募る方法もあり、年々増加しています。このように、様々な資金調達の手法があるので、自社の活動の内容や資金の性格などを踏まえて検討することになります。

9-5.　STEP 4「活動を開始する」

　SDGsに対する社内の啓蒙や土台作り、経営に組み込むための「活動計画」

の策定、これらのステップを経て、いよいよ活動を開始します。

　新しい活動でもあり、「試行錯誤の連続」が想定されます。そこで、SDGs活動を行ううえでの留意点をいくつか紹介します。

① 経営者のリーダーシップ

　SDGsの推進にあたって経営者のリーダーシップが重要なことは論を待ちません。リーダーシップの発揮の仕方は様々です。規模が小さい企業であれば、自らが推進者として率先垂範することも必要です。また、専門部署やPJ委員会などを設置する場合には、相談窓口やレポートラインを設けて、問題や停滞が生じた場合にバックアップできる体制にすることが大切です。中小企業の場合、社員は経営者の言動をよく見ています。そういった意味でも、SDGs活動にしっかりと関与する姿勢が求められます。

② 社内のコミュニケーション

　全社的にSDGsを推進する場合に、各部門が協働して行う形態、各部門が役割に見合った活動を単独で行う形態、など様々なケースが考えられます。こうした点を踏まえると「部門ごとに進捗に格差が生じる」「各部門の責任者のみに負担がかかる」「情報が共有されず他部門の活動に疑念を生じる」等々の問題が起こる可能性があります。こうしたSDGs推進上の問題は「情報の非対称性」「コミュニケーション不足」に起因することが多いものです。通常の業務であっても「隣の課が何をやっているか分からない」結果、「あの課はさぼっているのではないか」といった疑念が生じることに似ています。いわんや「SDGs活動」のように新しい取り組みでは問題が間々起きるものです。

　そこで社内のコミュニケーションを円滑にすることが重要です。具体的には、各担当者・各部門が「いま何をしているか」を見える化することです。例えば、社内に掲示板やシステム上情報共有ができるサイトを設けるなどして、「活動内容の共有を意図して行う」ことです。掲示板・情報サイトを見に行かない人もいるので、定期的に会合や社内発表会を行うなどして「情報の非対称性をなくす」努力が必要です。

　また、各部門の責任者は負担がかかります。また、活動が停滞した場合にどう突破していいか分からなくなることもあります。こうした悩みを気軽に解消できれば、プロジェクトは円滑に進みます。例えば「推進責任者のコミュニケーションの場」を設けるなど、お互いに悩みやアイディアを出し合える機会を作るなどの環境整備が役立つのです。

　社員の声を聴く場も必要です。SDGs活動を盛り上げ、意味のあるものにするためには社員ひとりひとりの参加意識が重要です。社員の多様な意見・着眼

点を活かす必要もあります。そういった意味で、全社員とどうコミュニケーションをとるかも重要です。企業によっては毎月「SDGs新聞」を発行したり、「ご意見箱」を設置したり、あるいはアイディアを出した社員を表彰するなど「インセンティブを高める取り組み」を行っています。

いずれにしても、経営者を含めて、社内のコミュニケーションをどう円滑化できるかがプロジェクトの成否を握っているといってもいいでしょう。

③ 気付き・アイディアの反映（柔軟性）

実践の過程で、試行錯誤から生まれる気付きやアイディアが必ずあります。そうした気付きやアイディアが埋もれないようにする工夫が必要です。アイディアを思いついても「資金がかかるから難しいだろう」と入口で諦めてしまう場合があります。また、「他部門の協力が必要だが忙しそうなのでやめよう」といった思い込みもあります。

近時、差別化戦略の起点は「気づき・着眼点」から生まれています。多様な社会において多様な着眼点こそが、イノベーション（新機軸）を生む契機です。気づきやアイディアを埋没させない仕組みを検討すべきです。

具体的には、①心理的安全性の徹底（どんな意見も否定しない、笑わないので出してほしいということを徹底する）、②気軽にアイディアを発信できる環境作り（目安箱を設置する、システム上に目安箱を設ける、上司を通さない社長直通の意見箱など）、③匿名を可とする、④アイディアを社内掲示板に載せ、前向きなコメントをつける（こんなアイディアでも言っていいんだ、というバーを下げる狙い、褒めてあげることで意欲を湧かせる）、⑤社長が直接ヒアリングする機会を作る、⑥報奨制度を作る、等々が考えられます。

また、アイディアを活かすために当初計画が修正されることも可とする「柔軟性」が必要です。中小企業の良さは機敏さと柔軟性です。本当に良いアイディアであれば、計画に縛られることなく方向転換するような柔軟性があれば、社員はアイディアを出すことをやりがいとして活動に熱心に取り組むことができます。

④ 活動記録

簡潔で構わないので、活動記録を残す仕組みを作ります。SDGsは最終的に社会（マルチステークホルダー）とコミュニケーションを行います。また、経営に組み入れる以上、活動に対する「総括・評価」が必要です。これらに対応するためには「活動記録」「資料・写真・映像」を残すことが役立ちます。

活動記録は「シンプルで手間をかけない様式」を工夫するとよいでしょう。また、研究開発など本格的に取り組む場合や、パートナーと連携して行う場合は、情報を確認・共有できるだけの水準での記録が必要です。

⑤ パートナーシップ

SDGs においては「従来とは異なる新しさ」が求められます。また、SDGs の取り組みを起点として事業をブレークスルーする狙いもあります。そういった意味で、自社以外の組織や個人と連携して、新しい化学反応を生むような仕組み作りは一考に値します。

パートナーを見つけるためには、①自社のホームページなどで積極的に発信を行う（出来るだけ具体的な経営資源の補完を示すことが大事です）、②SDGs に取り組む企業の交流会に参加する、③金融機関・支援機関のビジネスマッチングを活用する、④産総研などのコーディネーターとコミュニケーションする、⑤国・県などの SDGs 認証を受けることで他社から認知を受けやすいポジションを作る、等々のアイディアが考えられます。

パートナー探しは受け身では難しいと思います。積極的に活動してこそ「出会い」が生まれます。特に経営者は、様々な会合に出る機会があるので大きな役割を担っています。

9-6. STEP 5「活動評価と計画修正を行う」

SDGs の取り組みを経営に組み込むためには、やり放しという訳にはいきません。やはり1年に1回、あるいは半期に1回、活動を振り返って自己評価を行うことが基本です。そうした振り返りや反省に基づいて、次回の計画を修正・作成することで経営の PDCA が有効に機能します。

9-6-1. 活動を評価する

SDGs 活動を評価するうえで、表彰機関の「評価軸」が参考になります。資料 9-6-1 は、ジャパン SDGs アワードという政府「SDGs 推進本部」が創設した表彰制度の評価項目です。ここでの表彰基準や取り組み評価は多様なメンバーによって行われていますので、中小企業にとっても参考になります。具体的には「普遍性」「包摂性」「参画型」「統合性」「透明性と説明責任」という5つで構成されています。中小企業から見ると「敷居が高く」見えるかもしれませんが、多くのヒントを得ることができます。

例えば「普遍性」は、SDGs 活動で製品開発をテーマにしている企業にとって、国内市場だけを見るのではなく、海外にも展開できる視点で開発アイディアを考えるヒントになります。海外市場は、新たな市場創造にもつながることから挑戦価値が大きい領域です。

「包摂性」は SDGs の基本を思い出させてくれます。人事制度を作る場合に、

資料9-6-1　ジャパンSDGsアワード「評価項目」

評価項目	概　　要
普遍性	①国際社会においても幅広くロールモデルとなり得る取り組みであるか ②国内における取り組みである場合、国際目標達成に向けた努力としての側面を有しているか ③国際協力に関する取り組みである場合、我が国自身の繁栄を支えるものであるか
包摂性	①誰一人取り残さないの理念に則って取り組んでいるか ②多様性という視点が活動に含まれているか ③ジェンダーの主流化の視点が活動に含まれているか
参画型	①脆弱な立場におかれた人々を対象として取り込んでいるか ②自らが当事者となって主体的に参加しているか ③様々なステークホルダーを巻き込んでいるか
統合性	①経済・社会・環境の分野における関連課題との相互関連性・相乗効果を重視しているか ②統合的解決の視点を持って取り組んでいるか ③異なる優先的課題を有機的に連動させているか
透明性と説明責任	①自社・団体の取り組みを定期的に評価しているか ②自社・団体の取り組みを公表しているか ③公表された評価の結果を踏まえ自社・団体の取り組みを修正しているか

社員一人一人の顔を浮かべながら彼らが「尊重され、活き活きと働く」ことのできる制度設計を考えるヒントになります。

「参画型」は姿勢や連携のあり方を考えさせます。SDGsは主体的に取り組む積極性が必要であること、多くのステークホルダーを意識すること、連携などパートナーシップの形成を視野に入れること、の重要性を感じます。

「統合性」はアイディアを絞り出す、あるいは創意工夫を行ううえでヒントになります。環境・社会・経営の問題を相互に関連させながら、課題解決案が「全体に良い影響を与える」形になることを考える。こうした視点を思い出させてくれます。

最後の「透明性と説明責任」は社会とのコミュニケーションや経営におけるPDCAの廻し方を考えることになります。透明性をもって社会とコミュニケーションすることは、独善に陥ることなく、社会の眼を通じた評価を得る機会になります。また、公表の在り方、継続性、計画のPDCAについて考えることで「経営の質も高まる」ことが期待されます。

このように、ジャパンSDGsアワードは参考になる点が多い基準です。一方、SDGs活動を始めたばかりの企業や、試行錯誤の段階にある企業にとっては、

バーが高く気後れしてしまう面も正直あると思います。そこで、幾つかの評価方法を紹介します。

① 基本的な方法

　基本は「当初目標に対する達成度」「プロセス評価」「良かった点・反省点」の３軸で評価する方法です。これはSDGs活動に限らず、一般的な経営施策に対して行う評価と同じ手法です。

　「当初目標に対する達成度」は、目標の立て方で評価の難易度が決まります。測定可能性が高い目標であれば、達成度の測定も容易です。加えて、定量的な目標であれば、さらに結果は明瞭です。定性的目標も測定可能性を高めて設定しますが、定量目標と比較すれば解釈が分かれる場合もあるので、社員評価を入れるなど「多様な角度」から評価することで客観性を保つことが大事です。

　「プロセス評価」は、「具体的な活動や進め方が、結果にどう影響したか」という目線でみます。「不思議の負けはない」という観点に立てば、プロセス評価の反省を次年度にどう活かすかが重要です。また、結果にはつながらなかったが、「ケイパビリティ（企業の能力）の強化や開発に役立った」場合も考えられます。試行錯誤を通じて取り組んだからこそ「他社にはないノウハウを開発できた」場合もあるはずです。プロセス評価に、そうした観点を盛り込むことで、活動が豊かなものになると思います。

　そして活動全般を通じて「良かった点・反省点」を「見える化する」ことが大事です。同時に「原因分析」を行うことで、次年度の対策立案のヒントにつながります。

② 関係者を招いた発表会を活用する方法（第三者評価）

　自己評価が基本ですが、第三者の目線を採り入れることも参考になります。SDGsは独善を避けなければなりません。SDGsウオッシュと言われないように「内容の新規性」を問う必要もあります。そこで、自社評価だけでなく、「外部の率直な眼」を活かすことが客観性や評価の有効性を担保することになるのです。

　具体的な方法としては、主要取引先／金融機関／専門家／所属組合・経済団体／支援機関を招いて「SDGs発表会」を開催します。この場合、発表を聞いたうえで各者のコメントや評価用紙を必ず頂戴することがポイントです。「気遣い御無用。できる限り客観的な感想をいただきたい」といった事前説明を行うことで、「忖度なしの評価」を聞かせてもらうことができます。こうした外部の評価によって、自社だけでは気付かなかった「新たな視点」「多様な視点」を取り入れることにつながります。

　また、こうした発表会は第三者の評価を得るだけでなく、社員のモチベーションアップにつながります。社内の発表会は内輪のものですが、関係者に活動内容を披露することで、ひとつひとつの取り組みに対する意識も高まるはずです。

③　表彰への応募など外部での評価を活用する方法

　外部の眼を借りる、もうひとつの方法が「表彰」「認証・認定・登録」への応募です。昨今SDGsに関して多くの表彰事業や、推進企業の認証・登録事業が創設されています。前述のジャパンSDGsアワードはその代表格ですが、県や市、外郭団体で行っている表彰事業もあります。さらに、SDGs推進企業を増やすために、推進企業登録制度を進める地公体が増加しています。登録にあたっては、「経営方針」「具体的な取り組み」「指標」などを提出することになっているので、相談窓口とのコミュニケーションを通じた評価機会として活用できると思います。同様に、地公体によっては「SDGs普及モデル事業」といった予算付けを行っている場合もあるので、評価だけに止まらないメリットが考えられます。

④　金融機関等の「SDGs診断」「ESG診断」を活用する方法

　地域金融機関を中心に有料のSDGs診断を実施しているところが増えています。コストはかかりますが、面談や助言が一体のサービスになっている場合が多いので活用してみる方法もあります。また、商工会議所等で無料の取り組み診断を行っているところもありますので、地元の経済団体や支援機関に問い合わせてみる方法もあります。

9-6-2. 計画を修正する

　SDGs活動の評価結果や分析に基づいて、次年度の活動計画を修正・作成します。このプロセスは、経営にSDGsを組み込むうえで必要なものです。

　前項の評価作業を通じて、活動に関する成功・失敗の要因が明らかになったはずです。その原因に対処するため「新たな対策を検討する」こと、「SDGsに取り組む経緯や目的に照らして、活動内容や位置づけを再確認する」ことが、このステップの目的になります。

　まず「対策の検討」ですが、表面的にならないように「真の原因を解決するに必要十分な内容か」を考えることが必要です。例えば、コミュニケーション不足による誤解から遅延を招いた場合に、コミュニケーション不足を「真因」として良いかという疑問です。コミュニケーション不足は表面に現れた現象にすぎません。もっと深堀りをすると「担当者間の人間関係」「会議の不公平な運営」「経営者の思い付き行動」など別の要因に突き当たることが少なくあり

ません。真因を突き止めれば対策は自然に出来上るといってもいいでしょう。

つぎに「活動内容や位置づけの再確認」です。これは、個別活動の成否だけに眼を奪われるのではなく、全体を俯瞰し、大きな目的からみて現在地がどこにあるかを確認する作業です。SDGsの個別活動が始まるとどうしても視線は狭く集中します。一生懸命取り組めば取り組むほど、それしか目に入らなくなります。こうした狭小化を回避するためにも、取締役会に活動報告を行い、問題をチェックすることが大事です。取締役会が関与することで、SDGsはさらに経営にビルトインされます。

取り組みの方向性が「当初理念や考え方」から外れている場合には、あらためて活動内容の検証や修正を行います。この際、体制面の検討も併せて行います。失敗したケースだけでなく、順調に活動が進展している場合、推進体制を一層強化して新たなテーマに取り組むという選択肢も生まれるはずです。そういった意味で、個別活動に対する「ミクロ的なチェック」と、全体観を踏まえた「マクロ的なチェック」を合わせて行うことで、次年度計画の質を高めることとにつながります。

9-7. STEP 6「コミュニケーションをとる」

SDGsに取り組むうえで、自社の社会貢献に対する「マルチステークホルダーからの認知度アップ」「ブランド構築」は大きなメリットです。黙っていては、知ってもらう機会を得られません。そういった意味で「発信」はSDGsと切り離せない問題です。

また、政府のSDGsの実施原則のなかにも「透明性と説明責任」が示されています。社会的貢献と利益を両立させながら、社会と自社のサステナビリティを高めることがSDGsの狙いでもあります。したがって、活動内容が「偽善や独善であってはならない」わけで、社会に向かって内容や効果をしっかりと説明するとともに、批判や意見を活動改善に活かす必要があります。さらに、自社の活動を正確に知らしめることで、連携したいというパートナーが増える可能性もあります。当社の経営資源を活用することで、さらに新機軸での製品開発ができるかもしれない、そう考えて「連携を申し出る企業」があるはずです。これも発信の意義です。

そういった意味で、社会（マルチステークホルダー）とのコミュニケーションについては、中小企業といえども、十分検討する必要があります。本項では、いくつかの発信方法について紹介します。

9-7-1. ホームページ・SNS で発信する

　自社のホームページで発信する、会社や経営者個人のツイッター、フェイスブック、インスタグラムで発信する。ネットを活用した発信方法です。これらの方法は、すでにホームページやアカウントをもっていれば容易にできるので、手軽な方法です。一方で、誰かがアクセスしない限りは認知されないという弱点もあります。また、せっかくアクセスがあっても、表現が十分でないため興味を持ってもらえないケースも考えられます。

　そういった意味で、この手法を取る場合には 2 つの留意点があります。

　ひとつは「どうアクセスしてもらうか」に徹底的にこだわることです。社員の名刺や営業のパンフレットに QR コードをつけて誘導する、あるいは「検索」を念頭において、キーワード、特徴となる取り組みを表現する言葉や、独自の技術に関する言葉など、検索でヒットしやすい工夫をすることが考えられます。

　もうひとつは「アクセスしてもらったうえで、分かりやすく伝えられるか」です。検索し、アクセスしてもらった来場者は、当社の SDGs 活動に何らかの興味を覚えた人です。したがって、そういった人のニーズに応えられるような表現・内容を心掛けると「滞在時間も伸びる」と思います。具体的には、入場者の属性（地域、取引先、連携希望、行政等々）に応じて、その属性に合う書き方や対象の絞り込みを行うことです。連携希望先であれば、当社の独自技術をさらに詳細に書くといった具合です。興味を深めた来場者が手間なく質問できるように、HP 上の場所を移動することなく質問が書けるようなレイアウトも大事なポイントです。

　まずは「アクセスしてもらう」、そのうえで「滞在時間を延ばす」ための創意工夫をする、そして「双方向のコミュニケーション環境を作る」ことで、コミュニケーションの機会が増え、質も高まるのです。

9-7-2. イベント・展示会等で発信する

　商談会、イベント展示会など毎日のように開催されています。中小企業の多くが、こうしたイベントに参加しています。通常は、ブースに自社製品や説明パネルを掲示し、社員が説明者として張り付く形態が一般的です。そこでは、新製品の特長や自社の技術についての説明が行われ、新たな取引先の開拓の機会が作られています。

　こうした機会を、自社の「SDGs の発信の場」として活用することを考えます。具体的には、出品した製品を「SDGs のストーリーの中で語る」のです。従来の方法では、新製品についてお客様の経済的便益を中心に説明されることが多かったはずです。それは、販路開拓が目的だからです。しかし、経済的便

益に付加する形で「社会的価値」を説明することが新たな手法になります。新製品の社会的価値を説明するために、自社のSDGsに対する考え方や方針、そして具体的な活動、それが製品にどう反映されたか、をストーリーとして説明することで「納得性」や「製品理解」がさらに進むということです。SDGsはCSRとは異なります。自社製品の販売を通じた利益拡大というメリットがあってこそ、社会的貢献をさらに拡大しようとするモチベーションにつながります。そういった意味でも、こうしたイベント・展示会、そして通常使用する営業パンフレットなどにSDGs活動や新商品への反映について説明を加える意味は大きいと思います。

9-7-3. マスコミ向けに発信する

　地元新聞、業界新聞、経済誌、地元誌など各種媒体に記事を掲載してもらうことで、より多くのステークホルダーに認知してもらうことができます。一方、「ニュースバリュー」がなければ、マスコミは採り上げてくれません。そこが難しいところです。

　マスコミに採り上げてもらうためのヒントをいくつか紹介します。

　ひとつめが「記者とのコミュニケーション」です。どんな媒体の記者であれ、良い記事を書きたい、良い取材ネタを持ちたい、という願いをもっています。一方で、良いネタを得ることは簡単ではありません。「常にニュースを探している」といってもいいでしょう。そういった意味で、普段からこうした地元新聞の記者と仲良くしておく、情報提供をする、といったことが役立ちます。ある種のマスコミ・コミュニケーションです。例えば、単純に「投げ込み」をするのではなく、記者に連絡をとって自社の活動を詳しく説明する、その記者のニーズを聞いてニーズに合った情報を紹介するといった「ギブアンドテイク」の姿勢が重要です。こうした付き合いが、自社の活動に関心をもってもらう機会になります。

　ふたつめが「キーワードを意識する」です。記事には「見出し」があります。見出しは「ニュースバリューを短く凝縮したもの」です。読者をアイキャッチするためには「響くキーワード」が必要です。自社のニュースバリューを意識しながら、自社のSDGs活動の付加価値を伝えるのです。

　これらの工夫をすることで新聞への「掲載率」があがると思います。要は伝え方が大事なのです。

9-7-4. ステークホルダーに「活動報告書」を発信する

　活動報告書という形で「1年間の活動」をまとめます。発信先は、取引金融

機関、主要取引先をメインに考えます。もちろん活動報告書そのものをホームページに貼り付けるということで、社会に向かって発信する方法もあります。

　金融機関に提出する意味は少なくありません。現在、多くの金融機関がSDGsへの関心を高め、さまざまな取引先支援を始めています。サスティナブル制度融資を創設している金融機関もあります。そういった意味で、資金調達の主パートナーである金融機関に対して、自社のサスティナブル経営を示す絶好の機会が「SDGs活動報告書」なのです。

　提出のタイミングとしては、決算書報告と併せて行うと金融機関も「統合的に見る」ことができると思います。もちろん、SDGs活動報告だけ独立して行うという方法もないとはいえませんが、現状ではそうした報告が一般化されていないので、金融機関も少し戸惑うかもしれません。決算報告のタイミングであれば、SDGsと財務の関連や、今後の経営戦略におけるSDGs活動の位置づけなどを総合的に説明できます。金融機関にとっても、事業性評価を実施する関係上、財務・非財務の2つの報告を同時にもらえることはタイミング的にもありがたいと思います。

　また、販売・仕入れなどの主要先に発信することで「認知」を受けることができます。例えば、サプライチェーンの中心にいる販売先に対して「SDGsの意識を持ち、具体的な活動をしている」企業として認知を受けることで、優先的な取扱いを受けられる可能性があります。また、すぐにビジネスに結びつかなくても、自社のサプライチェーンマネジメントの観点から「SDGs先進企業」として信頼を受ける契機になると思います。

　このようにSDGs活動は、身近で重要な取引先・関係者に積極的に発信することが重要です。有言実行という言葉がありますが、SDGs活動は「透明性と説明責任」という考え方とともに、自社の社会的貢献を積極的に理解してもらうことで、ビジネスの面でもメリットを得ることを忘れないでほしいと思います。

　資料9-7-4-①は、SDGs活動報告書のひな型です。中小企業が「簡単に利用できる」ように作成しました。構成は以下の通りです。

① 社長メッセージ／会社のSDGs宣言
② 経営理念（社是）とSDGs（の関係）
③ 自社の事業とSDGsの関連（ステークホルダーとの関わり）
④ SDGsと経営戦略
⑤ SDGsの活動目標と推進体制
⑥ 活動の内容と成果・改善点　～複数の取り組みをしている場合は、取り

資料 9-7-4-① SDGs 活動報告書

SDGs 活動報告書
2022年度

2023年5月
株式会社青木食品工業

1．社長メッセージ／SDGs宣言

地元の原材料を中心に、健康で美味しい食品を開発し、国民の健康で豊かな生活に貢献するとともに、持続性の高い生産活動ができるように原材料となる国産麦栽培農家の支援を行います

2．経営理念（社是）とSDGsの関係

経営理念）食品を通じて健康と豊かな生活創造に貢献する
SDGs）ゴール2 栄養改善、ゴール3 健康的な生活
当社の経営理念の実現は、SDGsに掲げる健康への貢献、美味しい食事を通し健康的な生活の実現に役立つ

3．自社の事業とSDGsの関連（ステークホルダーとの関わり）

当社は国産小麦を使用し、麺を自家製造している。製品はアルミ容器入りの鍋焼きうどん、きつねうどんで、5分程度の調理で美味しく召し上がっていただけます。当社は地元スーパーを中心に製品販売を行い、共稼ぎが多い世帯や単身世帯が美味しく健康バランスが整った食事ができるように野菜なども多めに添加している。今後少子高齢化が進むなかで新たな商品開発も行い、持続可能で健康的文化的な生活ができるように貢献する

お客様	スーパーマーケット＝個人消費者（アルミ鍋焼きうどん類の提供）、卸業者
株主	青木一族90％、従業員持ち株会10％
サプライヤー	地元農家・製造業（小麦等原材料）、容器（アルミ鍋・包装）、つゆメーカー
金融機関	○○銀行、◇◇銀行
従業員	男性30人、女性20人
地域社会	○○商工会議所、◇◇工業団地協同組合、△△製精業協同組合
その他	配送業者（物流）

4．SDGsと経営戦略

地元農産を活用した新商品を開発し、従来の市場（地元スーパー主体）以外の新市場（Eコマースを含む）を開拓し、既存製品の売上減少をカバーする。
高齢者が増加するなかで、食べやすく誤嚥防止ができるような高齢者向け製品の開発
単身世帯が増加するなかで、栄養バランスに拘り健康保持に役立つ製品の開発

5．SDGsの活動目標と推進体制

①What&How（何に取り組み、どうやるのか）
①新たな製品を開発する ⇒ 地元飲食店とのパートナーシップ
②麺の原料である地元小麦の比率を上げる＝栽培農家への計画的購買を拡大する
③販路を拡張 ⇒ 地元こども食堂に自社製品を提供する

②活動目標
①新製品を開発し、今年度中に市場投入する、②農家と栽培計画について議論し、購買量を決定し、次年度より実施する、③こども食堂5箇所に、500人分の自社製品を提供する

③推進体制
社長室を中心にプロジェクト委員会を設置して全社的に推進する

6-1．活動の内容と成果・改善点（PJ① 活動名 新製品開発 ）

①活動内容
A)高齢者が増加するなかで、食べやすく誤嚥防止ができるような高齢者向け製品の開発
B)単身世帯が増加するなかで、栄養バランスに拘り健康保持に役立つ製品の開発

②アウトプット（製品・サービス）
A)現在開発中
B)栄養士＋地元ちゃんこ店と共同で、栄養バランスの高い麺（練り込み）や食品バランスを踏まえた「鍋ちゃんこ」を開発して、コンビニと協議中。

③アウトカム（社会貢献・会社業績）
B)に関して製品化できたが、アウトカムはこれからの段階。

④反省点・改善点
麺に関してはサブリメーカーの知見を借りるべきだった。原材料費が相当程度上がったこととミックスのバランスなどがまだ検討の余地あり。コンビニは供給量が多いため地域限定での交渉となっているが、新たなチャネルも検討すべき。

6-2．活動の内容と成果・改善点（PJ② 活動名 小麦栽培農家からの購入増 ）

①活動内容
現在契約している農家と新たな農家2軒と小麦「ほのか」の栽培増加について協議。当社が地元産購入を1割増やすことを前提に話し合い。

②アウトプット（製品・サービス）
4軒の農家と作付け増加で合意。次年度から品質確認のうえ購入。

③アウトカム（社会貢献・会社業績）
地元農家が新たな作付けを行うことで持続性を高めるとともに、休耕田等の再利用ができる

④反省点・改善点
初めて作付けを行う農家もあり、地元農業試験場などの指導支援を得る方法もあった。あるいは補助金等の有無を検討すべきであった。

7．トピックス・ステークホルダーの声

・地元の小学生から「麦畑が増えて景色が良くなった」という声があった。
・こども食堂への自社製品の提供を行ったが、感想を通じて「子供向けの味付け」についても検討余地があると感じた。一方で、即席めんとは違う、当社生麺の良さを子供に理解してもらえた（「カップ麺より美味しい」という声）

8．次年度に向けての方針・抱負

●Aプロジェクトの新商品の開発を急ぎ、完成品を市場に投入する。
●子ども食堂への自社製品の寄付を増やす。

284

組み毎に記載〜
⑦　トピックス／ステークホルダーの声
⑧　次年度に向けての方針・抱負

① 社長メッセージ／会社のSDGs宣言

　経営トップのSDGsに関する決意、姿勢、方針を簡潔に書きます。会社としての「SDGs宣言」といった形でも構いません。会社の顔である経営者の想いを、しっかりと伝えることが大事です。

② 経営理念（社是）とSDGs（の関係）

　SDGsに取り組むにあたって、17のゴールすべてにトライすることはまずないはずです。優先順序をつけて取り組むことが一般的です。この場合に、会社の「経営理念」と取り組み内容が連動することが、社会からみても納得性の高いものになります。会社の成り立ち、哲学と重ね合わせながら、SDGsにどう取り組むかを説明します。

③ 自社の事業とSDGsの関連（ステークホルダーとの関わり）

　自社の事業が、SDGsとどう関連しているか。そして、ステークホルダーとの関係はどうか。この項目は、自社が「SDGsに貢献できる領域」を示すとともに、社会（マルチステークホルダー）とどういう関係をもっているかの「基本関係図」になります。読者は、これによって、当社の事業の社会的意義や貢献領域をイメージすることができます。

④ SDGsと経営戦略

　SDGsを経営に組み込むことは「戦略（生き残る道）」として示されることでもあります。SDGs活動を通じて、自社のサステナビリティをどう高めるかをストーリーとして説明します。

⑤ SDGsの活動目標と推進体制

　ここからが具体的な活動内容の紹介となります。具体的には、何（What）に、どう（How）取り組むか、そして具体的な目標・KPIは何かを明らかにします。推進体制を示すのは「実行性」を担保するためです。

⑥ 活動の内容と成果・改善点

　まさに1年間何にどう取り組んだか、具体的な活動内容を書きます。そのうえで、活動がどんな製品・サービス（アウトプット）に反映されたか、社会や自社にどう貢献したか（アウトカム）を可能な限り「科学的客観的に記載」します。また、1年の取り組みを通じての反省点や今後の改善点を示すことで、将来の更なる進化の可能性を明らかにします。この項目は、複数の活動やプロジェクトに取り組んでいる場合は、その活動毎に書きます。

⑦ トピックス／ステークホルダーの声

　活動に関してちょっとしたエピソードを「トピックス」といった形で記載することで、より身近に理解してもらうことができます。また、活動に関してステークホルダーから寄せられた評価・声を記載することで第三者評価を知ることもできます。

⑧ 次年度に向けての方針・抱負

　報告の最後に、次年度にむけての方針や抱負を記載します。これで PDCA として、取り組みができていることが理解できます。また、次年度の活動に際して必要な経営資源の補完に関する助言や支援を期待することもできます。

　資料9-7-4-②は、簡易版報告書です。家族企業や小規模企業、あるいは SDGs を始めたばかりの企業などが「まずは報告してみよう」というレベルで簡単に書けるようにしています。したがって、書式も A4 サイズ 1 枚で完結できるようにしています。構成は以下の通りです。

---

① 当社の SDGs への考え方・方針
② 取り組みの内容・目標、この活動を選択した理由・背景
③ 活動内容と成果、良かった点・課題が残った点
④ 今後の方向性

---

① 当社の SDGs への考え方・方針

　この欄は「SDGs 宣言」「経営理念との関連」「SDGs を活用した戦略」等を書くためのものです。

② 取り組みの内容・目標、この活動を選択した理由・背景

　実際にどのような SDGs 活動を行うのか、そして具体的な目標をどう設定しているか。そして、いくつかの候補からこの活動を選択した理由や背景を記載してもらうことで、ストーリーとして理解できるようにします。

③ 活動内容と成果、良かった点・課題が残った点

　具体的に 1 年間どんな活動をしたのか、どんな成果があがったのか。それに対する回顧・自己評価を記載する欄です。ここでは、プロセスと結果についてできるだけ客観的かつ定量的に表現してもらいます。独善とならないような社会的インパクトが求められるところです。

④ 今後の方向性

　反省を踏まえて次年度どのように活動していくか、目標の修正、体制の変更などを書きます。

資料9-7-4-②　簡易版報告書

SDGs活動報告書

㈱〇〇〇〇

1．SDGsへの考え方・方針
地元の原材料を中心に、健康で美味しい食品を開発し、国民の健康で豊かな生活に貢献するとともに、持続性の高い生産活動ができるように原材料となる国産麦栽培農家の支援を行います

2．取り組みの内容・目標、この活動を選択した理由・背景
①取組の内容
当社の主力製品である「アルミ鍋焼きうどん」とは異なる新製品を開発し、市場に投入する。具体的には、単身者が増加する傾向を踏まえ、うどんでも栄養バランスが高い製品かつ美味しい製品を作る
②目標・KPI（指標）
1．単身者向けの従来製品に比較して栄養バランスが高いうどん製品を開発する 2．市場へ新商品を投入する（まずは口座を作る）
③選んだ理由や背景
当社の経営理念「食品を通じて健康と豊かな生活創造に貢献する」に加えてSDGsの健康的生活や栄養改善とも適合する。人口減少もあり、既存商品の販売低下もあり、新商品を投入することで販売増加を目指す

3．活動内容と成果、良かった点・課題が残った点
①活動内容と成果
栄養士＋地元ちゃんこ店と共同で、栄養バランスの高い麺（練り込み）や食品バランスを踏まえた「鍋ちゃんこ」を開発し、コンビニと地元限定販売で協議中。新商品の開発はできたが、市場投入には至っていない。
②良かった点、課題が残った点
栄養バランスの高さをどうPRするか、消費者に印象付けるかが課題。加えて栄養バランスだけが強調されると美味しさに対する印象が弱くなるので、パッケージを含めて課題になる

4．今後の方向性
まずはコンビニとの協議を前進させ、彼らのニーズも参考に商品改良やパッケージ改良なども検討する

9-7-5. 認定・登録を行う

　SDGs推進は国の方針でもあり、また、地方公共団体でも独自に推進策を策定しているところが少なくありません。社会とのコミュニケーションとして、行政やイニシアチブが行う「SDGs推進企業に関する認定・登録」を受けることも重要なコミュニケーション手段です。その理由は、説明と認証という「双方向性（コミュニケーション）」のある仕組みだからです。

　例えば、長野県では「SDGs推進企業登録制度」を運営しており、「SDGs達成に向けた宣言書」「SDGs達成に向けた具体的な取組」の提出を前提に登録を行っています。登録を行うと県のホームページに内容が公開され、登録マークの利用ができることになっています。また、信州SDGsアワードといった表彰制度、フォーラムの開催など多様な取り組みも行っています。こうした取り組みに対して、自社の活動を発信することで注目度も上がるはずです。また、行政に発信することで認知が得られるので、イベント等に招聘される場合も増えるのではないでしょうか。所在する地域、あるいは国やイニシアチブが運営する認定・登録制度を利用することは、「積極的な機会創出」であり、「認定者から活動を見てもらう」⇒「さらに多くのステークホルダーが見る機会が増える」という意味で、良いコミュニケーション手段だと思います。

　加えて、エコマークや、環境マネジメント・社会的責任ガイダンス・事業継続マネジメント等のISO（国際標準化）認証を得ることは、SDGsに取り組むうえで説得力を増し、実務的なメリットも期待できます。これも、認証機関に取り組みを認めてもらうという意味で「一種のコミュニケーション」であり、こうした認証を名刺や製品包装などに記載することで、ステークホルダーの認知を得ることができます。

9-8. SDGs推進上の注意点

　本章のむすびに際して、SDGsへの取り組みの「注意点」をいくつか紹介します。SDGsは世界共通の取り組みであり、一種の国際基準でもあります。こうした見方を知ることで、いい加減な取り組みはできなくなるでしょう。

① SDGsウオッシュ

　みせかけのSDGs活動という意味です。偽善といった言い方ができるかもしれません。17のゴール達成に向かって世界が動くなかで、「やったふり」「表面だけ」の活動ではリスペクトを受けることはできません。「社会への貢献（正のインパクト）」を常に念頭におき、偽善との誹りを受けないように心がけた

いものです。

② チェリーピッキング

　サクランボだけ取る、つまり、自分の都合の良いとこだけを取る、という意味です。これは、根拠なく手の届きやすい活動に取り組むことをいいます。SDGsの問題解決には当社が有する経営資源を投入する、あるいはパートナーシップによる共特化を図るなど「創意工夫」が不可欠です。そういった努力なしに、簡単に届く目標だけを追っていてはSDGs活動とは言えないのです。

③ ビジネスアズユージャル

　いままさに仕事としてやっていることであって、新しい意味付けや付加価値がないという話です。まさに「日常業務の範疇」です。SDGsの理念には「変革」があります。イノベーション（新機軸）といってもいいでしょう。こうした変革・新機軸を起こすからこそ、自社にとっても新たな突破口につながると肝に銘じましょう。

④ 人権アジェンダ

　人権は全ての基礎である、これが世界共通の理解です。どんなに立派な社会貢献をしたとしても、社内やサプライチェーンのなかで人権問題が指摘されれば、社会貢献も意味をなさないと判断されます。欧州のタクソノミーフレームワーク規制においても、ミニマムセーフガードが前提になっています。これは、サステナビリティへの貢献の前提に「人権（労働・多国籍企業ガイドライン）」への対応が十分でなければ「貢献とは認めない」ことを意味します。人権問題はそれだけ重く、すべての前提になるということを理解します。当然、社内の人権強化や働き方改革も重要課題と認識する必要があります。

【コラム10】エフェクチュエーション

　エフェクチュエーションは、米国のS.サラスバシー教授が、プロの起業家たちを観察し、「不確実性が高まるなかで成果を生み出すアプローチ手法として、従来の「コーゼーション」といったマーケティング手法とは異なるものとして発表した理論です。

　従来の「コーゼーション」では、ターゲットとする市場機会を特定したうえで、競合する企業・製品や顧客ニーズを分析するといった「体系的なマーケティングリサーチ」を実施します。そのうえで、期待利益を想定して、それを実現するための事業計画を策定し、必要な資源を調達・配分します。あとは変化する環境に適合する対応策を講じて目的を達成する手法です。この手法は、目標や市場機会が「予測可能な場合」に機能する手法と言われています。

　一方、「エフェクチュエーション」は、明確な目標や市場機会が見えない状況でも、いまある手段で「何ができるか」考えます。言い換えれば「手段主導型」で、とりあえず「できること」をやってみる「試行型手法」ともいえます。もうひとつの特徴は、期待利益を起点とするのではなく、失敗した場合のリスクテイク可能な範囲で挑戦する「致命的失敗を避ける」手法という点です。さらに「できること」を増やすために、連携可能なパートナーを探し、その経営資源を活用します。他社の力を借りて「出来ること」が増やすのです。こうした過程で「偶然手にした手段や目的を活用」することで、「望ましい結果」を生むアプローチが「エフェクチュエーション」です。

　エフェクチュエーションには「5つの原則」があります。

　第一が「手中の鳥」です。自社にある手持ちの手段で「何ができるか」を発想します。手持ちの内容は、「自社の能力」「知識（知っていること）」「ネットワーク」の3つです。場合によっては、さらに余剰資源（持ってはいるが使われてない資源）を加えます。

　第二が「許容可能な損失」です。起業家だからといって無鉄砲にやれば失敗します。致命傷を負わない範囲を決めて、それを限度に挑戦を行うのです。

　第三が「レモネード」です。米国に「酸っぱいレモンをもらったらレモネードを作れ」という諺があるそうです。つまり一種の失敗を無駄にせず、美味しいレモネードに変えてしまえばいいじゃないか、という「ただでは起きない」発想です。予期せぬ事態を受容し、それを梃にして何かを開発する姿勢です。

　第四が「クレイジーキルト」です。バラバラの色や模様の布を微妙に組み合わせて作るクレイジーキルトのように、様々なパートナーシップを活かして付加価値を高めるものです。極端なことを言えば、昨日の敵は今日の友になる、昨日の顧客が今日の顧客とは限らない、だから敵味方を設けず、いろいろなパートナーシップを活かして経営資源の補完を行う考え方です。

　第五が「飛行機のパイロット」です。現在の飛行機は高度なコンピュータ付きロボットのようなものです。運行の大半を自動運転で対応できるはずです。それでもパイロットが席についているのはなぜでしょうか。それは「不測の事態」は「手動運転」に切り替え、パイロットの腕と度胸と経験で困難を切り抜けるためです。この考え方は事業も同じで、不確実性の高い市場で商売（市場創造）をやっている以上、自らの手で成果を出す以外にないという考え方です。浪花節的に聞こえますが、不可能を可能に変える気構えと勇気が必要だということです。

　この市場創造理論は、高度なマーケティングを行わない中小企業であっても、手持ちの経営資源で何ができるかを考え、リミットを決めたうえで徹底的に挑戦してみる姿勢が大事だと教えてくれます。しかも「失敗は成功の素」であり、「ヒトの力を借りて解決」することが成功するうえで必要だとします。そして、全体を通じて大事なことは、成功しよう、成果を出そう、と苦しい中でも臨機応変に対応する経営者の意思だということです。

　サスティナブル経営を実現するうえで「新機軸（イノベーション）」が不可欠です。しかし、多くの企業が「挑戦」を忘れ、「リスク重視」で「失敗の素」さえ得られない状況にあります。エフェクチュエーションは、市場創造のアプローチ手法のひとつに過ぎませんが、不確実性の時代に新しい成果を生むために参考となる考え方だと思います。金融機関は、建設的対話を通じて中小企業にエフェクチュエーションのような挑戦手法があることを伝える必要があります。

第10章
サスティナブルファイナンスの
推進とスマートファイナンスの実践

　本書の姉妹書ともいえる「事業性評価を起点とする企業価値向上マニュアル」（同友館）のなかで、筆者は「スマートファイナンス」の実践こそが「金融の未来を拓く」としています。スマートファイナンスは、文字通り「賢い金融」を指します。具体的には、企業価値を高めるための「最適解」を探し、「バランスシート全体を支援する」ことを意味します。従来は、預金や借入金といった「おカネ」に絡む部分が金融の主たる領域でした。スマートファイナンスでは、より良い企業の未来を構築するために「B／S、P／L、C／Fのすべての最適化」のために、「事業性評価」と「本業支援」を駆使します。それは、小手先の評価や支援ではなく、企業価値を高めるための「分析・評価」であり、「経営戦略」を共創したうえでの本格的な「本業支援」です。金融機関は「ファイナンス」という実装力を兼ね備えた「経営コンサルタント」であり、建設的対話を踏まえた「サスティナブルファイナンスの実践者」でもあるのです。

　本章では、中小企業のためのサスティナブルファイナンスを実現する観点から、金融機関が「事業性評価」「建設的対話」「本業支援」を活用して、スマートファイナンスを実践するうえでの「課題」について説明します。これらの課題は、スマートファイナンスを実践するうえで解決しなければならないものであり、サスティナブルファイナンスの実現のカギとなるものです。

10-1. 職員の意識改革

　スマートファイナンスを実践するためには、経営戦略の共創や本業支援を本格化させる必要があり、そのカギを握る要衝が金融機関職員の「意識」です。実践の要となる職員が、従来ほとんど取り組んでいなかった経営戦略の共創や本格的な本業支援に取り組むことは容易ではありません。おそらく「業態転換」に匹敵する、「銀行」という名称さえも取り外すくらいの「大転換」をイメージしないと実現不可能でしょう。

多くの金融機関が「貸出収入」「債券運用」で収益を上げています。「非貸出収入」、とりわけ「本業支援」による収入比率は極めて低いので、「貸出中心」の営業スタイルから転換することが難しいのです。意識を変えにくい「収益構造」があるのです。

　加えて、「本業支援」を「収益貢献」と位置付けることが難しいのです。例えば、取引先企業の人事制度を構築するためには、外部の専門コンサルタントに依頼するしかありません。いわゆる「ビジネスマッチング」の世界です。この場合、コンサルティング収入は外部のコンサルタントに入り、銀行にはわずかな紹介料だけが残ります。現状、金融機関の職員にとって「本業支援」の主流はビジネスマッチングであり、収益的には期待できない状況にあるのです。こうした実態を踏まえれば「本業支援を本格化せよ」という指令が心に響かないのは当然です。

　コンサルティング会社をグループに抱える金融機関もあるでしょう。しかし、外部の専門コンサルティング会社と伍してやっていけるほどの力量が備わっているかと言えば疑問が残ります。限られた経営領域やテーマに対応している段階ではないでしょうか。そういった意味で外部の専門のコンサルティング会社を買収して、グループ連結企業にするといった大胆な体制を作らないと、前述のような意識や不安は解消されないと思います。大胆な改革、スピード感をもった対応が必要です。

　また、個人や営業店の「評価体系」を変える必要があります。変わりたい方向、優先したい仕事を「評価軸の中心」に置かない限り、行動変革も進まないのです。「自分を変えない限り、この業界で活躍できない」といった危機感が生まれない限り、意識改革の歩みはゆっくり進まざるを得ないのではないでしょうか。

10-2. 職員のスキルアップ

　スマートファイナンスを実践するうえで、「貸出（融資）」以外の「知識」「経験」「スキル」を身に着けないと「意識だけ変わっても対応できない」ことになります。残念ながら金融機関の職員の知識やスキルは「融資・審査」中心です。もちろんプロジェクトファイナンス、国際業務、事業承継・M&A、ヘッジ業務などの経験をもった職員もいますが、全体でみれば「少数」であり、その多くは「本部の専門官」として活動している実態があります。

　本業支援の領域は極めて広いものです。経営企画、人事、会計経理、マーケティング、営業、製造、品質管理、物流、購買、などキリがありません。経営

のすべてが本業支援の対象です。これを一人の職員が習得することは困難です。そうった意味で、コースを2種類に分けてスキル習得する方法が望ましいと思います。

　第一が「総合診断医」コースです。基本的には「事業性評価」をベーススキルとして保有し、「経営戦略の共創」ができるレベルです。本業支援に必要な専門的領域に関しては「全体像を見て専門官をプロデュース」できれば十分です。このコースを選択するのは、主として「現場にいる営業マン」です。事業性評価が出来て、経営戦略を共創できる。そのうえで現状とのギャップ分析に基づき、課題の整理と優先順序をつけます。そして、テーマに応じて、人事コンサルタント、DXコンサルタント、といった具合に「専門医をコーディネート」するのです。まさに「総合診断医」として、病状を診断し真因を突き止め、総合的な処方箋を書く役割です。そのうえで、高度な施術は、専門医に任せます。もちろんプロジェクト全体は、総合診断医である営業マンがマネジメントします。総合診断医になるためには、一定の経験を要することから「育成時間」が必要です。それだけに、早期の取り組みが求められます。

　第二が「専門医」コースです。これは「DX」「マーケティング」「IE」といった専門領域のプロを目指すコースです。外部の専門コンサルティング会社に修行に行かせる、外部から人材をスカウトすることで育成を図る必要があります。専門医は、腕が良ければ外部のコンサルティングファームへの流出することも起こりえます。しかし、そうした人材流出を恐れるのではなく、外部で認められるレベルの専門医を育てることを目指すべきです。優秀な専門医を育成できる金融機関であれば、外部からの応募者も増えるはずです。それが真の流動性なのです。

　いずれにしても、人材育成には一定の時間を要するので、金融機関の育成部署がソリューション部門と連携して、大きな体系を作りあげる必要があります。

10-3. パートナーシップの構築

　前項で「人材育成（スキルアップ）」の話をしましたが、スピード感に欠ける面は否めません。外部の専門コンサルタントと伍して競争できるレベルの人材を育てるには、それなりの時間が必要です。これはこれで着実に進めるにしても、本格的な本業支援体制を構築するためには、外部の専門コンサルティング会社とパートナーシップを組む必要があります。足らざるを補うのは世の常です。

　パートナーシップの形態としては、従来通り「案件紹介」による方法と、企

業買収をして「自行のグループ会社」として一体化する方法、の２つが想定されます。前者は、幅広いネットワークの構築が可能であり、人材交流を通じて育成手段として活用できるメリットがありますが、収益という面での貢献は限られます。後者は簡単にはM&Aできないという問題はありますが、収益化や人材交流の面では大きな効果が期待できます。どちらを選択するかは、金融機関の体力や考え方に依るところが大きいと思います。いずれにしても、形だけにならない実のあるパートナーシップの在り方を考えることが大切です。

10-4. DX を活用した業務の効率化と支援力向上

現場の営業マンは、日々「従来の延長線で業務に取り組んでいる」ので、新しい業務に取り組むためには「既存の仕事を効率化または廃止する」ことが必要です。俗にいう「オペレーション改革」です。方法は２つあります。

第一が「付加価値を生まない仕事」「付加価値を生むに遠い仕事」は徹底して廃止することです。これを断行できない限り、新しいことに取り組むマンパワーを創出できないでしょう。何度も挑戦してはいるものの、「小幅な効果」しかあげられていない課題です。

第二が「DX の活用」です。既存業務を含めて「徹底した DX 化」により効率化を推進します。現状の業務において「時間を要しているが、直接の付加価値を生まない」作業があると思います。例えば、事業性評価作業は「付加価値を生むための基礎資料」であり、できるだけ効率的に完成させたい仕事であります。非財務情報の自動抽出、自動分類がシステム的にできれば、相当の時間短縮につなげることができます。こうしたデジタルの活用による効率化がひとつです。

次に「情報支援」といった「攻めの DX」が重要です。より質の高いアプローチ、戦略・戦術の策定をするために、金融機関がもつ「取引先情報をどう活用するか」、あるいは「外部情報を活用できるか」、それを DX で実現するのです。スマートファイナンスは「賢さ」を追求します。賢さを追求するうえで「情報支援」や、プロ同士の「情報共有」を容易にする仕組みが必要です。例えば、ある企業の課題に向き合ううえで、類似する事例やソリューション構築のヒントを瞬時に取り出すことができれば、仕事のスピードアップだけでなく、質の高いソリューション提供につながる可能性があります。そこには失敗につながる注意点や、成功にもとづくノウハウ、有効な書類やデータ等、役立つ情報に満ちています。当然、取引先情報も多面的に提供されることで、営業の切り口や提案の方法が格段に上がることになるでしょう。また、システムによるサ

ポートが強力になれば、従来営業を担当しなかった職員が一部の取引先に対応できるようになるはずです。DX の高度化はスマートファイナンス実現の要であり、差別化要因にもなると考えています。

10-5．中小企業の啓蒙

　サスティナブルファイナンスは、現段階で「大企業中心」に動いています。まずは、いろいろな手法や考え方を大企業で確立して、それを中小企業にブレークダウンする構想だと推察します。

　しかし、本書で繰り返し説明した通り、大企業と中小企業では様々な点が異なります。また、サスティナブルファイナンスへの取り組みは中小企業といえども急がなければなりません。そういった意味で、本書が「中小企業を対象とするサスティナブルファイナンス」の実現に何らかの貢献ができると思います。特に、中小企業で大事なことは「サスティナブル問題」に対する「認知度・理解度を上げる」ことです。しかも、危機感を持って「経営課題」として取り組むレベルにまで引き上げる必要があります。

　しかし「中小企業の啓蒙」は簡単ではありません。長年中小企業に接して感じることは、眼鼻の利いた経営者は「大企業にも負けない」ほどのスピードとレベル感で、こうした問題を察知し、対応します。しかしながら、これは極めて少数派です。「桃太郎の桃」に例えるならば、川上に流れる桃を発見できるヒトがこうした経営者です。多くの経営者は、桃が目の前に来て初めて桃が流れてきたことに気づくのです。それでも気がついた経営者はマシです。桃の存在に気づかない経営者も数多く存在します。これが中小企業セクターの実態です。

　環境問題や社会的課題は、より多くの企業が取り組むべき課題です。また、取り組むことで自身の持続性向上につながります。そういった意味で、金融機関は中小企業に対する「様々な啓蒙活動」に取り組む必要があります。具体的には３つのアイディアがあります。

　第一が「顧客組織を活かしたセミナー開催」による方法です。この方法は、より多くの中小企業者に認知してもらう機会が作れる点で優れています。一方で、セミナーだけ開催して事後フォローを怠れば「すぐに熱が冷めます」。「受講アンケート」を取るなどして、営業マンがフォローする仕組みが必要です。好意的な反応のあったお客様には、「サスティナブル診断」を実施して、さらに取り組みを深めるようなフォローをすることです。

　第二が「グループ分けによる小規模活動」です。この方法は、対応できる数

は減りますが、一人一人のお客様に眼が届くことと、ディスカッションなどのメニューを加えることで「理解度が高まる」ことが期待できます。例えば「セミナーのアンケート」でSDGsに関心の高い旨の回答をした顧客を中心に組成する方法があります。

　第三が「一点突破型」です。例えば、支店の中で中核となる顧客であれば「早期にサスティナブル問題に取り組む」ことが金融機関の利益にもつながります。こうした取引先については、支店長が本部専門官を同行するなどして、積極的にコミュニケーションを深め、「サスティナブル診断」の実施や、それを通じた建設的対話への展開といった方向に主体的に導くのです。

　いずれにしても、中小企業セクターにおけるサスティナブルファイナンス実現のカギは、一にも二にも「早期啓蒙」にあると心得るべきです。

10-6. 審査力の向上

　サスティナブルファイナンスにおいて、例えば気候変動問題で「移行リスク」「物理的リスク」に対応をするために、思い切った設備投資を行うケースが増えることが予想されます。ファイナンスの手段に関しては「グリーンボンド」など様々な方法が開発されていますし、今後とも開発が進むことでしょう。

　一方で、調達手段が高度化・多様化されたところで、融資対応してもらえなければ「中小企業のサスティナブルファイナンス」は進展しません。難しい案件に対しても挑戦できる体制作りが必要なのです。そこで、金融機関に考えてもらいたいことが「審査力の向上」です。こんな話をすると、世の中の審査セクションからの総攻撃を受けそうですが、従来の延長線上の考え方や発想では「適切なリスクテイク」が出来ないことを懸念しています。

　融資を行ううえで、有名な5原則（公共性、健全性、収益性、流動性、成長性））がありますが、この5原則のうち最も重視されてきた原則が「健全性（安全性）」ではないでしょうか。預金者からの負託や、自行の決算・財務を考えれば「信用リスクをどう低減するか」に、大きなご苦労があることは理解できます。その一方で、5つの原則の「バランス」がとれていると胸を張ることはできるでしょうか。筆者の感覚で恐縮ですが、①健全性、②収益性の2つが大きな部分を占め、次いで③流動性、④成長性、⑤公共性、といった優先順序で審査判断が行われている気がします。しかし、地球や社会の持続性という観点では、上記⑤の「公共性」が相当高いウェイトを占めます。また、SDGsやESGで期待されているのは、「リスクマネジメント（脅威への対応）」だけでなく、「機会の創造」、つまり「SDGsを企業の成長や企業価値向上の機会に変

える」ビジネスモデルの構築です。そういった意味で、④の「成長性」にも十分考慮する必要があります。

　移行リスク、物理的リスクに対応するための「投資」に関しては、従来以上に信用リスクを伴う「社運を賭けた案件」が増えるでしょう。そういった場合に、「健全性」ばかりに目が行って案件対応ができないとしたら「建設的対話」の意味も薄れ、中小企業者の「サスティナブルファイナンス」に対する期待も萎んでしまいます。そういった意味で、金融機関の「審査能力向上」が、サスティナブルファイナンス実現に不可欠です。当然スマートファイナンスの実践のカギでもあります。こうした点を踏まえ、審査力を高めるための「2つの提言」をしたいと思います。

　第一が「経営環境分析」の高度化です。企業が持続性を高めるうえで重要なことは「環境変化に適合する」ことです。したがって、将来の環境変化に関する「シナリオ造成」が重要な意味を持ちます。標準シナリオ、最良シナリオ、最悪シナリオの3つ程度を並べて、地域や業界の状況について比較考慮できれば「一定の幅における環境変化」を想定することができます。言い換えれば「産業調査力」を高めることで、経営環境の変化の予測精度をあげることです。

　従来の金融機関は、コーポレート中心、しかも財務重視の分析をメインとしていたので「過去の延長線上」でしか融資判断できませんでした。すべては「実績」が判断基準になります。当然の帰結ですが、環境変化は参考程度にみるだけです。その背景には「経営環境分析」が十分でないことがあったと思います。精度が低ければ予測が外れる蓋然性が高く、参考にしかできないのです。逆説的にいえば、「審査能力を高める余地が大きい分野」が「経営環境分析」です。ここを高度化することで、業界全体における当社のポジション、特殊性、差別化要因などが特定しやすくなるので、当社のケイパビリティの発揮による環境適合の予測も上がり、審査への反映も十分可能となると思います。

　第二が「ケイパビリティ」の理解を深めることです。近年「無形資産（インタンジブル）」が重視される背景には、未来を作るのは「企業の能力・強み（ケイパビリティ）」である、という考え方が強まっているからです。筆者は、東日本大震災のときに「仙台支店長」として多くの復興案件に携わりましたが、なかには「津波で資産すべてを流された企業」もありました。こうなると「過去のB／S」に大きな意味はなく、「この企業が持っている力は何か、それで未来を変えることができるか、再興できるか」に関心が移ります。つまり、未来を作るのは「企業のケイパビリティ」であって、過去の財務諸表は「その一面を示す資料」に過ぎないということです。

　ケイパビリティの理解を深めることで、「融資時点で認識されるリスク」を

「今後のプロセスで低減させる」ことができる企業だと考えることができます。その時点の「信用区分」で判断するのではなく、未来を変える力を踏まえて審査判断できるのです。さらに、ケイパビリティを理解することで、金融機関として適切な本業支援を行うことができます。金融機関自らのサポートを加味することで、さらにリスクを低減させ、プロジェクトの実現性を高めることができます。金融機関自らが「リスク低減に動く」のです。「動的な審査（ダイナミック・レビュー）」といってもいいでしょう。

　このように金融機関の審査セクションが、自らの審査能力を高める努力をすべきです。そのためにも「自己否定（振り返り）」から入って、先に進むためにどうしたら良いかを考えるべきです。当行の審査体制は十分だと考えている状況では、審査の高度化を図ることはできないように思います。加えて、経営陣も「RAF（リスクアッピタイトフレームワーク）」の具体的な運用について早急に具体化して、「審査セクションを後押し」する必要があります。自行のビジネスモデルを踏まえれば、グッドリスクを取ることで自行の存在感を高め、他行との差別化を図る必要があるのではないでしょうか。そのためにもRAFの高度化、具体化が求められます。

10-7. 結局は経営の役割が大きい

　本章の最後に「経営の役割」について提言し、締め括りにします。

　金融界だけでなく、産業界全般において「経営者の役割」が重くなっています。その理由は、取り巻く経営環境が複雑かつ不透明で「判断の選択肢が多様である」こと、「選択肢ひとつひとつに大きなリスクが伴う」ことです。また、職員の意識や価値観が多様化するなかで、一体感をもってゴールに向かわせることが従来以上に難しくなっています。その一方で、長きにわたって「護送船団方式」で歩んできた業界の「横並び意識」を解消することは容易でなく、「やってみなはれ」といった「挑戦心に溢れた企業文化」が育っていないためクリエイティブなアイディアが出にくい体質にあります。こうした状況を変革する主役は「経営者」であり、その役割が重くなるのは至極当然のことなのです。

　金融機関は「貸出収益」という崩れにくい収益基盤があるために、本業支援に大幅な経営資源を割くだけの危機感が生まれ難い面があります。亀の子が歩くように、職員の理解や意識を一歩ずつ埋めながら前に進むしかありません。スピード感はないけれど一歩一歩前進です。皮肉なことですが、「歩こうとしない金融機関」が多数ある競争環境においては、このスピード感であっても

「勝てるのではないか」という幻想に陥るのです。

　金融機関は、引き続き重要な社会インフラとして大きな力を持ち、確固たる営業基盤を有することから、他業態が簡単に参入することは難しいかもしれません。しかし、DXを起点に、いったんこの牙城が崩れ、中小企業の意識が変わったときには、金融機関の凋落は時間の問題です。少なくとも筆者の眼には、そうした近未来が見えます。

　サスティナブルファイナンスは、金融機関にとって「自身を変革する貴重な機会」でもあるのです。持続可能な社会を実現するためには、金融機関自身が健全な経営体質とクリエイティブな心を保つ必要があります。そのためにも、スマートファイナンスを徹底して実践することです。そのための体制を急ぎ構築することです。金融機関経営者の英断が待たれます。その「英断」こそがサスティナブルファイナンスの実現にとって一番大きなポイントなのかもしれません。

【コラム11】学則不固（論語）

　学則不固は、筆者の座右の銘です。論語の一節で、直訳すれば「学べば硬直しない」です。意訳するなら「学び続ける限り、柔軟かつ謙虚な姿勢でいられる」です。この言葉は、経営幹部が肝に銘じるべき言葉だと考えています。

　例えば「役員」と言われる人たちは「会社の成功者」です。成功体験を通じて、自分の知見、手法、判断に自信を持っています。確かに、それらは「その人の強み」なのでしょう。その人を勝利に導いてきた能力ですから。しかし、経営学者であるL.バートンは「ケイパビリティ論」のなかで「コア・リジディティ」という言葉を使い、強みが企業の「硬直性の原因になる」ことを指摘しています。言い換えれば、環境変化のなかで、自分の強みが本当に強みであり続けているか、自分の認識や判断は正しいか、について「謙虚に見つめ直す必要がある」という意味です。役員と言われるヒトこそ「若手を凌駕するほど勉強すべきである」が筆者の考えです。実際に、学べば学ぶほど謙虚にならざるを得ません。自分の不知や、正しく学んでいれば「判断が変わった」ことを痛感せざるを得ないからです。

　人間は悲しいかな、加齢するほど「安全性や保守性」が強まります。それは「数々のリスクを体験してきた」こと、「新しいことを学ばないために物事の可能性を想像できない」ことが背景にある気がします。チャレンジングで、クリエイティブな取り組みの「危なさ」だけが目につき、「リスクはプロセスのなかで低減させる」とか「挑戦するだけの価値がある」といったアニマルスピ

リットが低減してしまうのです。一方で、不確実性の高い時代、価値観が多様化した時代、前例踏襲が効かない時代において、挑戦やイノベーションなしに成長戦略は描けません。若者の挑戦、クリエイティブでリスクを伴うようなプロジェクトや企画を、積極的に受容する度量と頭脳が必要です。

　しかし、成功者である役員が、むしろ成長やイノベーションの阻害要因となっている可能性があります。筆者から見ると「経験や知見が仇になる」場合が増えている気がします。新しいリスクや挑戦を受容するためには、「KKD（勘・経験・度胸）」だけでは対応できません。新しい環境変化の本質を理解すること、未来からバックキャストすること、これらが絶対に必要です。そしてそれは「徹底した学び」からしか生まれません。自己否定をしなければ先へは進めない、しかし、自己否定を可能とする唯一の手段が「学ぶ」ことなのです。残念ながら「学則不固」を徹底している役員はそれほど多くないように見えます。本当に残念なことです。

　反面教師という言葉があります。若者はもちろん、企業の中堅で実務を担う部長クラスは、学ぶことを止めてはいけません。自分の判断がどの程度の「正確さ・深さ」で行われているかを謙虚に振り返り、洞察力・判断力を高めるために知見を拡げなければなりません。学びは「読書」だけではありません。異なる世界、異なる種類の人々との「交流」が大きな学びになります。世界を知るためには、自社の狭い世界で威張っていてはだめです。「上には上がいる」ことを体感できれば、学ぶ気持ちが強くなり、学ぶことを止めません。「社内だけで評価されるヒト」になってはダメです。「社外で評価される」ようになって初めて一人前なのです。役員の看板でしか勝負できないヒトが役員をやってはいけないのです。「クリエイティブで視野が広い、こういう人に会いたい、相談したい」と思われるヒトになりたいのであれば、学則不固を徹底して自分に課すのです。

【コラム 12】 燃えない営業マン

　最近現場を歩いていると至る所で「営業力が弱くなった」「お客様のために動いてはいるのだが物足りない」「数字へのこだわりがない」という嘆き節を聞きます。なかには「NGO／NPO に就職したかのように『中小企業に貢献できればそれで満足です』という部下がいる」と溜息をつく課長もいます。

　筆者はバブル期に営業をやっていたので「24 時間働けますか」「獲れるまでは帰りません」が当たり前の光景でした。いま考えるとクレイジーですが、当時は何の違和感もありませんでした。「ノルマ上等！」の世界ですから、ノルマにどれだけ数字を上乗せできるかが「営業マンの格」を決めたものです。

　いま振り返ると、あの頃の営業マンの「エネルギーや営業力」の源は何だったのでしょうか。「時代の風」だったともいえるし、「組織の雰囲気」だったともいえるでしょう。当時は、稟議は手書き。職場でタバコは吸い放題。上司の叱る声も日常。パワハラという言葉もないので、教育されているものだと思い込んでいる。いまの営業マンから見れば、アナログで野蛮な世界。ただ妙にエネルギッシュな時代でした。

　筆者は「今はダメ」「昔が良かった」という評価に価値があるとは思いません。時代背景や育った環境など全て違います。価値観も違います。ただひとつ言えることは、ノルマや過重労働、厳しい指導があったとしても、それだけが「モチベーションの決め手」ではなかったことです。営業マンに「何らかの内的動機」があって、それが「エネルギーや営業力」の源になっていたのです。その「源」に個人差はあるとしても、「顧客のために役立ちたい」「社内のライバルに負けたくない」「自分に負けたくない」「課長になりたい」「みんなに認められたい」「ボーナス上げたい」といった「原初的な動機」であったような気がします。「単純ゆえにパワーのある動機」だったのかもしれません。

　現代の「現場」は丁寧です。コンプラ、D＆I、ライフワークバランス、パーパスなどコミュニケーションを大事にして、押し付けではなく納得を得る姿勢を重視しています。非常に良いことです。一方で、そうした組織の努力にもかかわらず、冒頭の現場の嘆きが拡がっているとしたら、それは非常に興味深いことです。環境が良くなっているのにパワーが弱まっているのですから。

　原因を考えると「内的動機が弱いのではないか」という仮説にぶつかります。自分が望むのであれば「営業力を強化する方法」はいくらでも学ぶことができます。「収益をあげる手段」も昔以上にバラエティに富んでいます。しかも「会社よりも顧客の利益のために仕事をする」と堂々と言える環境です。言わば「全てが揃っている」のです。それでも「心の内から燃え上がるようなエネルギー」が生まれない理由は、「心を揺さぶるものがない」ということだと思います。これを内的動機が弱いと表現するのです。

内的動機が弱い背景には「エキサイトな場面を見た経験がない」「大きなリスクテイクを伴う挑戦をした経験がない」「修羅場・緊張感で汗を握るような仕事に出会わない」ことにあるような気がしています。言い換えれば「営業マンの心に火をつけるような仕事が少ない」のです。人間の「本能を揺さぶるような経験」は動的であり、リスクや緊張感を伴います。それは、仕事の醍醐味を体で感じる瞬間です。そういった「経験」は、挑戦性の高い仕事、リスクの高い仕事、強いプレッシャーを感じる仕事でしか味わうことができないものです。挑戦、リスク、プレッシャー、どれも「安全な環境では得にくい」ものかもしれません。

　第二の仮説が「危機感の欠如」です。バブル崩壊後は、銀行の破綻や再編が頻繁に起こり「明日は我が身」「何処に行っても通じる実力を身に着けなければ」という危機感が強かったように記憶しています。また、周りの営業マンが激しく数字を競い合うなかで「自分だけが落伍者になりたくない」とか「頑張らないと存在価値を認められない」といった、違う意味での危機感がありました。ノルマをこなす義務感や上司からのプレッシャーはもちろん動機のひとつではありますが、それ以上に「危機感」が挑戦を促していた気がするのです。

　内的動機を高めることは簡単ではありません。一歩間違えばハラスメントやコンプラ違反につながる可能性もあるでしょう。しかし、内的動機を高めることは大きな命題です。そして、健全かつ有効な方法として、「ダイナミックな仕事」「挑戦性の高い仕事」を日常業務にビルトインすることが考えられます。そうした仕事に取り組む機会ができれば、必ずや「内的動機」が高まるはずです。

　そうした機会を増やすためには、組織を牽引する「チャレンジャー」を数多く育てることです。そして、チャレンジャーが活躍できる環境を整備することです。チャレンジャーが「スケールの大きな仕事」に取り組み、後輩たちがそれに触れることで内的動機を高める機会を数多く作れるはずです。心を揺さぶられる仕事、こんな「出会い」を若者に作ってほしいと思います。

著者紹介

青木　剛 （あおき　つよし）

一般財団法人　商工総合研究所　専務理事
株式会社　商工組合中央金庫　顧問
全国中小企業団体中央会　評議員
公益財団法人日本生産性本部　認定経営コンサルタント
中小企業基盤整備機構　中小企業応援士

■経歴

1985年	商工組合中央金庫　入庫 以降、下関支店・さいたま支店・仙台支店・神戸支店・東京支店の5つの支店長を歴任
2019年	常務執行役員　営業店のサポートとソリューション推進部門を統括
2021年	商工中金顧問、商工総合研究所顧問に就任。6月から現職。

■著書

『経営者の条件』（同友館）
『事業性評価と課題解決型営業のスキル』（商工総合研究所）
『事業性評価を起点とする企業価値向上マニュアル』（同友館）

■論文・寄稿・連載

「中小企業の災害復興に果たす金融機関の役割」（論文『商工金融』）
「2021年、中小企業の経営支援者が取り組むべき課題」（寄稿『企業診断』）
「アフターコロナを見据えた商工中金イネーブラー事業」（寄稿『週刊金融財政事情』）
「資本性劣後ローンを活用した中小企業の財務強化支援」（寄稿『週刊金融財政事情』）
「本業支援・事業性評価の指南書」（連載『近代セールス』）
「事業性評価と課題解決型営業のポイント」（連載『Monthly 信用金庫』）
「事業性評価を起点とする中小企業の価値向上のポイント」（現在連載中『Monthly 信用金庫』）

■講演・講義

「金融機関も捨てたものではない」「事業性評価を起点とする企業価値向上」（一橋大学講義）
「金融機関の王道を行く」（九州財務局主催）
「中小企業の成長に役立つ事業承継・M&Aの在り方」（金融財政事情研究会主催）
「経営者の条件」（がんばれ！ものづくり日本シンポジウム in 関西）
「伴走型支援の展開に向けて」（栃木県信用保証協会）
「中小企業のための事業承継のポイント」（全国の中小企業異業種交流会）
「2020年を占う」（商団連新年セミナー、中小企業交流会）
「経営者に問う！アフターコロナにおける勝ち残り戦略」（各地異業種交流会）　　　ほか多数

2022年12月28日　第1刷発行

中小企業のためのサスティナブルファイナンス
──サスティナブル診断と建設的対話手法──

執筆者　青　木　　剛

〒103-0025　東京都中央区日本橋茅場町2-8-4
中小企業会館
発　行　　一般財団法人　商工総合研究所　　TEL.03(6810)9361
FAX.03(5644)1867
https://www.shokosoken.or.jp/

〒113-0033　東京都文京区本郷3-38-1
本郷信徳ビル3階
発　売　　株式会社同友館　　TEL.03(3813)3966
FAX.03(3818)2774
https://www.doyukan.co.jp/

本文デザイン・組版・印刷　三美印刷／製本　松村製本所
落丁・乱丁本はお取り替えいたします。

ISBN 978-4-496-05634-5　　　　　　　　　Printed in Japan